Christian Gauer, Markus Gross,
Sabine Grünschläger-Brenneke,
Micaela Röse, Susanne Schumacher

Bergedorfer® Grundschulpraxis

Religion

2. Klasse

PERSEN

Die Autoren

Christian Gauer
Mag. theol., ehemaliger Schulreferent im Kirchenkreis Herne, Entwicklung von praxisorientierten Arbeitshilfen und Autor von Religionsbüchern.

Markus Gross
Grundschullehrer, Schulleiter, langjährige Erfahrung in der Fortbildung von Lehrerinnen und Lehrern.

Sabine Grünschläger-Brenneke
Ev. Pfarrerin, Schulreferentin der Ev. Kirchenkreise Hattingen-Witten und Schwelm, langjährige Erfahrung in der Erteilung von Ev. Religionsunterricht an einer Förderschule für Geistige Entwicklung und der Durchführung religionspädagogischer Fortbildungen, Autorin von Unterrichtshilfen, Schulgottesdiensten und Schulbüchern für den Religionsunterricht.

Micaela Röse
Schulreferentin im Ev. Kirchenkreis Herne, langjährige Erfahrung als Grundschullehrerin, bei der Entwicklung von Schulgottesdiensten und Durchführung religionspädagogischer Fortbildungen, Autorin von Unterrichtshilfen und Schulbüchern für den Religionsunterricht.

Susanne Schumacher
Grundschullehrerin in Schwelm. Sie unterrichtet das Fach Evangelische Religion seit 1996; Erfahrung in Planung und Durchführung von Gottesdiensten in Schule und Gemeinde.

Die **Musik-CD** passend zu diesem Band ist erhältlich unter der ISBN 978-3-403-20078-9. Außerdem finden Sie hinten in diesem Buch eine **zusätzliche Daten-CD mit editierbaren Kopiervorlagen** im Word-Format.

Dieses Werk ist eine Überarbeitung des Titels „Bergedorfer Grundschulpraxis Religion, 2. Klasse" (ISBN 978-3-8344-3951-2).

Gedruckt auf umweltbewusst gefertigtem, chlorfrei gebleichtem und alterungsbeständigem Papier.

1. Auflage 2016

Grafik: Wibke Brandes, Bochum
Satz: MouseDesign Medien AG, Zeven

ISBN: 978-3-403-20509-8

www.persen.de

Inhalt

Inhalt

Inhalt

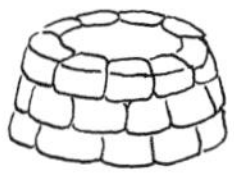

Im **Mittelteil** sind die Materialien **M 4.2, M 5.2, M 5.3, M 5.4, M 5.5, M 6.3, M 7.2, M 7.6, M 7.8, M 8.1, M 8.2, M 9.1, M 9.4, M 13.2, M 14.1.1, M 14.1.2, M 14.1.6** und **M 14.2.1** farbig abgedruckt.

Verwendete Abkürzungen

AT	**A**ltes **T**estament	**M**	**M**aterial	**S**	**S**chwerpunkt
B	**B**ereich	**NT**	**N**eues **T**estament	**Std.**	**S**chul**st**un**d**e
L	**L**ehrkraft	**OHP**	**O**ver**h**ead**p**rojektor		
LP	**L**ehr**p**lan	**RU**	**R**eligions**u**nterricht		

Auf der diesem Buch beiliegenden Daten-CD befinden sich farbige Abbildungen und Materialien als veränderbare Word-Datei.

Vorbemerkungen

Dieses Unterrichtswerk bietet Unterrichtsreihen zu den Themen des Evangelischen Religionsunterrichts der 2. Klasse. Es knüpft dabei an die *Bergedorfer® Grundschulpraxis: Religion – 1. Klasse* an und vertieft Themen, zu denen dort bereits Zugänge angebahnt wurden. Die Unterrichtsreihen werden so miteinander vernetzt, dass sie auch im Rahmen der Schuleingangsphase eingesetzt werden können.
Der Schwerpunkt dieses Unterrichtswerkes liegt darin, dass die Kinder grundlegende Kenntnisse über Inhalt und Auslegung elementarer biblischer Texte erwerben und eine eigene religiöse Sprache entwickeln. Das Hören und Reflektieren biblischer Geschichten fördert die Auseinandersetzung mit den eigenen Gottesvorstellungen unter Einbeziehung folgender Glaubensaussagen:

- *Gott ist Schöpfer und schenkt Leben* (siehe z. B. Kap. 1).
- *Gott ist dem Menschen nahe und begleitet ihn auf dem Lebensweg* (siehe z. B. Kap. 5).
- *Gott verzeiht und schenkt immer wieder einen neuen Anfang* (siehe z. B. Kap. 12).

Des Weiteren erfahren die Kinder von Jesu Handeln für benachteiligte, ausgegrenzte und bedrückte Menschen (z. B. Zachäus in Kap. 8).

Religionsunterricht in der Grundschule

Der Religionsunterricht geschieht auf der Grundlage der biblischen Überlieferung und des christlichen Glaubens und ist dialogisch verschränkt mit den existenziellen Grundfragen und Erfahrungen der Kinder. Er vermittelt den Schülerinnen und Schülern Wertorientierungen, zeigt persönliche Handlungsperspektiven auf und bietet Möglichkeiten der Weiterentwicklung.
Der Religionsunterricht begleitet Kinder und Jugendliche bei ihrer Suche nach Orientierung und Lebenssinn und eröffnet Perspektiven für Offenheit, Toleranz und Respekt gegenüber anderen Menschen sowie anderen Konfessionen, Religionen und Lebensentwürfen. Dieser Ansatz des Religionsunterrichts hat seine theologische Begründung in der biblisch-christlichen Sicht vom Menschen als einem ganzheitlichen Geschöpf Gottes. Der Mensch wird von Gott angenommen mit allen Stärken und Schwächen.

Der **kompetenzorientierte Religionsunterricht** initiiert offene Lernprozesse, eröffnet Lernwege, gibt durch unterschiedliche Formen der Reflexion Möglichkeiten der Orientierung und betrachtet Lernergebnisse.

Die Kompetenzerwartungen des Religionsunterrichts weisen die anzustrebenden Ziele aus und geben Orientierung für die individuelle Forderung und Förderung. Sie konzentrieren sich auf einen fachlichen und überfachlichen Kompetenzerwerb. Lernprozesse bauen Wissen und Können sukzessiv, kumultativ und vernetzend auf. Kooperative Lernformen wirken unterstützend im Bereich der Kommunikation, der Kooperation und des Sozialverhaltens.

Religionsunterricht in heterogenen Lerngruppen

Eine große Herausforderung für den Religionsunterricht ist die Heterogenität der Lerngruppen (insbesondere durch klassen- oder jahrgangsübergreifende Gruppen). Auch die religiöse Sozialisation der Kinder ist sehr divergent und führt zu unterschiedlichen Lernausgangslagen.

Inklusion wird in immer stärkerem Maße Unterrichtsrealität und stellt damit Anforderungen an eine ansprechende Lernumgebung und -atmosphäre und impliziert eine differenzierte Gestaltung des Unterrichts, um allen Kindern angemessene Angebote zum Lernen zur Verfügung stellen zu können.
Die pädagogischen Chancen, die in der Heterogenität liegen, werden zum Ausgangspunkt genommen, erschlossen und weiter entwickelt.

Ein **subjektorientierter Religionsunterricht**, der die Schülerinnen und Schüler mit ihren unterschiedlichen Fähigkeiten und Fertigkeiten in ihrer eigenen (religiösen) Bildung ernst nimmt und einbezieht, ist ebenfalls durch den abwechslungsreichen Einsatz **von Methoden und Materialien und die Inszenierung** ergiebiger Lernprozesse gekennzeichnet. Die didaktische Form zur Individualisierung des Unterrichts ist die **Differenzierung**.

Mit diesem Zeichen sind in der „Bergedorfer® Grundschulpraxis: Religion" Möglichkeiten für differenzierende Maßnahmen (Verzweigungen) gekennzeichnet, die hauptsächlich auf der inhaltlichen, didaktischen und methodischen Ebene vorgenommen werden und bei der Planung von individuellen Lernmöglichkeiten unterstützen.

Die Unterrichtsbausteine dieses Unterrichtswerkes sind so konzipiert, dass möglichst **unterschiedliche, mehrdimensionale Aneignungswege** in der Unterrichtsgestaltung berücksichtigt werden, die einen Unterricht auf unterschiedlichen Niveaustufen und ein Lernen mit Kopf, Herz und Hand ermöglichen. Dazu werden Unterrichtssituationen geschaffen, in denen Kinder Dinge und Sachverhalte **individuell** erfahren, entdecken und erforschen können.

Vorbemerkungen

Religionsunterricht ist gemeinschaftsfördernd und beziehungsstiftend

In der Grundschule begegnen sich Kinder verschiedener Herkunft. Ausgehend von der Lebenswirklichkeit und den Erfahrungen der Kinder bietet der Religionsunterricht die Möglichkeit, aufgeschlossen aufeinander zuzugehen, Gemeinsamkeiten zu entdecken und zu lernen, Verschiedenartigkeit zu akzeptieren.
Gemeinschaftsfördernde und beziehungsstiftende Aspekte des Religionsunterrichts zeigen sich im **fächerübergreifenden** und **projektorientierten Lernen**. Dazu gehört auch, **interkonfessionelle** und **interreligiöse Begegnungen** zu ermöglichen.

Religionsunterricht ist sprachfördernd

Der Religionsunterricht sensibilisiert Schülerinnen und Schüler für **religiöse Sprache** und hilft ihnen dabei, eine eigene zu entwickeln. Insbesondere durch die Erschließung bildhafter Textelemente lernen die Kinder, die biblische Sprache zu verstehen sowie eigene Erfahrungen und Emotionen, religiöse Vorstellungen, Zweifel und Nichtbegreifen zum Ausdruck zu bringen. Auch in anderen Gesprächssituationen, die sich auf die Erfahrungswelt der Kinder beziehen, werden Grundfragen des christlichen Glaubens reflektiert.

Besonders beim **Theologisieren** ist das Kind gefordert, eine persönliche Stellungnahme zu einer theologischen Fragestellung gedanklich und sprachlich zu entwickeln und zu finden. Für die Lehrkraft ist es notwendig, sich mit der theologischen Fragestellung, auch mithilfe von Fachliteratur, im Vorfeld auseinanderzusetzen. Sie ist gefordert, einen Prozess zu begleiten, in dem es kein „Richtig" oder „Falsch" gibt.

Dem **Erzählen** kommt im Religionsunterricht besondere Bedeutung zu. Der narrative Ansatz ermöglicht den Kindern Identifikations- und Erfahrungslernen. Biblische Geschichten werden durch das Erzählen lebendig und entfalten so die christliche Botschaft als lebensbedeutsame Kraft.
In einigen Bausteinen werden Möglichkeiten zum Theologisieren mit Kindern angeboten (siehe Kap. 1 und 4).

Aufbau der „Bergedorfer® Grundschulpraxis: Religion"

Die Abfolge der Kapitel und Unterrichtsbausteine erfolgt in diesem Band so, wie es nach der Rhythmisierung des Schuljahres, nach jahreszeitlichen Gegebenheiten (Kirchenjahresfestkreis) und nach inhaltlichen Aspekten sinnvoll erscheint (s. Übersicht auf Seite 10). Die vorgegebene Reihenfolge hat den Charakter eines Vorschlags.
Zu Beginn eines jeden Kapitels werden die Intention der Reihe und eine Kompetenzerwartung formuliert. Ein einleitender theologisch-didaktischer Kommentar bietet Lehrerinnen und Lehrern eine Einführung in die jeweilige Thematik.
Die Unterrichtseinheiten sind in thematische Bausteine aufgegliedert. Diese sind nicht mit Unterrichtsstunden gleichzusetzen. Die zeitliche Strukturierung nehmen die Unterrichtenden unter Berücksichtigung der Lernausgangssituation vor.
Im Sinne eines Spiralcurriculums werden bestimmte Themen und Aspekte in den vier Schuljahren immer wieder unter neuen Fragestellungen und in anderen inhaltlichen Zusammenhängen aufgenommen.
Die „Bergedorfer® Grundschulpraxis: Religion" verfolgt das Ziel eines lebendigen, durch unterschiedliche Medien unterstützten Religionsunterrichts.

Themen, die aufeinander Bezug nehmen

Im Sinne eines vernetzten Unterrichts beziehen sich folgende Unterrichtseinheiten aufeinander: In Kap. 3, 4 und 5 wird Schritt für Schritt das Bild des Weges mit unterschiedlichen Schwerpunkten und Konnotationen entfaltet; in diesem Sinne bauen die Unterrichtseinheiten aufeinander auf.
Des Weiteren lassen sich Kap. 6, 8, 9, 11 und 12 inhaltlich miteinander verknüpfen.

Rituale (Ritualesammlung)

Es ist sinnvoll, den Religionsunterricht mit einem Ritual zu beginnen, das den Kindern deutlich macht: „Jetzt fängt der Religionsunterricht an." Dasselbe Ritual sollte möglichst über einen längeren Zeitraum beibehalten werden. Zu Beginn einiger Unterrichtsreihen werden Rituale vorgeschlagen, die den Unterricht durch die ganze Einheit begleiten können.
In Band 2 werden die Rituale ebenso wie in Band 1 durchgeführt (Ritualkerze und gestaltete Mitte). Oftmals sind die Rituale mit einer thematischen Einführung verbunden, die der Transparenz der Unterrichtsziele dient (siehe z. B. Kap. 1 „Gott für seine Schöpfung danken und loben", S. 11 ff.).

Tipp: Die Rituale zusammenstellen. Sie bilden den Grundstock einer Ritualesammlung.

Vorbemerkungen

Reflexion von Unterricht

Der kompetenzorientierte Religionsunterricht bietet den Schülerinnen und Schülern auch Möglichkeiten, den eigenen Lernprozess zu reflektieren und ihren Lernstand selbst einzuschätzen. Dazu gibt es verschiedene Angebote, z. B.

- **Reflexionsfächer**
  (Bergedorfer Grundschulpraxis Religion - 1. Klasse, Bestell.-Nr. 20508)

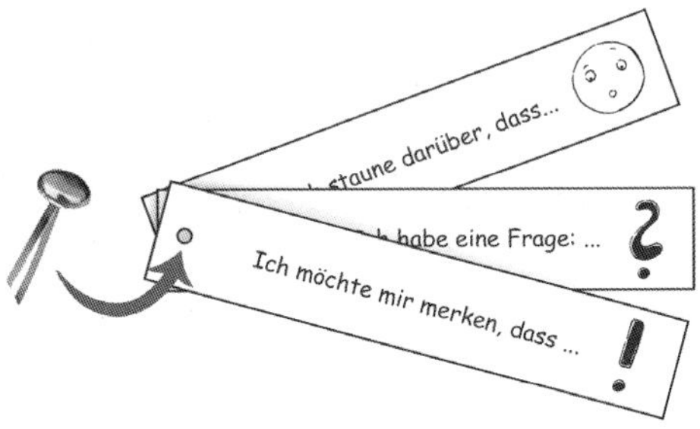

- **Beobachtungsprotokoll**

  inhaltlich:
  – das fand ich interessant
  – das war neu für mich
  – damit möchte ich mich weiter beschäftigen
  – damit hatte ich Schwierigkeiten,

  Arbeitsverhalten:
  – ich habe mich an die Gesprächsregeln gehalten
  – ich habe mich an neue Inhalte gewagt
  – ich habe mich an Absprachen gehalten
  – ich fand die (z. B.) die Gruppenarbeit schwierig
  – die Zusammenarbeit ist gut gelungen

- **Reflexionsbogen (Bd. 2, S. 242)**

Gebete

Gebete im Religionsunterricht haben für jede Lehrerin/jeden Lehrer eine andere Bedeutung.
In diesem Band sind die Gebete häufig mit dem Thema Psalmen verbunden. Selbst formulierte Lob- und Dankverse der Kinder schließen sich an die Erarbeitung der Sprache der Psalmen an (siehe z. B. Kap. 1 „Gott für seine Schöpfung danken und loben" und Kap. 11 „Reden von Gott").

Lieder und Tänze

Gemeinsames Singen ist ein konstitutiver Bestandteil des Religionsunterrichts. In diesem Band kommen vornehmlich Lieder vor, welche die jeweiligen Themen inhaltlich entfalten: z. B. „Ich gehe meinen Weg" (Kap. 3), „Du bist ein Licht" (Kap. 11), „Folge mir" (Kap. 6) und „Auf dem Weg nach Emmaus" (Kap. 13). Darüber hinaus gibt es Lieder mit Bewegung und Tanz (z. B. „Erntetanz", Kap. 2) und Lieder mit Spielanregungen (z. B. „Da vertraute Gott die Erde", Kap. 1).

Spiele

Spiele fördern die Interaktion und Konzentration und dienen der Entspannung. Ein Spiel ist eine kreative Möglichkeit, in eine Thematik einzuführen bzw. das Kind in seiner Lebenswirklichkeit abzuholen. So wird z. B. in Kap. 6 „Jesus sucht Mitarbeiterinnen ..." mit der Komm-mit-Aktion der Aspekt des „Nachfolgens" erfahren (siehe S. 81, Baustein 2). Gleichzeitig kann ein Spiel die Auseinandersetzung mit einem Thema vertiefen.

Feste und Feiern

Feste und Feiern sollten fester Bestandteil eines jeden Religionsunterrichts sein. Manche Unterrichtsreihen können themenbedingt mit einer Feier abschließen, z. B. Kap. 1 mit einem Schöpfungsfest, Kap. 2 mit einem Erntedankfest und Kap. 9 und 15 mit Festen, in denen der Gemeinschaftsaspekt besonders im Vordergrund steht. Die Elemente der Unterrichtsreihen können dabei die inhaltlichen Schwerpunkte der Feste und Feiern bilden.

Schulgottesdienste

Besonders im Anschluss an die Unterrichtseinheiten zu Erntedank, Weihnachten und Ostern bieten sich Schulgottesdienste an, die aus den Elementen, welche die Kinder im Unterricht erlebt und erarbeitet haben, gestaltet werden können. Auch im Anschluss an Kap. 4 „Gott begleitet mich" ist es möglich, zur Vertiefung des erarbeiteten Vertrauensaspekts einen Gottesdienst zu feiern.

Vorbemerkungen

Bilder (Sprach- und Kunstbilder)

Die biblische Sprache ist geprägt von Bildern. Durch die Erschließung bildhafter Textelemente lernen die Kinder biblische Sprache zu verstehen. In der 2. Klasse liegt ein Schwerpunkt in der Entfaltung des Wegbildes, das besonders in Kap. 3–5 im Vordergrund steht. Aber auch in den biblischen Geschichten von Kap. 6, 7, 10, 12, 13 und 15 ist das Motiv des Weges zu finden.
Einen weiteren Schwerpunkt bildet die Einführung in die bildreiche Sprache der Psalmen (siehe z. B. Kap. 1 „Gott für seine Schöpfung danken und loben" und Kap. 11 „Reden von Gott").

Aber auch der Umgang mit Bildern aus der Kunst ist ein wichtiges Element des Religionsunterrichts. Schon in der 1. Klasse wurden Bildbetrachtungen und -deutungen in den Unterricht aufgenommen. In der 2. Klasse findet außerdem eine Einführung in die Farbsymbolik statt (siehe Kap. 5 „Gott begleitet Rut", S. 59 ff.).

Bilderbücher

Nach Abschluss des Schreib- und Leselehrgangs ist es besonders in der 2. Klasse für die Kinder motivierend, eigene Bilderbücher zu gestalten und damit Arbeitsergebnisse individuell festzuhalten. So entsteht z. B. in Kap. 10 „Weihnachten" ein Buch zur Geschichte der Weisen aus dem Morgenland und in Kap. 16 „In unserer Kirchengemeinde leben" eine Dokumentation über das außerschulische Projekt in der Kirchengemeinde.

Arbeitsstationen/Projekte im Unterricht

Arbeitsstationen und Projekte als Methoden des Unterrichts fördern das selbstständige Lernen der Kinder. In Kap. 1 „Gott für seine Schöpfung danken und loben" und Kap. 10 „Weihnachten" erarbeiten die Kinder Lerninhalte an Stationen.
In Kap. 16 „In unserer Kirchengemeinde leben" werden die Aktivitäten der Kirchengemeinde in einem außerschulischen Projekt erforscht.

Fächerübergreifendes Arbeiten

Kinder haben einen ganzheitlichen Zugang zu ihrer Lebenswelt. Fächergrenzen aber behindern oft das vernetzte Denken. Fächerübergreifendes Lernen dagegen hilft den Kindern, in Sinnzusammenhängen zu denken. Die Kooperation mit anderen Fächern ist daher grundlegend für einen lebensnahen Unterricht. In einigen Kapiteln wird auf die Möglichkeit fächerübergreifenden Arbeitens hingewiesen.

Portfolio

Ein Portfolio ist eine sorgfältig zusammengestellte Sammlung von Arbeitsergebnissen, die Lehrenden, Kindern und deren Eltern einen Eindruck davon vermittelt, was das Kind weiß und kann. In dem Portfolio werden die besten Arbeitsergebnisse präsentiert. Wenn die Kinder ihre Arbeitsergebnisse bei der Auswahl für das Portfolio selbst einschätzen, reflektieren sie dadurch ihre Lernfortschritte.

Dieses Buch ist so angelegt, dass möglichst in jeder Unterrichtsreihe Arbeitsergebnisse durch unterschiedliche Methoden festgehalten und dokumentiert werden können.

Musik-CD

Zu diesem Unterrichtswerk gibt es eine CD als Begleitmaterial, welche das Einüben und Singen der Lieder unterstützt. Jedes Lied liegt jeweils mit und ohne Gesang vor. Des Weiteren finden sich zwei meditative Stücke auf der CD, die im Zusammenhang mit Kap. 2 „Das Erntedankfest feiern" und Kap. 3 „Mein Leben ist wie ein Weg" eingesetzt werden können.

Daten-CD

Hinten in diesem Buch gibt es eine zusätzliche Daten-CD mit editierbaren Kopiervorlagen im Word-Format.

Religionsunterricht in der 2. Klasse

1. Gott für seine Schöpfung danken und loben	**2. Das Erntedankfest feiern**

3. Mein Leben ist wie ein Weg	**4. Gott begleitet mich** (Ps 18,30b)	**5. Gott begleitet Rut** (Rut 1,14-19) (Rut 4,13-17)

6. Jesus sucht Mitarbeiterinnen und Mitarbeiter
(Mk 1,16-20; Lk 8,1-3)

7. Wir brauchen einander
(Lk 10,30-35)

8. Menschen werden nicht aufgegeben
(Lk 19,1-10)

9. Freude über die Gemeinschaft
(Mk 2,13-17)

10. Weihnachten: Gott kommt zu den Menschen (Mt 2,1-12)	**11. Reden von Gott** (z. B. Ps 91,1; Jes 66,13a)

12. Gott ermöglicht Umkehr
(Jona 1-4 in Auszügen)

13. Menschen erfahren Ostern: Aus dem Tod wächst neues Leben
(Lk 24,13-36)

14. Begegnung mit Judentum, Christentum, Islam
14.1 Kinder zur Zeit Jesu: Schule in der Synagoge
14.2 Feste und Feiertage

15. Gott begleitet Josef
(1. Mose 37,23-24; 1. Mose 41,14.25-28; 1. Mose 45,4.5)

16. In unserer Kirchengemeinde leben
Gemeinde(leben) begegnen

Die Kapitelreihenfolge ist bezogen auf das Schul- und Kirchenjahr.

Thema: Psalm 104 – ein Lobpsalm auf Gottes Schöpfung

Intention der Reihe

Gott als Urgrund des Lebens und seine Schöpfung als Geschenk an uns erkennen und die Wertschätzung in Dank und Lob ausdrücken.

6 Std.

Kompetenzerwartung: Die Schülerinnen und Schüler wissen, dass Christen Gott als Schöpfer bekennen. Sie leiten aus dieser Deutung Wertschätzung ab und bringen diese zum Ausdruck.

Theologisch-didaktischer Kommentar

In der 1. Klasse stand das *Staunen* über Gottes Schöpfung im Vordergrund. In der 2. Klasse hingegen liegt der Schwerpunkt auf *Dank und Lob* für die Schöpfung.

Dass die Welt *Gottes Schöpfung* ist, war die Grundvoraussetzung der Theologie im Alten Testament. An dieser Überzeugung wurde nicht gerüttelt. Das bedeutet aber nicht, dass nicht immer wieder über die Schöpfung nachgedacht wurde. Deshalb gibt es auch zwei Schöpfungsberichte. Der eine fragt: *Woher kommt alles, was existiert?* Der andere denkt darüber nach: *Warum ist der Mensch so, wie er ist?*

Auch die Psalmen nehmen das Schöpfungsthema auf, jeder auf andere Art und Weise.

Psalm 104 besingt die Schöpfungswerke in 35 Versen und die Zahl der Verse ließe sich mühelos vergrößern. Die Vielfalt der Schöpfung ist einfach gewaltig. Der Psalmsänger erfreut sich an den Schöpfungswerken. In seinem Lob schaut er allein auf Gott. Er bewundert ihn für die Einmaligkeit und Ordnung der Schöpfung.

Es gibt aber auch Menschen, die den Wert der Schöpfung vergessen und andere, die Katastrophen erleben, Kriege oder Krankheiten, welche die Freude an der Schöpfung überlagern. Die menschliche Erfahrung weiß sehr genau von der dunklen Seite der Welt.

Verdrängt der Psalmbeter diesen Aspekt?

Nein, er singt, weil er die Welt trotzdem bejaht. Er lobt und stellt damit der rauen Wirklichkeit ein Hoffnungsbild gegenüber. Die Schöpfungstheologie wurde gerade im Angesicht bedrückender Welterfahrung entwickelt. Indem der Dichter den Schöpfer lobt, besingt er gleichzeitig den Wert der Schöpfung.

Der Psalmbeter steht der Schöpfung Gottes in ihrer Vielfalt staunend gegenüber und stimmt Lob an. Er rühmt Gott, der alles in einen sinnvollen Zusammenhang gebracht und über der ganzen Erde verteilt hat.

Wenn die Kinder sich kreativ und mit allen Sinnen mit dem Psalm und seiner Aussage beschäftigen, werden ihnen die vielfältigen Bilder des Textes bewusst. Die Auseinandersetzung mit den Bildern des Psalms führt zur Umsetzung in die eigene Vorstellung und Sprache.

Die bildhafte Sprache des Psalms 104 nimmt menschliche Grunderfahrungen auf. In seinen Bildern zeigt der Dichter, wie er die Welt erlebt und alles für ihn zusammenhängt. Die Sprache der Psalmen regt die Kinder an, eigene Erlebnisse und Erfahrungen auszudrücken. Gleichzeitig erschließen sich die Kinder eine Gotteserfahrung, denn der Psalmbeter nimmt sie mit hinein in die Position dessen, der sich mitten in der Schöpfung befindet und sie voller Begeisterung erlebt. Psalm 104 beginnt und endet mit einer Aufforderung zum Lobgesang. „Lobe den HERRN, meine Seele!" in Vers 1 entspricht dem „Ich will dem HERRN singen mein Leben lang und meinen Gott loben, solange ich bin" in Vers 33.

Warum ist dieses Lob für den Psalmbeter so wichtig?

Für die Menschen des Alten Testaments hing die Frage nach dem Sinn ihres Lebens unmittelbar mit dem Lob Gottes zusammen. Loben und Singen drücken eine Lebenseinstellung, ein Lebensgefühl aus.

Wie danken wir Gott für seine Schöpfung?
Wie loben wir den Schöpfer?

Psalm 104 ist in besonderer Weise geeignet, diese Thematik mit den Kindern zu erarbeiten. In ihm wird der Schöpfergott vom ersten bis zum letzten Vers, besonders aber am Anfang und am Ende des Psalms, gelobt. Schon in der ersten Klasse wurde im Zusammenhang mit dem Schwerpunkt „Die vielfältige Schönheit der Schöpfung staunend entdecken" der Psalm 104 behandelt (siehe *Bergedorfer® Grundschulpraxis: Religion – 1. Klasse,* S. 121 ff.). Obwohl er in dieser Unterrichtsreihe in einer anderen Überarbeitung vorliegt, erkennen ihn vielleicht einige der Kinder wieder. Das ist eine günstige Gelegenheit, die Kinder auf die sprachlichen Unterschiede zwischen den verschiedenen Überarbeitungen des Psalms, aber auch auf die unterschiedlichen Formulierungen in verschiedenen Bibelübersetzungen hinzuweisen. Die Kinder werden dadurch ermutigt, einen eigenen Lobpsalm zu schreiben, was wesentlicher Bestandteil dieser Unterrichtseinheit ist. Sie versprachlichen die Erkenntnis, dass die Menschen ihre Wertschätzung gegenüber der Schöpfung in ihrem Verhalten ihr gegenüber und im Dank und Lob Gottes ausdrücken.

Im Hinblick auf die Schuleingangsphase können Elemente der Bausteine aus dem Band *„Bergedorfer® Grundschulpraxis: Religion – 1. Klasse"* mit denen für die 2. Klasse verknüpft werden. So entsteht ohne zusätzliche Materialien ein differenzierter Zugang zum Thema „Schöpfung".

1 Gott für seine Schöpfung danken und loben

Psalmen

Die 150 Psalmen stammen von verschiedenen Dichtern und aus verschiedenen Zeiten. Ihre Sammlung wurde im zweiten vorchristlichen Jahrhundert abgeschlossen. Sie stellt das Gebet-, Lieder- und Meditationsbuch der Bibel dar. Das Volk Israel betete und sang die Psalmen auch in seinen Gottesdiensten.
Es gibt verschiedene Psalmgattungen. Der Psalm 104 gehört zu den Lobliedern.

Bausteine der Unterrichtsreihe

Ritual

Die Unterrichtsstunde wird mit einem Ritual begonnen (**M 1.1**). In der aus Naturmaterialien zum Thema „Schöpfung" gestalteten Mitte steht die LED-Kerze, mit der die Kinder die Gegenwart „Jesu" assoziieren. Im Ritual werden Elemente aufgegriffen, die in der ersten Klasse bereits eingeführt wurden (siehe *Bergedorfer® Grundschulpraxis: Religion – 1. Klasse*, S. 8). Im Verlauf der Unterrichtseinheit sollen die Kinder die Mitte durch selbst mitgebrachte Naturmaterialien ergänzen.

Die Kerze erinnert
uns im Religionsunterricht daran,
dass Jesus in unserer Mitte ist.
Er will uns ganz nahe sein.
Heute liegen bei der Kerze Dinge aus der Natur.

(Raum für Äußerungen der Kinder lassen)

Sie sind Beispiele der Schöpfung Gottes,
in der wir leben.
Jedem von uns fallen andere Sachen auf,
weil jedem von uns etwas anderes besonders gut gefällt.
Wir alle sind ein wichtiger Teil von Gottes Schöpfung!

Wenn aus der 1. Klasse (siehe *Bergedorfer® Grundschulpraxis: Religion – 1. Klasse*, S. 133) das Lied „Du hast uns deine Welt geschenkt" bekannt ist, kann es an dieser Stelle zur Einstimmung auf das Thema gesungen werden.

Baustein 1: Psalm 104 – ein Lob auf Gottes Schöpfung

Unterrichtsmaterial:

- Lobpsalm nach Psalm 104 auf DIN A3 vergrößert **M 1.2**
- Kehrvers auf Streifen **M 1.2.1**
- „Fühlkiste" (Schuhkarton mit Loch an der Schmalseite zum Hineingreifen)
- Karten zum Lobpsalm
- Umrisskarten zum Lobpsalm oder passende kleine Figuren (z. B. Tiere, Bäume und Schiffe) **M 1.3**
- Bilderrahmen auf weiße Pappe kopiert **M 1.4**
- Bilderrahmen auf weiße Pappe kopiert **M 1.4.1**
- Pergamentpapier
- Lied: „Da vertraute Gott die Erde ..." (Musik-CD ⦿ Track 1/2) **M 1.5**
- Wachsmalstifte

Unterrichtsschritte:

1. Wenn möglich sitzen die *Kinder und L im Kreis.* In der Mitte liegt der Lobpsalm. Die *Kinder lesen* ihn in Abschnitten *vor.* Vielleicht kommt ihnen der Inhalt aus der 1. Klasse bekannt vor. L weist dann darauf hin, dass derselbe Psalm in andere Worte gefasst werden kann und der Inhalt trotzdem nahezu gleich bleibt. **M 1.2/M.1.2.1**
L legt eine Wortkarte mit dem Begriff „Psalm" zu dem Text und bespricht mit den Kindern die Bedeutung des Wortes „Psalm" (siehe Kasten).

Differenzierung: Verstehen
Der Kehrvers **M 1.2.1** liegt als Lesehilfe mehrfach groß kopiert um den Psalm **M 1.2** herum. Er kann so von allen Kindern gemeinsam gesprochen werden.

2. Die Kinder setzen sich mit dem Inhalt des Lobpsalmes auseinander. Dazu holen sie aus der Fühlkiste eine Figur oder Umrisskarte und ordnen sie mit Erläuterung der entsprechenden Textstelle zu. **M 1.3**
Möglich ist es auch, dass die Kinder sich in Gruppen mit dem Inhalt des Psalms auseinandersetzen und anschließend ihre Ergebnisse im Plenum präsentieren.

Differenzierung: Gestalten
Die Kinder gestalten ein Bodenbild zum Psalm. Dazu verwenden sie die Bildkarten **M 1.3** und farbige Tücher. Fehlende Elemente werden ergänzt.

Differenzierung: Deuten und Handeln
Die Kinder suchen zum Text passende Musikinstrumente heraus und setzen sie beim Vorlesen des Lobpsalms (**M 1.2** und **M 1.2.1**) an den entsprechenden Stellen ein.

Differenzierung: Handeln
Die Kinder lesen den Lobpsalm gestalterisch vor, d. h. sie stellen beim Vorlesen den Textinhalt durch Bewegungen unterstützend dar.

3. Die Kinder *schneiden* aus weißer Pappe den *Bilderrahmen* und dessen „Fenster" aus und hinterkleben die „Fenster" mit dem Pergamentpapier. **M 1.4**
Ein *Fenster umranden* sie farbig und malen sich selbst hinein. Die anderen drei gestalten sie mit Schöpfungselementen, denen sie persönlich eine besondere Bedeutung beimessen. Die fertigen Bilder werden ans Fenster gehängt. Auf diese Weise erhalten die Kinder einen persönlichen Zugang zum Psalmtext.

Differenzierung: Gestalten
Die Kinder gestalten nur eine Malfläche **M 1.4.1** und kleben ein Foto von sich selbst dazu.

4. Zur Vorbereitung von Baustein 2 erarbeiten L und die Kinder im *Gespräch* die *Rolle des Menschen*. Wenn aus der 1. Klasse das Lied „Du hast uns deine Welt geschenkt" bekannt ist, kann es an dieser Stelle zur Einstimmung auf das Thema gesungen werden.

Differenzierung: Gestalten
Wenn die Kinder ein Bodenbild gestaltet haben, können sie zum Zeichen, dass auch sie zur Schöpfung gehören, Fotos von sich in das Bodenbild legen.

Hinweis auf das farbig umrandete Fenster des Bildes/auf das Foto im Bild:
- Dem Menschen hat Gott ein Geschenk gemacht.
- Ihm ist die Schöpfung Gottes anvertraut worden.
- Er kann mit seinem Verhalten auf die Schöpfung einwirken.

5. *Lied:* „Da vertraute Gott die Erde ..." **M 1.5**

Baustein 2: Drei Stationen zum handelnden Umgang

Dieser Baustein besteht aus *drei Stationen*, an denen sich die Kinder handelnd mit den Themen *„Himmel"*, *„Wasser"* und *„Erde"* auseinandersetzen. Dabei geht es jeweils darum, die Auswirkungen *positiver* und *negativer* Einflüsse auf diese Elemente zu beobachten und festzuhalten.
Diese Stationenarbeit lässt sich fächerübergreifend einsetzen (z. B. kombiniert mit dem Sach- und Kunstunterricht). Die Kinder arbeiten einzeln, zu zweit oder in Gruppen (die Entscheidung wirkt sich auf die Menge der zu beschaffenden Arbeitsmaterialien aus). Beobachtungen und Ergebnisse können im Beobachtungsbogen festgehalten werden.

Unterrichtsmaterial:

(Siehe die Angaben zu den einzelnen Stationen auf S. 14.)

Unterrichtsschritte:

1. Im Klassenraum sind die *Materialien für die drei Stationen* aufgebaut. L bereitet die Kinder auf die Erarbeitung vor: An den Stationen könnt ihr Entdeckungen machen, die mit Gottes Schöpfung zu tun haben. Die Kinder bearbeiten sie mithilfe der *Aufgabenkarten*. **M 1.8–M 1.10**
Jedes Kind hat einen eigenen *Beobachtungsbogen*. **M 1.6**
2. An die *Stationenarbeit* schließt sich eine *Reflexionsphase* an, in der folgende Themen erarbeitet werden sollen:
   - Auswirkungen der Abgase von Flugzeugen und Fabriktürmen auf die Luft (Station 1)
   - Wirkung des verschmutzten Wassers auf die Kinder (Station 2)
   - Auswirkungen der verschiedenen Wachstumsbedingungen (Station 3)

Mithilfe der *Beobachtungsbögen* tragen die Kinder ihre *Ergebnisse* zusammen. **M 1.6**

Das Handeln des Menschen und andere – natürliche – Ursachen haben Auswirkungen auf die Schöpfung:
- Abgase aus Fabrikschloten und Flugzeugen verschmutzen die Luft (Station 1).
- Das mit Sand versetzte Wasser sieht schmutzig und ungesund aus. Ich möchte es nicht trinken (Station 2).
- Unterschiedliche Bedingungen haben Einfluss auf das Wachstum der Pflanzen:
  - Ohne Licht, mit Wasser bedeutet kein Wachstum.
  - Ohne Wasser, mit Licht führt zum Vertrocknen.
  - Unterschiedlicher Boden mit unterschiedlicher Wasser- und Lichtzufuhr beeinflusst die Schnelligkeit des Wachstums (Station 3).

Differenzierung: Deuten
Die Kinder schreiben zur Reflexion ein *Schneeballgedicht*. **M 1.11**
Der Name leitet sich von seiner Form ab: die Länge der Zeilen verlängert und verkürzt sich systematisch, sodass am Ende eine runde Form entsteht, die gut in eine runde Kugel passt (den Schneeball). 1. Zeile – 1 Wort, 2. Zeile – 2 Wörter, 3. Zeile – 3 Wörter, 4. Zeile – 4 Wörter, 5. Zeile – 3 Wörter, 6. Zeile – 2 Wörter, 7. Zeile – 1 Wort. Das Schneeballgedicht kann auch um eine 5. Zeile mit 5 Wörtern erweitert werden.

Beispiel:

sauber
weiße Wolken
dort am Himmel
sehen aus wie Schafe
Flugzeuge kommen geflogen
verpestete Luft
dreckig

1 Gott für seine Schöpfung danken und loben

Station 1: Himmel
(Einzel- oder Partnerarbeit)

Unterrichtsmaterial:

- Beobachtungsbogen für jedes Kind **M 1.6**
- Ausschneidebogen: „Fabriken und Flugzeuge“ für jedes Kind **M 1.7**
- Aufgabenkarte 1: „Himmel“ **M 1.8**
- Zeichenblätter à DIN A3
- Bunt- oder Wachsmalstifte
- Scheren, Klebestifte
- gelbe Blätter oder Klebefolie
- Watte

Aufgabe:

Jedes Kind faltet sein Zeichenblatt in der Mitte. Es gestaltet auf der linken Seite einen Himmel mit Wolken (Watte) und Sonne (gelbes Papier oder Klebefolie). Anschließend gestaltet es die rechte Bildhälfte ebenso und ergänzt Flugzeuge und Fabriktürme aus dem Ausschneidebogen. **M 1.7**

Flugzeuge am Himmel und Rauch der Fabriktürme haben Auswirkungen, z. B. verändert sich die Farbe der Wolken ...

Station 2: Wasser
(Einzel- oder Partnerarbeit)

Unterrichtsmaterial:

- Beobachtungsbögen (siehe Station 1)
- Krug mit Wasser
- Gläser
- Sand
- Aufgabenkarte 2: „Wasser“ **M 1.9**

Aufgabe:

Jedes Kind füllt zwei Gläser bis zur Hälfte mit Wasser. In das eine Glas gibt es zusätzlich noch etwas Sand.

Anschließend werden die Kinder aufgefordert, das Wasser anderen Kindern zum Probieren anzubieten.

Das mit Sand versetzte Wasser wird diese wahrscheinlich an verschmutztes Wasser erinnern und sie werden nicht davon trinken wollen.

Station 3: Erde
(Gruppenarbeit)

Unterrichtsmaterial:

- Beobachtungsbögen (siehe vorherige Stationen)
- Teller
- Blumenerde
- Lehmboden
- Weizenkörner
- Karton, der über den Teller passt
- Gießkanne mit Wasser
- Aufgabenkarte 3: „Erde“ **M 1.10**

Aufgabe:

In vier Gruppen säen Kinder Weizenkörner.

Unterschiedliche Bedingungen bei den Experimenten (Boden, Licht und Wasser) wirken sich auf das Wachstum aus.

Baustein 3: Wir danken und loben Gott für seine Schöpfung

Unterrichtsmaterial:

- Lied: „Da vertraute Gott die Erde …“ (Musik-CD ⦿ Track 1/2) **M 1.5**
- verschiedenfarbiges Papier à DIN A5 für Herzen
- eine Pappe à DIN A2

Unterrichtsschritte:

1. *Lied:* „Da vertraute Gott die Erde ...“ **M 1.5**

   Differenzierung: Handeln
   Die Schüler singen das Lied: „Gott will die Welt …“ (Musik-CD ⦿ Track 39/40. Den Notensatz finden Sie auf der beiliegenden Daten-CD.)

2. L greift die *Ergebnisse der Stationenarbeit* auf und bringt sie mit dem Lied in Verbindung. Es wird noch einmal verdeutlicht:
   - Gott ist der Schöpfer aller Dinge.
   - Die Schöpfung ist ein Geschenk Gottes an uns Menschen.
   - Das Handeln des Menschen und andere (natürliche) Einflüsse haben Auswirkungen auf die Schöpfung.
   - Die Wertschätzung des Menschen drückt sich in seinem Verhalten gegenüber der Schöpfung sowie in Dank und Lob Gottes aus.

3. L erinnert an den Psalm 104, mit dem der Psalmdichter Gott für seine Schöpfung dankt und lobt. Die Kinder malen in Erinnerung an den Kehrvers des Lobpsalms Herzen auf die bunten Blätter und schreiben eigene Dank- und Lobverse. Dabei kann als Hilfestellung auf die gestalteten Bilderrahmen verwiesen werden.

   Differenzierung: Verstehen und Deuten
   Unterstützend wird ein Impuls, z. B. „Guter Gott, ich danke dir …“ oder „Ich singe dir ein Loblied, weil …“ als Formulierungshilfe gegeben.

4. Die Herzen mit den Versen werden auf die Pappe geklebt, so entsteht ein buntes *Psalmposter*. Einige Kinder lesen ihren Dank- oder Lobvers vor. L und die Kinder schließen die Unterrichtseinheit mit dem Kehrvers des *Lobpsalms* ab. **M 1.2 /M 1.2.1**

   Differenzierung: Theologisieren
   Die Kinder und L bilden einen Gesprächskreis. L präsentiert einen als Geschenk verpackten Karton. Die Kinder äußern spontan ihre Gedanken zu einem Geschenk, einem „schönen“ Geschenk …

   Impuls zum Theologisieren:
   Wenn in diesem Geschenkkarton Gottes Schöpfung wäre, was würde das für **dich** bedeuten.

Ritual: Gottes Schöpfung — M 1.1

Die Kerze erinnert uns im Religionsunterricht daran,
dass Jesus in unserer Mitte ist.
Er will uns ganz nahe sein.
Heute liegen bei der Kerze Dinge aus der Natur.

(Raum für Äußerungen der Kinder lassen)

Sie sind Beispiele der Schöpfung Gottes,
in der wir leben.
Jedem von uns fallen andere Sachen auf,
weil jedem von uns etwas anderes besonders gut gefällt.
Wir alle sind ein wichtiger Teil von Gottes Schöpfung!

Lobpsalm nach Psalm 104

M 1.2

Gott, mein Schöpfer, ich lobe dich von ganzem Herzen.

Du bist umgeben von Licht.
Du breitest den Himmel aus wie ein Zelt.
Wolken und Wind wehen über das Land.

Gott, mein Schöpfer, ich lobe dich von ganzem Herzen.

Du hast die Erde geschaffen,
Berge und Täler.

Gott, mein Schöpfer, ich lobe dich von ganzem Herzen.

Du lässt die Quellen entspringen.
Aus ihnen trinken die Tiere.
Quellen werden zu Flüssen und Meeren.
In ihnen leben Fische und anderes Getier.

Gott, mein Schöpfer, ich lobe dich von ganzem Herzen.

In den Bäumen bauen die Vögel ihre Nester.
Sie singen ein fröhliches Lied.

Gott, mein Schöpfer, ich lobe dich von ganzem Herzen.

Du lässt das Gras wachsen.
Du gibst den Pflanzen und Früchten Kraft.
Die Menschen freuen sich über die Ernte.

Gott, mein Schöpfer, ich lobe dich von ganzem Herzen.

Der Mond teilt das Jahr ein.
Die Sonne macht es hell und schenkt Wärme.
Am Tag gehen die Menschen zur Arbeit.
Du schenkst die Ruhe der Nacht.

Gott, mein Schöpfer, ich lobe dich von ganzem Herzen.

Du schenkst den Atem,
der das Leben möglich macht.
Und alles ist gut geordnet.

M 1.2.1

Gott, mein Schöpfer, ich lobe dich von ganzem Herzen.

Karten zum Lobpsalm (1)

M 1.3

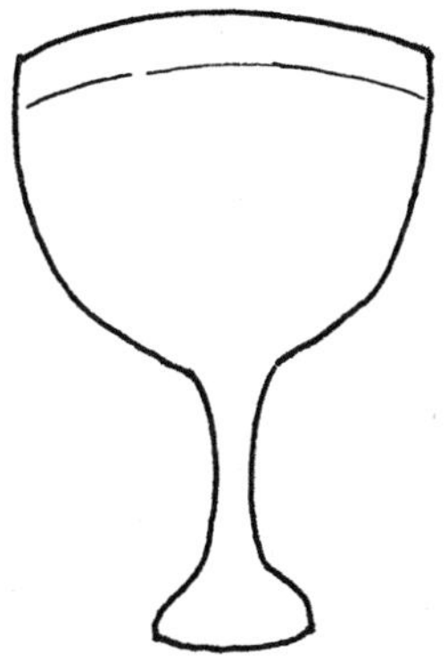

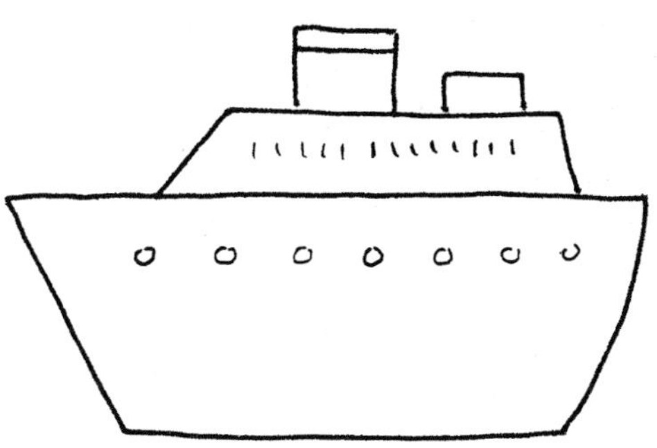

Karten zum Lobpsalm (2)

M 1.3

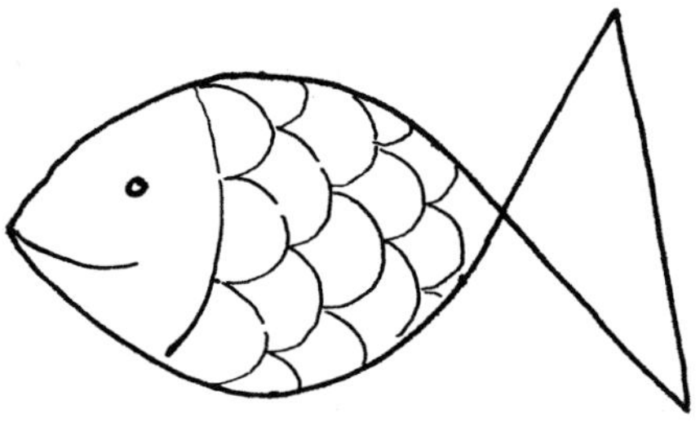

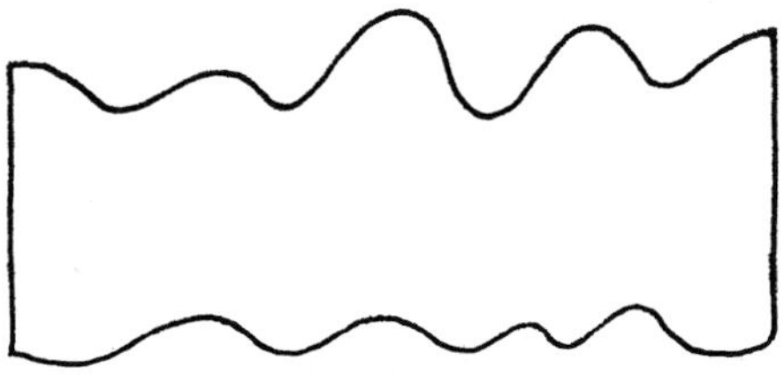

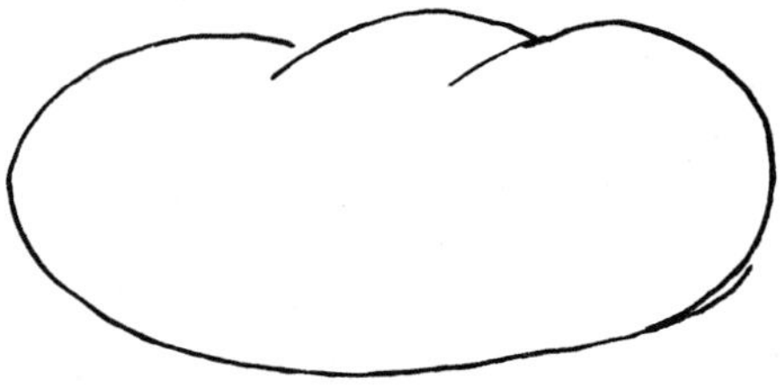

KOPIERVORLAGE

Bastelanleitung:

- Rahmen ausschneiden.
- „Fenster“ mit Pergamentpapier hinterkleben.
- Die Felder mit Schöpfungselementen und einem Bild/Foto von sich selbst gestalten.

Bilderrahmen

M 1.4.1

Bastelanleitung:

- Rahmen ausschneiden.
- „Fenster“ mit Pergamentpapier hinterkleben.
- Das Feld mit Schöpfungselementen und einem Bild/Foto von sich selbst gestalten.

Da vertraute Gott die Erde ... M 1.5

Text: Rolf Krenzer
Melodie: Detlev Jöcker

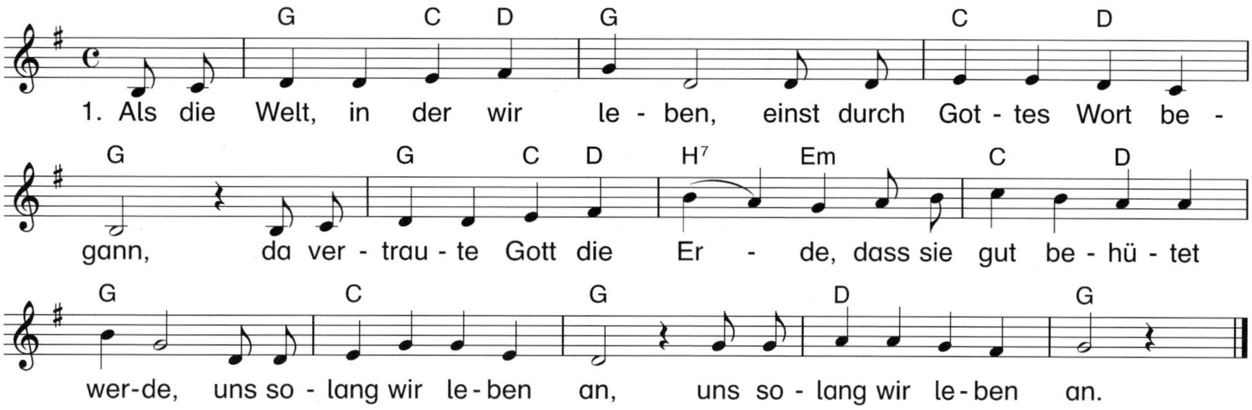

(Musik-CD ⊙ Track 1/2)

2. Als das Land mit seinen Bergen,
als das weite Meer begann,
da vertraute Gott die Erde,
dass sie gut behütet werde,
I: uns solang wir leben an. :I

3. Als der Himmel und die Sterne,
als der Sonnenschein begann,
…

4. Als das Leben aller Pflanzen
und der Bäume einst begann,
…

5. Als das Leben aller Tiere
einst durch Gottes Wort begann,
…

6. Und als unser Menschenleben
einst durch Gottes Wort begann,
da vertraute Gott die Erde,
dass sie gut behütet werde,
I: und dem Mensch den Menschen an. :I

7. Alles, was uns Gott gegeben,
das vertraute er uns an.
Seine Schöpfung, alles Leben
voll Vertrauen übergeben.
I: Denkt doch allezeit daran! :I

Spielanregungen:

Alle stellen im Kreis mit großen Gesten dar, was Gott geschaffen hat:
das Land mit seinen Bergen, die Sonne und die Sterne, die Pflanzen und Tiere und sich selbst. Jeweils zum Ende der Strophe nehmen sich alle an den Händen und gehen langsam auf den Mittelpunkt des Kreises zu.

Beobachtungsbogen (1) | M 1.6

Name:

Station 1: Himmel

Ich beobachte:

Wenn ich an Gottes Schöpfung denke, dann …

Ich denke darüber nach:

Beobachtungsbogen (2)

M 1.6

Name:

Station 2: Wasser

Ich beobachte:

Wenn ich an Gottes Schöpfung denke, dann …

Ich denke darüber nach:

Beobachtungsbogen (3)

M 1.6

Name:

Station 3: Erde

Ich beobachte:

Wenn ich an Gottes Schöpfung denke, dann …

Ich denke darüber nach:

KOPIERVORLAGE

Fabriken und Flugzeuge

M 1.7

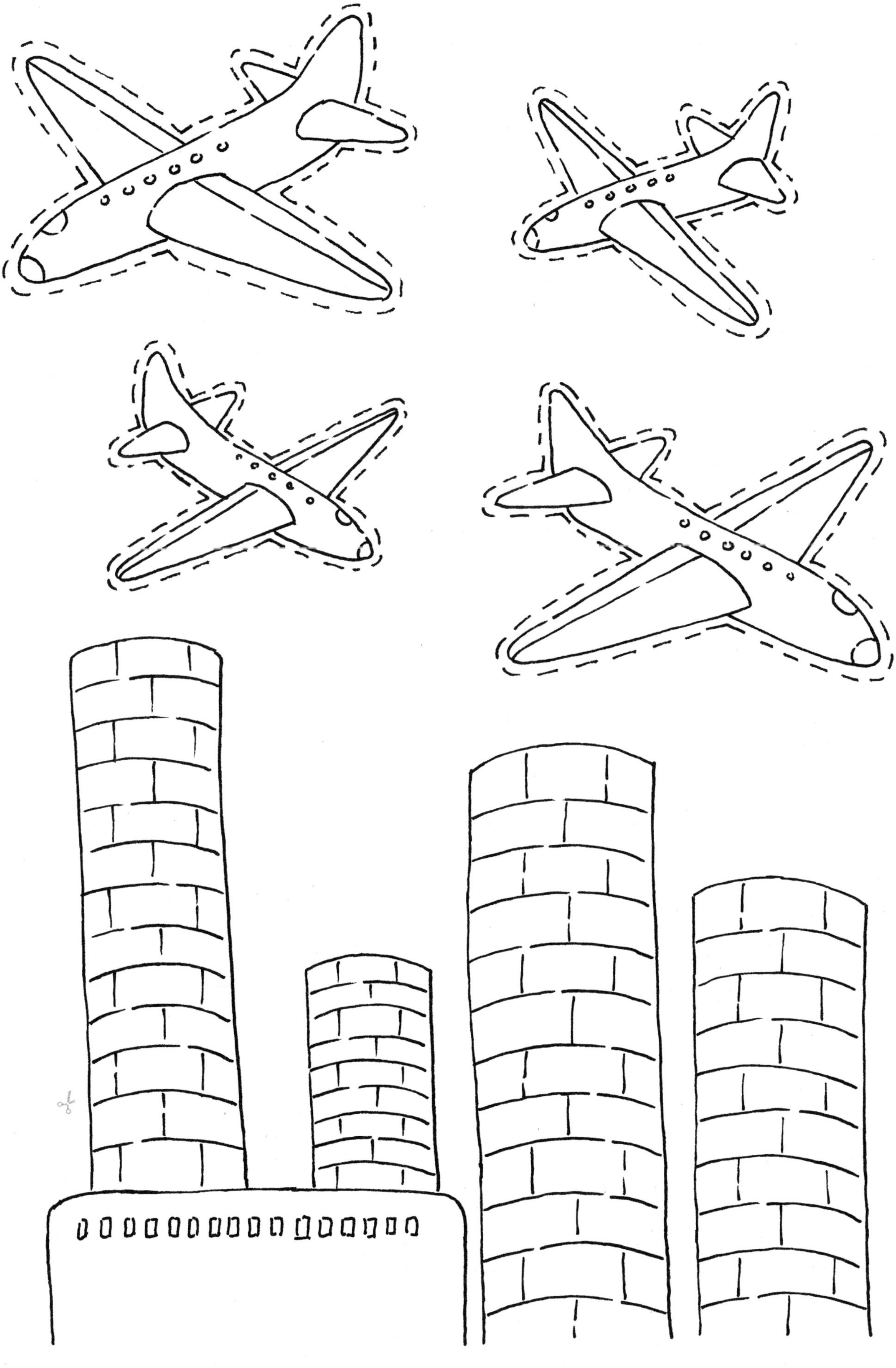

Aufgabenkarte 1: Himmel — M 1.8

Material:

- Zeichenblatt
- Bunt- oder Wachsmalstifte
- Watte
- Klebestift, Schere
- gelbes Papier oder Klebefolie
- Ausschneidebogen: „Fabriken und Flugzeuge“
- Beobachtungsbogen

Aufgabe:

1. Nimm ein Blatt deines Zeichenblocks und falte es in der Mitte.
2. Gestalte die linke Hälfte des Blattes. Male zuerst den Himmel als Hintergrund.
3. Aus der Watte forme Wolken und klebe sie auf.
4. Schneide eine Sonne aus dem gelben Papier oder der gelben Klebefolie aus und klebe sie in deinen Himmel.
5. Gestalte nun die rechte Bildhälfte ebenso. Klebe dort zusätzlich die ausgeschnittenen Fabriktürme und Flugzeuge ein.
6. Wie verändert sich der Himmel dadurch? Wie sehen die Wolken dann aus? Gestalte diese Bildhälfte entsprechend.

Aufgabenkarte 2: Wasser — M 1.9

Material:

- 2 Gläser
- Wasser
- Sand
- Beobachtungsbogen

Aufgabe:

1. Fülle beide Gläser bis zur Hälfte mit Wasser.
2. Füge in das eine Glas etwas Sand hinzu.
3. Biete einem Kind die beiden Gläser zum Probieren an. Es darf auch ablehnen.
4. Falls das Kind ablehnt, schreibe seine Begründung auf.

Aufgabenkarte 3: Erde (Gruppe 1) — M 1.10

Material:

- Teller
- Blumenerde
- Weizenkörner
- Gießkanne mit Wasser
- Beobachtungsbogen

Aufgabe:

1. Bedeckt den Teller mit Blumenerde und sät die Weizenkörner.
2. Streut etwas Blumenerde darüber.
3. Stellt den Teller auf die Fensterbank ans Licht.
4. Gießt regelmäßig.
5. Schreibt eure Beobachtungen auf.

Aufgabenkarte 3: Erde (Gruppe 2) — M 1.10

Material:

- Teller
- Blumenerde
- Weizenkörner
- Beobachtungsbogen

Aufgabe:

1. Bedeckt den Teller mit Blumenerde und sät die Weizenkörner.
2. Streut etwas Blumenerde darüber.
3. Stellt den Teller auf die Fensterbank ans Licht.
4. **Nicht gießen!**
5. Schreibt eure Beobachtungen auf.

Aufgabenkarte 3: Erde (Gruppe 3) — M 1.10

Material:

- Teller
- Blumenerde
- Weizenkörner
- Karton
- Gießkanne mit Wasser
- Beobachtungsbogen

Aufgabe:

1. Bedeckt den Teller mit Blumenerde und sät die Weizenkörner.
2. Streut etwas Blumenerde darüber.
3. Stellt den Teller auf die Fensterbank und **stülpt den Karton darüber**.
4. Gießt regelmäßig.
5. Schreibt eure Beobachtungen auf.

Aufgabenkarte 3: Erde (Gruppe 4) — M 1.10

Material:

- Teller
- Lehmboden
- Blumenerde
- Weizenkörner
- Beobachtungsbogen

Aufgabe:

1. Bedeckt den Teller mit **Lehmboden** und sät die Weizenkörner.
2. Streut etwas **Lehmboden** darüber.
3. Stellt den Teller auf die Fensterbank ans Licht.
4. Gießt regelmäßig.
5. Schreibt eure Beobachtungen auf.

Schneeballgedicht

M 1.11

Thema: Wir feiern das Erntedankfest – ein Anlass zum Danken und Loben

Intention der Reihe

Den Wert von Nahrungsmitteln schätzen lernen und das Erntedankfest als eine Form des Lobens und Dankens erfahren.

2–3 Std. und Erntedankfest

Kompetenzerwartung: Die Schülerinnen und Schüler nehmen ihr natürliches Lebensumfeld mit allen Sinnen bewusst wahr.

Theologisch-didaktischer Kommentar

Schon im Altertum waren Erntedankfeste verbreitet.

Die Juden feiern das Wochen- und das Laubhüttenfest. Das Alte Testament (vgl. 2. Mose 23,16) beschreibt das Wochenfest als „Fest der Ernte, der Erstlinge deiner Früchte, die du auf dem Felde gesät hast" und das Laubhüttenfest als „Fest der Lese am Ausgang des Jahres, wenn du den Ertrag deiner Arbeit eingesammelt hast vom Felde".

Erntedankmessen mit der Segnung von Früchten und mit Tedeum ([lat.] (Te Deum), kirchlicher Lobgesang nach den Anfangsworten „Te Deum laudamus" (Dich, Gott, loben wir.)) stammen aus der Kirche des Mittelalters. Aus den Danksagungen entwickelten sich Erntepredigten; Danksagungen mit Predigt sind das Vorbild für das heutige Erntedankfest.

Das Fest, so wie wir es heute feiern, wurde erst 1773 mit der Festlegung auf den 1. Sonntag im Oktober offiziell in Preußen eingeführt.
In der Bischofskonferenz von 1972 legte sich die katholische Kirche ebenfalls auf diesen Termin fest, ohne jedoch die Gemeinden zu verpflichten, den Festtag zu begehen.
In evangelischen Gemeinden ist der Michaelistag (29. September) oder einer der benachbarten Sonntage Festtag.
Das kirchliche Erntedankfest ist in einen Gottesdienst eingebunden, in dem Erntegaben den Altar schmücken oder im Gottesdienst dorthin gebracht werden.

Beim Erntedankfest dankt der Mensch dafür, dass er sich in Gottes Händen weiß, und erinnert sich in besonderem Maße an seine Verbundenheit mit und seine Zugehörigkeit zu der Schöpfung. Daraus ergibt sich auch die enge Verbindung zur Unterrichtseinheit „Gott für seine Schöpfung danken und loben" (Kap. 1), aus der daher Elemente in das Erntedankfest einfließen können.

Zu früheren Zeiten haben alle Menschen die Folgen einer Missernte am eigenen Leibe erfahren, da ihre Vorratsräume dann leer blieben und sie weniger Möglichkeiten hatten, sich mit Nahrungsmitteln aus anderen Gegenden zu versorgen. Die junge Generation der westlichen Länder kann nur noch erahnen, was eine Missernte früher bedeutete, denn auch bei Missernten im eigenen Umfeld wird das Angebot in den Läden heute aufgrund von Globalisierung und moderner Infrastruktur nahezu unverändert bleiben. Erst wenn die Kinder über diese „Selbstverständlichkeit" nachdenken, werden sie lernen, alltägliche Dinge dankend zu empfangen und wertzuschätzen. Darin liegt der Schwerpunkt dieser Unterrichtseinheit.

Beim Teilen wird den Kindern gezeigt, dass wir für „Gegebenes" danken sollten. Dieser Aspekt wird den Kindern in der Unterrichtseinheit nahegebracht, wenn sie sich dem Nachbarn bewusst zuwenden und ihn in ihr Handeln mit einschließen. Der meditative Text hilft ihnen, den Wert eines Apfelstücks höher einzuschätzen.

Die vielfältige Vernetzungsmöglichkeit mit anderen Unterrichtsfächern, z. B. Sach- und Deutschunterricht, kann ein fächerübergreifendes Projekt ermöglichen, das mit einem gemeinsamen Erntedankfest abschließt. Hierbei kann man zur Vertiefung an die Erfahrungen aus der Unterrichtseinheit „Freude über die Gemeinschaft" (siehe *Bergedorfer® Grundschulpraxis: Religion – 1. Klasse,* S. 101 ff.) erinnern.
Nach Weihnachten und Ostern ist das Erntedankfest das dritte Fest im Kirchenjahr, das die Kinder im Unterricht kennenlernen.

Bausteine der Unterrichtsreihe

Baustein 1: Jeder hat ein Lieblingsessen

Unterrichtsmaterial:

- Werbebeilagen einer Zeitung
- Magnete
- Zeichenpapier
- Wachsmalstifte
- Scheren, Klebestifte
- Plakat mit Verkaufsregal (siehe Vorlage) **M 2.1**

Unterrichtsschritte:

1. L heftet die *Werbebeilagen* mit Magneten an die Tafel und spricht mit den Kindern über die dargestellten Lebensmittel. Aus diesem *Gespräch* ergibt sich, …
   - dass die Kinder aus einer Vielfalt von Lebensmitteln wählen können.
   - dass die meisten Lebensmittel aus fernen Ländern angeliefert werden.
   - dass die Kinder bestimmte Lebensmittel bevorzugen („Lieblingsessen").

2. Die Kinder *malen* die Lebensmittel für ihr Lieblingsessen mit *Wachsmalstiften* auf Zeichenpapier, *schneiden* sie aus und *kleben* sie in das Verkaufsregal auf dem Plakat ein. **M 2.1**

Differenzierung: Gestalten
Die Kinder gestalten aus dem Werbematerial eine Collage mit ihren Lieblingslebensmitteln.

Baustein 2: Wir haben Grund zu danken

Unterrichtsmaterial:

- Plakat (siehe Baustein 1)
- Erzählung: „Die Apfelweltreise" **M 2.2**
- Bildkarten zur Geschichte **M 2.3**
- Rückengeschichte **M 2.4**
- Lied: „Danket, danket dem Herrn ..." (Musik-CD ⊙ Track 3/4) **M 2.5**

Unterrichtsschritte:

1. Die Plakate mit den Lebensmitteln hängen für die Kinder gut sichtbar an Tafel oder Wand. Nachdem L darauf hingewiesen hat, dass alle Lebensmittel – nicht nur die aus den fernen Ländern – einen weiten Weg hinter sich haben, bis sie im Regal landen, *erzählt* L die „Die Apfelweltreise". **M 2.2**

Differenzierung: Wahrnehmen und Verstehen
Beim Erzählen werden Bildkarten zur Visualisierung an die Tafel geheftet. **M 2.3**

Differenzierung: Handeln
Die Geschichte wird als Rückengeschichte erzählt. **M 2.4**

2. Im anschließenden *Gespräch* fassen die Kinder die Apfelweltreise zusammen, z. B. dass ... (Dabei können sie die Bildkarten **M 2.3** zur Hilfe nehmen.)
   - viele Menschen beteiligt sind, bis ein Lebensmittel verkauft wird.
   - die Bedingungen stimmen müssen, damit Nahrungsmittel gedeihen bzw. produziert werden können. L kann hier an die Wachstumsversuche im Unterrichtsgegenstand „Gott für seine Schöpfung danken und loben" erinnern (siehe Kap. 1, Baustein 2, S. 13 f.).
   - wir allen Grund haben, vielen Menschen und Gott dafür dankbar zu sein.

Differenzierung: Verstehen
Die Kinder schreiben eigene Dankgebete.
Hier besteht die Möglichkeit der Vernetzung mit Bd. 1 Kap. 5 „Mit Gott reden ..." und Bd. 1 Kap. 7 „Freude über die Gemeinschaft".

3. *Lied:* „Danket, danket dem Herrn ..." **M 2.5**

Baustein 3: Nahrung ist wertvoll

Unterrichtsmaterial:

- jeweils für vier Kinder einen Apfel (einer davon bereits geviertelt)
- Messer
- meditative Musik (Musik-CD ⊙ Track 37)
- Apfelkerne
- meditativer Text: „Das Apfelstück" **M 2.6**

Unterrichtsschritte:

1. Auf dem Tisch liegen die Äpfel, die Flächen des geviertelten Apfels sind bereits braun geworden.

Einführung
Wir haben gehört, wie viel geschehen muss, damit wir einen Apfel vor uns liegen haben. Jetzt wollen wir diese Gaben gemeinsam genießen. Immer vier Kinder teilen sich einen Apfel. Wir essen erst, wenn alle Kinder ein Apfelstück vor sich liegen haben.

2. Die restlichen Äpfel werden geviertelt. Beim *Verteilen* wird den Kindern auffallen, dass die Stücke der frisch geviertelten Äpfel nicht ausreichen und sie auch die bereits braunen Apfelviertel verteilen müssen. Einige Kinder äußern sich dahingehend, dass diese unansehnlich sind.
L *erarbeitet mit den Kindern*, wie Menschen auf unansehnliche Lebensmittel reagieren (Ablehnung oder sogar Entsorgen des Lebensmittels) und warum sie so reagieren.
Anschließend wird eine Verhaltensalternative überlegt, die den Wert selbst solcher Lebensmittel anerkennt (z. B. das Braune bei den Apfelvierteln abschneiden, sodass sie wieder appetitlich aussehen).

3. Jedes Kind gibt seinem Nachbarn ein Apfelstück. L liest den *meditativen* Text vor. **M 2.6**
Zur meditativen Musik essen die Kinder dann ihre Apfelstücke.

Differenzierung: Wahrnehmen
Zum Schluss werden die Apfelkerne noch einmal betrachtet und über das Wunder der Schöpfung gestaunt, mit dem wertschätzend umgegangen werden soll.

Baustein 4: Elemente für ein Erntedankfest

Aus folgenden Einzelelementen kann eine Auswahl für das Erntedankfest getroffen werden, sodass sich eine abwechslungsreiche Abfolge aus Texten, Liedern, Tanz und Gebet ergibt.

- Eingangsritual in Anknüpfung an den meditativen Text „Das Apfelstück" **M 2.6**
- Kinder lesen den Lobpsalm vor. **M 1.2**
  (Alternative: Lobpsalm aus *Bergedorfer® Grundschulpraxis: Religion – 1. Klasse,* **M 9.4**.)
- Kinder lesen ihre Lob- und Dankverse aus der Unterrichtseinheit „Gott für seine Schöpfung danken und loben" vor (siehe Kap. 1, Baustein 3, S. 15).
- Dankgebet (siehe Baustein 2)
- Erzählung: „Ein Korb voll Obst" **M 2.7**
- Lied: „Erntetanz" (Musik-CD ⊙ Track 5/6) **M 2.8**
- gemeinsames Essen
- Lieder:
  - „Da vertraute Gott die Erde ..." (Musik-CD ⊙ Track 1/2) **M 1.5**
  - „Danket, danket dem Herrn ..." (Musik-CD ⊙ Track 3/4) **M 2.5**
  - „Lasst uns miteinander" (siehe *Bergedorfer® Grundschulpraxis: Religion – 1. Klasse,* **M 5.4**.)
  - „Du hast uns deine Welt geschenkt" (siehe *Bergedorfer® Grundschulpraxis: Religion – 1. Klasse,* **M 9.7**.)

Verkaufsregal

M 2.1

Die Apfelweltreise (1)

M 2.2

„Puh, war das anstrengend“, seufzt Merle, als sie mit ihrer Mutter vom Einkaufen nach Hause kommt. „Ich wusste gar nicht, worauf man alles achten muss, wenn man Äpfel kaufen will. Die einen sind zu grün, die anderen haben keine Vitamine, die dritten sind zu weich und schmecken dann mehlig, bei den nächsten ist die Schale nicht glatt genug ...“

„Sonst hast du wohl keine Sorgen!“, unterbricht sie ihr Bruder Marvin. „Weißt du überhaupt, wie lange es dauert, bis ein Apfelbaum gewachsen ist, und es dann noch einmal dauert, bis die Äpfel im Geschäft gelandet sind? Das ist fast wie eine Weltreise.“
„Oh, lass uns doch eine Apfelweltreise malen!“, ruft Merle begeistert. „Ich hole rasch eine alte Tapetenrolle und dann geht es los.“

Schon nach kurzer Zeit liegen die Geschwister in ihre Arbeit vertieft auf dem Fußboden. Zunächst malt Marvin ein Gartenbeet. In einer kleinen Kuhle entdeckt man *zwei winzige Apfelkerne.*
„Bis zum kleinen Baum auf unserem nächsten Bild vergeht in Wirklichkeit eine lange, lange Zeit. Die Kerne müssen einen festen Platz im Boden gefunden haben. Manchmal hätte sie fast ein Vogelschnabel weggepickt. Einmal hat es so fest geregnet, dass sie nur mit Mühe an ihrem Ort bleiben konnten. Doch irgendwann kannst du einen *Trieb* entdecken, aus dem der junge Baum wächst.“

Merle malt einen *kleinen Trieb*, an dem – wenn man genau hinsieht – schon Blätter zu erkennen sind. „Du musst dir vorstellen, dass es jetzt wieder viele, viele Jahre dauert, bis aus dem Trieb ein *Baumstamm* wird. Jedes Jahr wird er größer und breiter. In der Erde sind nun *kräftige Wurzeln*, die den Baum halten. Selbst ein kräftiger Sturm und Regengüsse können ihm nichts anhaben. Oben wachsen die *Äste und Zweige* und daran wiederum im Frühling die *Blätter und Knospen*. Wenn sie sich öffnen, sieht der Baum wie ein rosafarbener Blütentraum aus. Die Sonnenstrahlen streicheln und die Bienen umschwirren ihn auf der Suche nach Nektar.“

Während Marvin erzählt, kann Merle gar nicht aufhören zu malen. Sie lauscht den Worten des Bruders und die Stifte fliegen dabei über das Papier.
„Aus der Blüte wächst die *Frucht*, der Apfel. Eines Tages ist er reif und fällt vom Baum. Weil das aber oft Flecken gibt, werden die meisten Äpfel schon vorher gepflückt und in Kisten verpackt. Und damit ist ihre schöne Zeit in der Natur vorbei.

Die Apfelweltreise (2)

M 2.2

Jetzt beginnt sozusagen der zweite Teil ihres Daseins." Marvin malt ein großes *Lastauto*, das hoch mit *Kisten* beladen ist. „Dieser LKW gehört einem Bauern. Er fährt zu einem *Großmarkt* und liefert dort die Apfelkisten ab. Hierher kommen nun alle diejenigen, die Äpfel für ihre *Geschäfte* holen wollen, um sie dort zu verkaufen.
Verstehst du, was ich eben gemeint habe? Es ist ein Wunder, dass die Äpfel in den *Regalen* liegen. So viel muss geschehen, damit sie wachsen können und viele Menschen müssen mithelfen, damit sie dorthin kommen. Und wir stehen vor den Regalen und kritisieren nur herum."
Gemeinsam gestalten Merle und Marvin eine Auslage im Supermarkt, auf der die unterschiedlichsten Apfelsorten bunt durcheinanderliegen.
Still betrachten sie auf ihrer Tapetenrolle noch einmal den langen Weg des Apfels – die **Apfelweltreise**.

An dieser Stelle könnte L den Weg vom Kern bis zum Apfel, der im Laden ausliegt, noch einmal gedanklich mit den Kindern nachvollziehen.

Als die Mutter ihren beiden Kindern über die Schultern sieht, meint sie begeistert: „Das ist ja ein richtiges Kunstwerk geworden. Und was alles geschehen muss, damit ein Apfel bei uns in den Regalen zum Verkauf ausliegt! Eigentlich ist das eine tolle Geschichte für den Erntedankgottesdienst."
Diese Idee finden Merle und Marvin so gut, dass sie noch ein Dankgebet zu ihrer Apfelweltreise schreiben.

Die Kinder können an dieser Stelle überlegen, was wohl in dem Gebet steht und warum die Geschichte in einen Erntedankgottesdienst passt.

Danke Gott, für die Erde,
in der die Samen wachsen können.
Danke für die Sonne,
die Wärme und Kraft gibt,
und für den Regen,
der die Pflanzen wachsen lässt.

Danke für die Menschen,
die die Äpfel ernten, sortieren,
in Lager bringen,
in Geschäften verkaufen.

Danke, dass wir die Möglichkeit haben,
die Äpfel zu kaufen.
Lass sie uns dankbar genießen.

Micaela Röse

KOPIERVORLAGE

Bildkarten zur Geschichte

M 2.3

Rückengeschichte zur Apfelweltreise

M 2.4

Wir kommen in einen Garten.	*über den Rücken „trippeln“*
Da ist ein Beet mit einer Kuhle.	*über den unteren Rücken streichen, eine Kuhle malen*
Darin liegen zwei Apfelkerne.	*zweimal mit dem Finger in die Kuhle stupsen*
Die Sonne scheint.	*die gespreizten Hände über den Rücken wandern lassen*
Regen macht die Erde nass.	*mit den Fingern Regentropfen machen*
Nach einer Zeit kommen kleine Triebe aus der Erde.	*mit der Fingerspitze einen Trieb wachsen lassen*
Der Baum wächst langsam. Er bekommt einen kräftigen Baumstamm,	*mit der Handfläche einen Stamm andeuten*
tiefe Wurzeln,	*mit den Fingern Wurzeln malen*
Äste und dünne Zweige.	*mit den Fingerspitzen über die Schulterblätter fahren*
Im Frühling scheint die Sonne.	*die gespreizten Hände über den Rücken wandern lassen*
An den Ästen sind Knospen und Blätter zu sehen.	*mit den Fingerspitzen auf die „Äste“ tupfen*
Später dann im Sommer wachsen Äpfel.	*Äpfel malen*
Sie werden reif und fallen auf den Boden.	*mit den Handfläche über den unteren Rücken streichen, dann mit der Faust leicht darauf drücken*
Die Äpfel machen eine lange Reise.	*Schlangenlinie über den Rücken*
Bis hierher.	*Ausrufezeichen*

KOPIERVORLAGE

Danket, danket dem Herrn … | M 2.5

Text: Psalm 106,1
Melodie: mündlich überliefert

Kanon zu 4 Stimmen

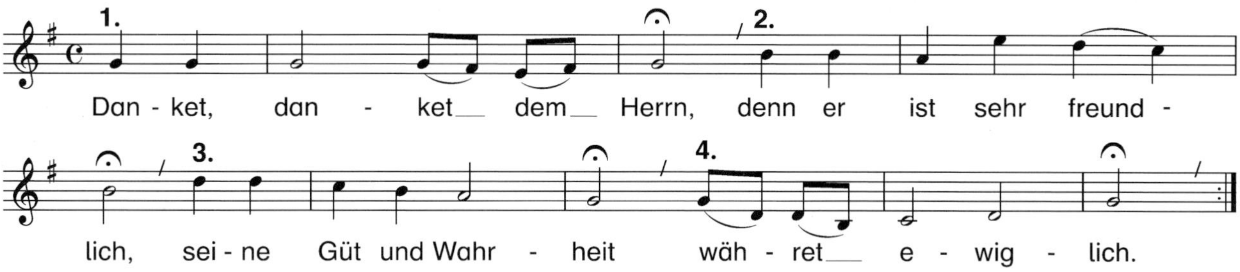

(Musik-CD Track 3/4)

Ostinato für Stabspiele:

Gitarre

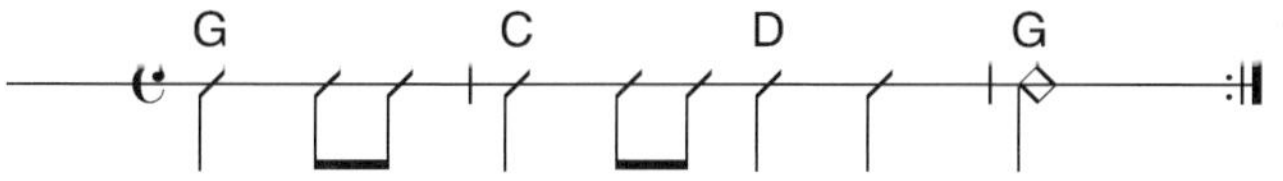

Aus: „Singt mit, spielt mit“, Heft 2, © Verlag Ernst Kaufmann, Lahr

Das Apfelstück | M 2.6

Dankbar schauen wir auf das Apfelstück,
das in unserer Hand liegt.

Wir fühlen die Schale,
die das Innere lange Zeit geschützt hat.
So konnten Wind, Sturm, Regen – vielleicht sogar Hagel –
dem Apfel nichts anhaben.

Wir sehen das Innere, das Fruchtfleisch,
von dem wir wissen, wie gut es uns gleich schmecken wird.
Die Sonne hat mit ihrer Wärme
für den aromatischen Geschmack gesorgt.

Sicher seht ihr auch die Kerne,
in denen die Kraft für eine neue Pflanze steckt.
Wenn ihr sie verwahrt, später in den Boden steckt und gießt,
wächst vielleicht euer Apfelbaum daraus.

Wir alle freuen uns auf das Apfelstück, das wir jetzt essen.
Unsere Freude und unsere Dankbarkeit sind Grund für ein Fest:
das Erntedankfest.

Inhalt

Nina ist in den Ferien bei ihrer Großmutter. Sie hat einen großen Garten und Nina darf ihr helfen. Sie pflücken gemeinsam Obst. Nina staunt über die vielen Früchte; wie schön sie sich anfühlen, wie gut sie riechen, wie viele Farben und Formen es gibt. Sie packen das Obst in einen Korb, allerdings legt die Großmutter immer auch einige Früchte zur Seite.

Nina ist neugierig geworden. Da erzählt die Großmutter aus ihrer Kinderzeit: Damals herrschten Krieg und Not und jeder Apfel und jede Birne galt als Kostbarkeit! Das hat sie nicht vergessen. Das Obst, das sie zur Seite gelegt hat, ist für das Erntedankfest bestimmt. Die Gaben sind ein Grund, Gott zu loben. Anschließend werden sie für einen Tafel-Laden zur Verfügung gestellt.

In den Herbstferien darf Nina ihre Oma besuchen. Oma hat einen großen Garten; dort ist Nina am liebsten. Zu Hause haben sie keinen Garten, nur das schmale Beet neben der Haustür. Aber bei Oma ist alles grün – nicht nur der Garten, sondern auch das Land ringsum.

Jetzt im Herbst gibt es in Omas Garten vieles zu bewundern und vieles zu tun. Das Obst ist reif – Äpfel, Birnen und Beeren. Nina hilft beim Pflücken. Sie legen die Äpfel in einen großen Korb. Nina streicht vorsichtig mit den Fingern über einen glänzenden roten Apfel. Wie gut er sich anfühlt! Und wie er duftet! Am liebsten möchte Nina hineinbeißen. „Dann mach das doch“, sagt Oma. Nina überlegt nicht lange. Der Apfel schmeckt saftig und süß. „Direkt vom Baum“, Nina lacht. Auf den Apfeltüten, die sie zu Hause vom Supermarkt holen, steht immer: Direkt vom Erzeuger. Damit sind die Obstplantagen gemeint, in denen die Äpfel wachsen, hat Mama erklärt. Aber direkt vom Baum schmeckt es viel besser. Nina beißt noch einmal in den Apfel. Irgendwie lebendig, denkt Nina.

Oma freut sich. „Probieren gehört zur Ernte dazu“, meint sie. „Wir müssen doch wissen, was wir ernten.“ Nina darf auf die Leiter. „Aber pass gut auf“, warnt Oma. Manche Äpfel sind leicht zu pflücken, sie fallen fast in die Hand. Sie leuchten rot. Die grünen sitzen noch etwas fest. „Die haben noch etwas Zeit“, ruft Großmutter nach oben.
Der Korb füllt sich rasch. Jeder Apfel sieht etwas anders aus, aber alle werden gut schmecken.
Da ist sich Nina sicher.

Neben dem Apfelbaum stehen zwei Birnenbäume und dann kommen die Pflaumenbäume. Die Ernte geht weiter. Nina probiert auch die Birnen.
„Direkt vom Baum“, ruft sie wieder und beißt hinein. Noch saftiger, noch süßer als die Äpfel!
Oma hat auch Sträucher mit Johannisbeeren und Stachelbeeren. Weiter hinten gibt es Blumenkohl, Kohlrabi und Kartoffeln. Nina entdeckt zwei riesige Kürbisse. „Puh, die sind schwer!“ Nina kann sich kaum bewegen. Oma sortiert das Obst und das Gemüse. Nina staunt. „So viele Farben und Formen! Das ist fast wie auf dem Markt“, denkt sie.
Einige Früchte hat Oma zur Seite gelegt, in einen besonderen Korb. Nina schaut Oma fragend an.
„Ist was mit den Äpfeln?“ – „Nein, mit den Äpfeln ist alles in Ordnung“, antwortet Oma.
„Es ist etwas anderes.“ Sie setzt sich mit Nina auf die Gartenbank und erzählt.

Als ich so alt war wie du, lebte ich in einer großen Stadt. Es war kurz nach dem Krieg und wir hatten wenig zu essen. In den Geschäften gab es nichts zu kaufen, es gab nirgendwo Lebensmittel. Viele Leute fuhren damals aus der Stadt aufs Land, um sich dort Lebensmittel zu besorgen. „Da, wo die Sachen wachsen“, sagte Mama, „da muss doch auch für uns etwas übrig sein.“
Wir nahmen Sachen zum Tauschen mit und manchmal hatten wir Glück. Manchmal auch nicht.

Ein Korb voll Obst (3) | M 2.7

Einmal schenkte mir auf so einer Fahrt eine Frau einen Apfel. Einen ganz einfachen, normalen Apfel. Ich habe ihn lange nur angeguckt. An ihm gerochen. Ihn blank gerieben. Ich hielt ihn wie einen kostbaren Schatz auf dem Schoß, bis wir zu Hause waren. Da erst habe ich hineingebissen. Noch nie hat mir ein Apfel so gut geschmeckt.

„Aber du hast mir noch nicht gesagt, warum du das Obst im Korb aussortiert hast“, sagt Nina, als Oma zu Ende erzählt hat. „Das hat viel mit meiner Geschichte zu tun“, sagt Oma.
„Denn damals habe ich gelernt, dass Obst und Gemüse etwas Wunderbares sind und auch etwas Kostbares. All diese Früchte werden uns von Gott geschenkt und ich finde, wir sollten Gott dafür danken.“ – „Mit diesem Korb?“, fragte Nina etwas unsicher. „Am kommenden Sonntag ist Erntedankfest“, sagt Oma. „Da schmücken wir mit den Gaben aus den Gärten und von den Feldern den Altar. Das sieht immer wunderbar aus – und wie es duftet! Einige Frauen backen Brot. Im Gottesdienst danken wir Gott für alle Früchte, mit denen er uns am Leben erhält. Wir singen dazu Lieder und beten, dass Gott uns auch in Zukunft ernährt.“

Klar, das Nina am nächsten Sonntag mit in die Kirche kommen will! Das muss sie selbst sehen und riechen und hören! „Und was passiert danach mit den Äpfeln und Birnen, dem Gemüse und dem Brot?“, will sie später noch wissen. „Nach dem Gottesdienst schicken wir alles in einen Tafel-Laden hier in der Nähe.
Dort freut man sich sehr über die Gaben.“
Nina hält den Korb hoch; er ist schon ziemlich schwer. Bis obenhin angefüllt mit all den Früchten, die sie gepflückt haben. „Ich freue mich auf das Erntedankfest“, sagt Nina und denkt an das Erntedanklied, das sie im Kindergarten gelernt hat.

Erntetanz

M 2.8

Text: Jutta Richter
Melodie: Ludger Edelkötter

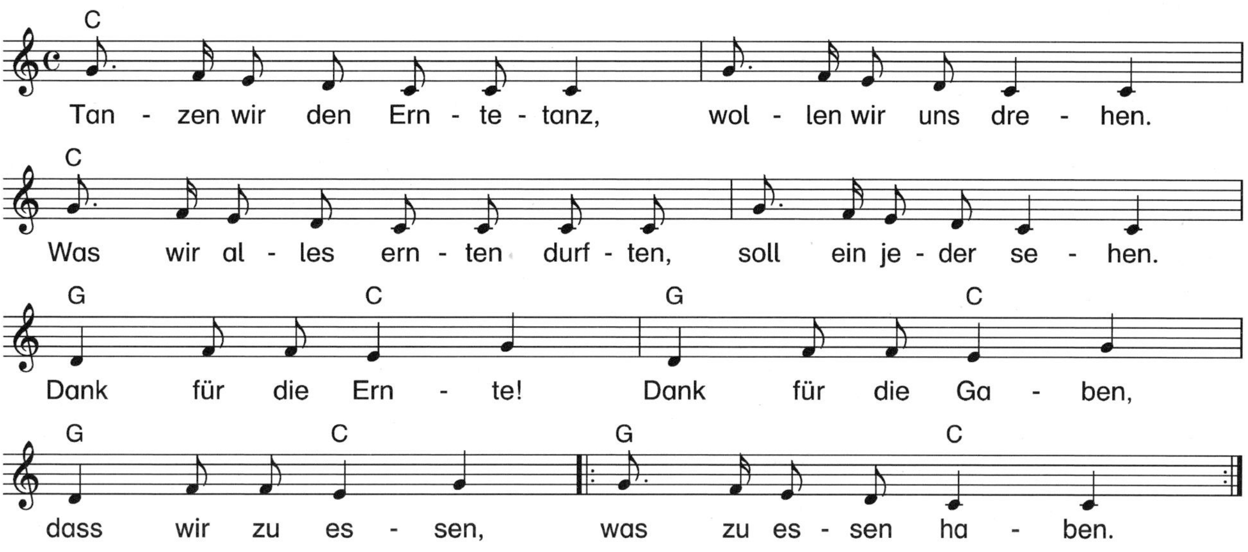

(Musik-CD ⦿ Track 5/6)

Tanzanleitung:

Alle stehen im Kreis in Tanzrichtung (gegen den Uhrzeigersinn).

Tanzen wir den Erntetanz,	4 Schritte nach rechts
wollen wir uns drehen.	1-mal um sich selbst drehen
Was wir alles ernten durften,	vom Baum pflücken
soll ein jeder sehen.	Hände geöffnet nach vorn halten
Dank für die Ernte!	4 Schritte nach links
Dank für die Gaben,	4 Schritte nach vorn
dass wir zu essen,	in die Hände klatschen
was zu essen haben,	an den Händen fassen
was zu essen haben.	4 Schritte zurück

Thema: Mein Leben ist wie ein Weg

Intention der Reihe

Erfahren und erkennen, dass das Leben einem Weg gleicht.

4–5 Std.

Kompetenzerwartung: Die Schülerinnen und Schüler deuten eigenes Leben und Erleben aus der Perspektive des Wegmotives und entschlüsseln dessen vergleichende Bildsprache.

Theologisch-didaktischer Kommentar

Das menschliche Leben ist geprägt von Be*weg*ung. Es gibt eine große Vielfalt an Wegen, auf denen sich Menschen begeben. Ebenso zahlreich sind die Sprachbilder, die mit dem Wort Weg verbunden sind.

Für die Menschen ist der Weg auch Sinnbild für das Leben. „Das ganze Leben wurde als Pilgerfahrt verstanden, als ein Weg zu Gott, auf dem der Mensch Glück und Sinn findet" (BIHLER 2000, S. 69).
Wie ein Weg hat auch das Leben einen Anfang und ein Ende. Der *Lebensweg* kann gerade oder kurvig verlaufen, manchmal ist er von *Umwegen* und *Irrwegen* geprägt oder eine Strecke erweist sich als *Einbahnstraße*.
Nicht immer ist der Weg gut zu begehen, manchmal ist das Gelände unwegsam, steinig oder glatt. Unterwegs kann viel passieren, Schönes und Gefährliches. Deshalb braucht man zeitweise *Wegweiser*, *Weggefährten* oder *Wegbereiter*.

Das Alte Testament erzählt *viele Weggeschichten*. Zentral ist die große Weggeschichte Gottes mit seinem Volk, die das ganze Alte Testament durchzieht. Die Wegerfahrungen im Alten Testament werden als Gotteserfahrungen gedeutet: Gott erweist sich als der, der mitgeht.
Auch im Neuen Testament hat der Weg eine bedeutende Rolle. Jesus ist unter*weg*s, um die Menschen aufzusuchen. Er erzählt *Weggeschichten* (z. B. Lk 10,25-36 „Der barmherzige Samariter") und bezeichnet sich im Johannes-Evangelium selbst als den „Weg" (Joh 14,6) Das Motiv des Weges kommt auch noch in folgenden Kapiteln dieses Bandes vor: in Kap 6: Die Jünger machen sich mit Jesus auf den Weg, Kap. 7: Der barmherzige Samariter – eine Weggeschichte zwischen Jericho und Jerusalem, Kap. 10: der Weg der Weisen, Kap. 12: Jonas Weg, Kap. 13: der Weg nach Emmaus und Kap. 15: Josefs Weg. Im Band für die 1. Klasse kommt das Motiv in den folgenden Kapiteln vor: in Kap. 3: der Weg der Hirten, Kap. 8: der Passionsweg Jesu und Kap. 10: Abrahams und Saras Weg. So ist es möglich, das Motiv des Weges mit anderen Lehrplanthemen der 1. und 2. Klasse zu vernetzen.

In dieser Unterrichtseinheit steht das Bild des *Lebensweges* im Mittelpunkt. Die Kinder sollen erfahren und erkennen, dass ihr Leben einem Weg gleicht. Durch Abschreiten eines Weges in der Klasse, auf dem nach und nach unterschiedliche Stationen aufgebaut werden, wird den Kindern ermöglicht, verschiedene Erfahrungen zu machen:

- Ein Weg hat Anfang und Ende.
- Ein Weg kann gerade oder kurvig sein.
- Es kann Hindernisse geben, die leicht oder schwer zu überwinden sind.
- Manchmal ist ein Weg gut zu begehen, dann ist es einfach, vorwärtszukommen.
- Manchmal ist ein Weg schlecht zu begehen, dann dauert es lange, bis ich ein Stück vorwärtskomme.
- Viele Hindernisse auf einem Weg lassen mich orientierungslos werden, ich kann den Weg nicht mehr erkennen.

Die Kinder beschreiben die Erfahrungen, die sie gewonnen haben, und vergleichen sie mit Erfahrungen aus ihrem Leben.
In dieser Unterrichtseinheit lässt sich eine fächerübergreifende Verbindung zum Deutsch- (Beschreibung der Erfahrungen mit Adjektiven) und Sachunterricht (Thema: Sinne) herstellen.

> **Beachte!**
> Die Schwerpunkte von Kapitel 4 und 5 „Gott begleitet mich" und „Gott begleitet Rut" bauen auf dieser Unterrichtseinheit auf.

Bausteine der Unterrichtsreihe

Baustein 1: Wir gehen einen Weg

Unterrichtsmaterial:

- Bildkarten von Wegen
- großer Packpapierbogen
- dicker, schwarzer Faserschreiber
- Karteikarten (DIN A5), Magnete
- Kleber, Kreppklebeband
- mehrere Kisten mit jeweils einem Material: z. B. kleine, spitze oder runde Steine, Sand, Rindenmulch, Tannenzapfen, Laub oder Federn
- Materialien zur Auslage auf dem Weg: z. B. Watte, Stoffe, Sandpapier, Folie, Luftpolsterfolie, Federn oder Moos
- Stühle, Tische etc. als Hindernisse
- meditative Musik (Musik-CD Track 38)
- Skizze: Weg **M 3.1**

Unterrichtsschritte:

1. L hat einen *Weg* (Anfang und Ende, Biegungen etc.) mit Kreppklebeband auf dem Boden des Unterrichtsraumes *markiert*. Die Kinder stehen in einem großen Kreis um den Weg. L fordert die Kinder auf, von Wegen zu erzählen, die sie kennen.

2. Zu meditativer Musik *schreiten* die Kinder nacheinander langsam den markierten Weg ab.

> **Differenzierung:** Kommunizieren
> L hat Bilder von unterschiedlichen Wegen, Kreuzungen, Abzweigungen usw. mitgebracht. Die Kinder schildern ihre Assoziationen bzw. berichten von eigenen Erlebnissen.

3. L stellt die *vorbereiteten Materialkisten*, die Materialien zur Auslage und mögliche Hindernisse bereit.

4. L stellt *zuerst nur eine Kiste* auf den Weg, danach eine zweite, eine dritte usw. So können die Kinder sowohl Erfahrungen mit dem Inhalt der Kisten als auch mit der Veränderung des Weges machen:
Je mehr Hindernisse auf dem Weg liegen, desto orientierungsloser werde ich.
Je mehr verschiedene Dinge auf dem Weg zu erfahren sind, desto kürzer kommt er mir vor.
Immer wieder *schreiten* die Kinder (möglichst barfuß) den Weg ab.

> **Differenzierung:** Wahrnehmen
> Wenn die Kinder den Weg mit geschlossenen Augen gehen, nehmen sie ihn besonders intensiv wahr. Dann sollten allerdings immer zwei Kinder zusammen gehen, damit das eine dem anderen helfen kann.

5. *Austausch* über die auf dem Weg gewonnenen Erfahrungen:
   - L malt den Verlauf des Weges auf den großen Packpapierbogen, der mit Magneten an der Tafel befestigt ist.
   - Einzelne Kinder zeichnen Materialien, die sich auf dem Weg befanden, an den entsprechenden Stellen ein.
   - Gespräch darüber, welche Erfahrungen die Kinder auf dem Weg mit den einzelnen Materialien gemacht haben.
   - Die Wahrnehmungen und Gefühle werden mit Adjektiven beschrieben (z. B. angenehm, spitz, kalt, weich, glatt, gefährlich, verwirrend ...).
   - L schreibt diese Adjektive auf Karteikarten, die von den Kindern den einzelnen Stationen des Wegbildes auf dem Packpapierbogen zugeordnet werden. Die angesprochenen Materialien werden jeweils hochgehalten.

> **Differenzierung:** Gestalten und Verstehen
> Die Kinder ordnen den Adjektiven farbige Tücher zu. So lernen die Kinder, mit Farbsymbolik zu begründen.

Baustein 2: Mein Leben ist wie ein Weg

Unterrichtsmaterial:

- Wegbild (aus Baustein 1)
- Bilder von Menschen unterschiedlichen Lebensalters (Vorlage zuvor auf DIN A3 vergrößern) **M 3.2**
- Stilleübung: „Mein Lebensweg“ **M 3.3**
- Zeichenblätter (DIN A3)
- Arbeitsblatt: „Wichtige Ereignisse auf meinem Lebensweg“ **M 3.4**
- Stifte, Kleber, Scheren, Magnete
- Lied: „Ich gehe meinen Weg“ (Musik-CD ⊙ Track 7/8) **M 3.5**

Unterrichtsschritte:

1. Gemeinsam *betrachten* die Kinder das Wegbild, das in Baustein 1 entstanden ist.
L heftet mit Magneten *Bilder von Menschen unterschiedlichen Lebensalters* neben das Wegbild an die Tafel. **M 3.2**
L fordert die Kinder auf, die Bilder bestimmten Abschnitten des Weges zuzuordnen. Gespräch über die verschiedenen Zuordnungsmöglichkeiten.

> **Differenzierung:** Verstehen
> Bei einer fortgeschrittenen Lerngruppe kann L das Gespräch in Bezug auf folgende Fragestellung vertiefen: *Welche Stationen des Wegbildes (z. B. Kiste mit spitzen Steinen, Watte, Hindernis o. Ä.) entsprechen Situationen aus dem Leben der Kinder?* Beispiel: *Als ich krank war, da tat mir alles weh, so wie beim Gehen über die spitzen Steine.*

2. *Stilleübung:* „Mein Lebensweg“ **M 3.3**

3. Bevor die Arbeitsphase beginnt, fordert L die Kinder in Anlehnung an die Stilleübung auf zu überlegen, *wie der eigene Weg bisher war* (gerade, krumm, steinig, schmal, breit usw.) und welche wichtigen Stationen er hatte. Als Anregung dienen dabei die Abbildungen auf dem Arbeitsblatt „Wichtige Ereignisse auf meinem Lebensweg“. **M 3.4**

Die Kinder können die Bilder, die zu ihrem Lebensweg passen, ausschneiden, aufkleben, ausmalen und mit einer Bildunterschrift versehen. Weitere Lebensstationen und -ereignisse können in den Leerfeldern des Arbeitsblattes ergänzend eingezeichnet werden. Jedes Kind *gestaltet* dann *seinen Lebensweg* auf einem Zeichenblatt.

Differenzierung: Gestalten und Verstehen
Die Kinder malen um ihre Bilder einen farbigen Rahmen und begründen ihre Wahl.
(siehe Baustein 1)

4. Wir *erzählen* uns von unseren Lebenswegen anhand unserer Wegbilder. Dazu wird das jeweils besprochene Bild mit Magneten an die Tafel geheftet.

5. *Liedeinführung:* „Ich gehe meinen Weg“, Str. 1–4 **M 3.5**

Beachte!
Die Bilder und das Plakat werden auch noch für den Schwerpunkt „Gott begleitet mich“ (Kapitel 4, S. 50 ff.) benötigt.

Differenzierung: Gestalten
Die Kinder erstellen Legebilder zum Thema „Mein Lebensweg“. Dabei wird beachtet, dass sie die Lebensstationen und Gefühle durch passende Farben und Formen ausdrücken.

Tipp: Es bietet sich an, den Weg in einem fächerübergreifenden Projekt mit dem Kunstunterricht zu gestalten. Dann kann der Weg noch aufwändiger (mit hellen und dunklen Farben bzw. mit Naturmaterialien) gestaltet werden.

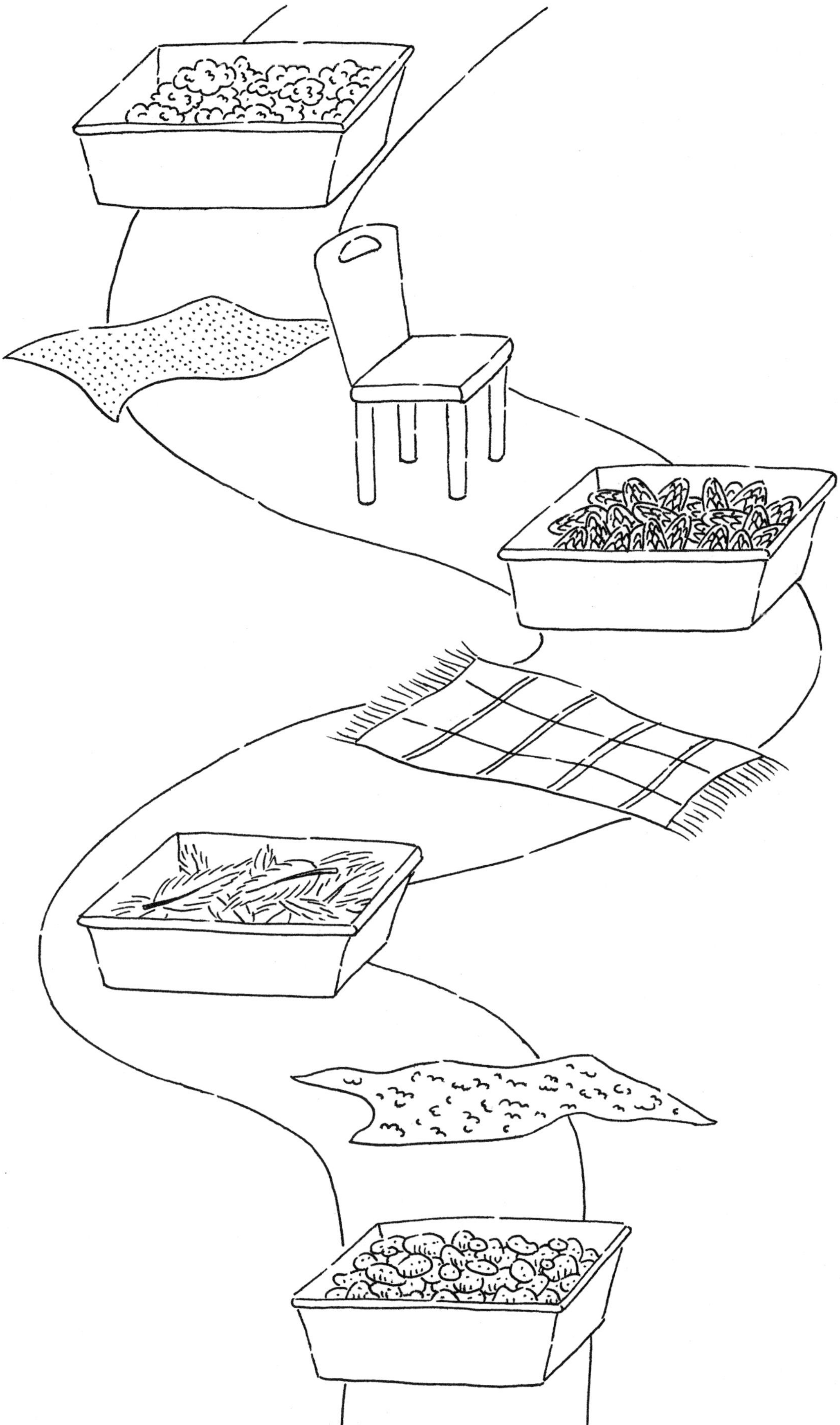

Bilder von Menschen unterschiedlichen Lebensalters — M 3.2

Stilleübung: Mein Lebensweg | M 3.3

Wir sind im Unterricht gemeinsam
einen Weg gegangen. Er hat uns
durch die ganze Klasse geführt.

Manchmal gab es Hindernisse,
Tische und Stühle standen im
Weg. Wir haben angenehme und
unangenehme Erfahrungen gemacht.

Schön war es, über das weiche Moos
zu laufen.
Nach den spitzen Steinen konnten
sich die Füße auf der weichen Watte
erholen.
Laub und Tannenzweige haben
geraschelt und geknackt.

Wir haben entdeckt: Unser Leben ist
wie ein Weg.
Es hat einen Anfang und ein Ende.

Manchmal ist es im Leben wie auf
einem ganz geraden Weg, wir wissen
genau, was kommt.

Dann wieder gibt es viele Kurven
und wir sind unsicher, weil wir nicht
wissen, wie es weitergeht.

Wir alle sind schon ein Stück auf
unserem Lebensweg gegangen.

An den Anfang erinnern wir uns nicht.
Doch wir kennen Babyfotos von uns.
Eltern, Großeltern und große
Geschwister erzählen uns davon,
wie es war, als wir ganz klein waren.
Sie haben uns auf dem Arm gehalten.

Erst konnten wir krabbeln, dann
stehen und schließlich laufen.
Wir konnten die Welt und unseren
eigenen Weg entdecken, im
Kindergarten und in der Schule.

Neue Menschen begegneten uns
auf unserem Weg: andere Kinder –
unsere Freunde und Freundinnen –,
die Erzieherinnen und Erzieher im
Kindergarten, die Lehrerinnen und
Lehrer in der Schule.

Manchmal war unser Lebensweg wie
eine breite Straße. Es machte Spaß,
auf ihr zu gehen.
Manchmal war der Weg auch
mühsam und steinig. Vielleicht lagen
sogar Hindernisse auf dem Weg.

Wir alle schreiten auf unserem
Lebensweg voran und können
schon auf eine lange Wegstrecke
zurückblicken.

Sabine Grünschläger-Brenneke

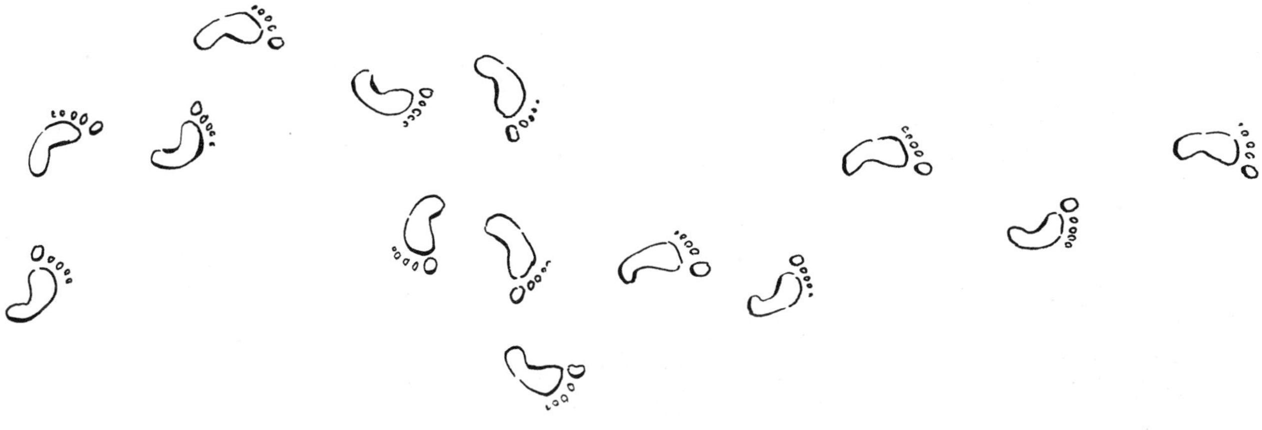

Wichtige Ereignisse auf meinem Lebensweg	M 3.4

KOPIERVORLAGE

Ich gehe meinen Weg

Text: Sabine Grünschläger-Brenneke
Melodie: Sebastian Schade

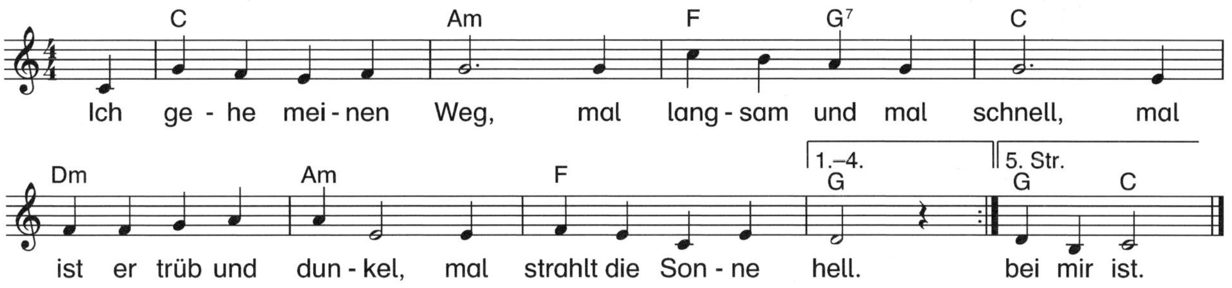

(Musik-CD ⊙ Track 7/8)

2. Ich gehe meinen Weg,
mal geht es kreuz und quer.
Wo ist mein Weg geblieben?
Ich sehe ihn nicht mehr.

3. Ich gehe meinen Weg,
auch über Stock und Stein.
Wie komm ich bloß darüber?
Ich schaff das nicht allein.

4. Ich gehe meinen Weg,
und geh ihn nicht allein.
Ich hab 'ne beste Freundin/
'nen besten Freund,
so sind wir schon zu zweien.

5. Ich gehe meinen Weg,
und bin doch ganz gewiss,
auch wenn ich mich allein fühl,
Gott sicher bei mir ist,
bei mir ist.

4 Gott begleitet mich

Thema: Mit Gott kann ich über Mauern springen (Ps 18,30b)

Intention der Reihe

Erfahren und erkennen, dass es Hindernisse auf dem Lebensweg geben kann und dass sowohl andere Menschen als auch Gott helfen können, diese Hindernisse zu überwinden.

3–4 Std.

Kompetenzerwartung: Die Schülerinnen und Schüler nehmen alttestamentliche Geschichten (Psalmen) von der Nähe und Begleitung Gottes wahr und stellen Bezüge zur eigenen Lebenswirklichkeit her.

Theologisch-didaktischer Kommentar

In der vorhergehenden Unterrichtseinheit „Mein Leben ist wie ein Weg" haben die Kinder entdeckt, dass ihr Leben einem Weg gleicht und dass (Lebens-)Wege unterschiedlich verlaufen können. Sie haben außerdem erfahren, dass es Hindernisse auf dem Weg geben kann.

In dieser Unterrichtseinheit sollen die Aspekte „Überwindung von Hindernissen" und „Begleitung auf dem Weg" (in dem Sinne: „Wer kann mir dabei helfen?") vertieft werden. Die Kinder sollen in diesem Zusammenhang vom Angebot Gottes erfahren, sie auf ihrem Lebensweg zu begleiten und auch in schwierigen Situationen bei ihnen zu sein.
Als ein Beispiel dafür, dass Gott sie begleitet, dient die Erfahrung des Psalmbeters aus Psalm 18,30b.

Text (Ps 18,30b):
(Denn mit dir kann ich Kriegsvolk zerschlagen)
und mit meinem Gott über Mauern springen.

Der Form nach ist Psalm 18 ein „Danklied eines Einzelnen". Er bezieht sich, insbesondere in seinem zweiten Teil, auf einen Sieg, den Gott seinem erwählten König geschenkt hat. Vermutlich wurde dieses „Siegesdanklied" nicht ein Mal, sondern als Formular mehrfach benutzt und ging später aus dem Bereich des Königtums in den Gebrauch der Gemeinden über (vgl. KRAUS 1978, 286).

Der Psalm erzählt davon, dass Gott den Notschrei und das Gebet des Bedrängten erhört. „Seine Erhörung wird real in einem unverzüglichen, machtvollen Eingreifen" (ebd. S. 296). Gott errettet den Bedrängten selbst aus der schlimmsten Gefahr, nämlich vor der Todesmacht, und verhilft ihm zum Sieg und zu einer wunderbaren Erhöhung (vergleiche Ps 18,44: „... ein Volk, das ich nicht kannte, dient mir.").

Hinter den Worten des Psalms steht die Erfahrung, dass Gefährdung und Bedrohung (z. B. durch Feinde) als Nähe des Todes und damit als Einschränkung des Lebens empfunden werden. Wo immer das Leben als bedroht und Gott als fern erlebt wird, da tritt die Todesmacht auf den Plan und äußert sich schon in der Lebenswelt durch Unglück, Krankheit, Gefangenschaft oder die Bedrohung durch Feinde.
Jahwe ist der Gott, der von diesem Tod erretten kann *(Die Konsonatenfolge JHWH ist der Gottesname in hebräischer Schrift – der ursprünglichen Schrift des Alten Testaments, die nur Konsonanten schreibt. Da der Gottesname heilig war, wollte man ihn nicht aussprechen und las an seiner Stelle „adonaj" (der HERR) oder „ha-schem" (der Name). Bei der späteren Vokalisierung der Konsonantenschrift übertrug man die Vokale des Wortes „adonaj" auf JHWH. Das führte zur Fehllesung „Jehova". Wahrscheinlicher ist die Lesart „Jahwe". Luther übersetzte JHWH mit „der HERR".).*
Das ist das Grundbekenntnis der Psalmen. SCHNEIDER-FLUME (1998, S. 77) formuliert es so: „Der Glaube nimmt die Bewahrung vor dem Tod als Rettung durch Gott wahr und gibt Kunde davon". So ist auch der hier zugrunde liegende Vers 30 zu verstehen. Bei der Flucht vor den Feinden gelingt der Sprung über die Mauer, gelingt die Rettung, wenn Gott dem Springenden seine Kräfte verleiht. Der Beter wendet sich in seiner Not an Gott, weil er bereits die Erfahrung gemacht hat, dass Gott helfen kann. Denn erst im Rückblick weiß er, dass sein Rufen gehört wird.

Anhand der Bild-Sprache des Psalmverses gewinnen die Kinder in diesem Kapitel einen erweiterten Zugang zur Sprache der Bibel. Ihnen wird deutlich: Menschen drücken ihre Erfahrungen, die sie mit Gott machen, in Bildern aus. (Es bietet sich eine Verknüpfung mit dem Schwerpunkt „Gott begleitet mich" an (siehe Bergedorfer® Grundschulpraxis: Religion – 1. Klasse, Kap. 12, S. 176 ff.). Dort finden sich auch weitere Informationen zum Thema „Psalmen".)

Bausteine der Unterrichtsreihe

Baustein 1: Hindernisse auf meinem Lebensweg

Unterrichtsmaterial:

- Packpapierbogen mit Weg und Lebenswegbildern der Kinder (aus Kapitel 3)
- Lied: „Ich gehe meinen Weg" (Musik-CD Track 7/8) **M 3.5**
- Schuhkartons (grau verkleidet)
- Fotos von Menschen, die die Kinder auf ihrem Weg begleiten (von den Kindern mitbringen lassen)
- Kleber

Unterrichtsschritte:

1. *Lied:* „Ich gehe meinen Weg", Str. 1–4 **M 3.5**

2. L *betrachtet gemeinsam* mit den Kindern noch einmal die Arbeitsergebnisse aus Kapitel 3 und bezieht sich im Gespräch auf die Hindernisse auf dem Weg:

- *War es schwer oder leicht, die Hindernisse zu überwinden?*
- *Wie gelang es, sie zu überwinden?*
- *Habt ihr es allein geschafft oder hat euch jemand dabei geholfen?*

3. L überlegt gemeinsam mit den Kindern, welche *Hindernisse* auf unserem Lebensweg auftauchen können, z. B. schwierige Aufgaben, Streit, Einsamkeit, Angst, Traurigkeit ...
L sammelt die genannten Begriffe unter der Überschrift „Hindernisse auf unserem Lebensweg" an der Tafel.

4. L fordert die Kinder auf, einige Kartons *in eine Reihe* zu *stellen*. Daraus soll dann in weiteren Schritten eine Mauer entstehen.
Die Kinder versuchen, über dieses *Hindernis* zu *steigen*. Sie stellen fest, dass es relativ einfach ist.
Dann überlegen sie gemeinsam, welche der Begriffe an der Tafel Hindernisse darstellen, auf die wir in unserem Leben stoßen und die leicht überwunden werden können. Diese Begriffe werden in *schwarzen Druckbuchstaben* jeweils auf einen Karton geschrieben.

Die *Mauer* wird mit weiteren Kartons *erhöht*. Irgendwann gelingt es nicht mehr, ohne Hilfsmittel oder fremde Hilfe über diese Kartonmauer zu steigen. Die neuen Mauersteine werden mit Begriffen in schwarzen Druckbuchstaben beschriftet, die Hindernisse benennen, die nur schwer oder gar nicht allein zu überwinden sind (siehe Beispiel auf **M 4.3**).

5. *Vertiefendes Gespräch* darüber, wer jedem Einzelnen von uns in seinem Leben helfen kann, diese Hindernisse zu überwinden: *Manchmal schaffen wir es nicht allein, wenn es schwierig wird. Wer begleitet uns auf unserem Lebensweg?*

6. Die Kinder ergänzen ihre eigenen *Lebenswegbilder aus der Unterrichtseinheit „Mein Leben ist wie ein Weg"* (siehe Kap. 3, S. 42 ff.) und ordnen ihrem Lebensweg Menschen oder andere ihnen wichtige Begleiter (z. B. Tiere, Gott, Jesus ...) zu. Dazu malen sie.

Differenzierung: Gestalten
L macht das Angebot, dass die Kinder ihr Lebenswegbild in der nächsten Stunde auch durch Fotos ergänzen können.

Falls die Kinder Gott oder Jesus als Begleiter benennen und nicht wissen, wie sie diese darstellen sollen, kann L folgende Hilfestellung geben:

- Jesus: Jesusdarstellungen aus den bereits bekannten Symbolen (Kerze (siehe *Bergedorfer® Grundschulpraxis: Religion – 1. Klasse,* Kap. 1.1, S. 11 ff.)) oder Bildern (Schutzmanteljesus (siehe ebd. Kap. 1.3, **M 1.14**)) auswählen.
- Gott: Namenskarte „Gott" oder die symbolische Darstellung der Steigerwaldfigur „Bleib sein Kind" (siehe ebd. **M 12.4**) verwenden.

Baustein 2: Mit Gott kann ich über Mauern springen

Unterrichtsmaterial:

- Beschriftete Kartons (aus Baustein 1)
- Meditativer Text **M 4.1/4.1.1**
- Folie von Material: „Mit meinem Gott überspringe ich Mauern (Ps 18)" (S. 119) **M 4.2**
- Vier Kartons mit jeweils einem Textteil des „Mut-mach-Satzes" ([Mit Gott] [kann ich] [über] [Mauern springen]) in bunten Schreibschriftbuchstaben (vgl. Beispiel auf **M 4.3**)
- Arbeitsblatt: „Mit meinem Gott überspringe ich Mauern (1)" **M 4.4**
- Arbeitsblatt: „Mit meinem Gott überspringe ich Mauern (2)" **M 4.5**
- Lied: „Ich gehe meinen Weg" (Musik-CD ⦿ Track 7/8) **M 3.5**
- Stifte

Unterrichtsschritte:

1. Die *Kartonmauer aus Baustein 1* wird erneut gut sichtbar für die Kinder auf einem Tisch aufgebaut.

2. L zeigt die Folie mit dem *Bild* zu Psalm 18. Die Kinder entdecken das Bild. **M 4.2**

3. L liest den *meditativen* Text vor. **M 4.1**

4. L führt mit den Kindern ein *vertiefendes Unterrichtsgespräch* darüber, welche Hindernisse es im Leben des Psalmbeters gegeben hat und wie er es schafft, sie zu überwinden:
   - *Welche Worte könnten auf seinen Mauersteinen stehen?*
   - *Wie hilft Gott ihm, seine Schwierigkeiten zu überwinden?*
   - *Welcher Mut-mach-Satz hilft dem Psalmbeter bei Hindernissen und in schwierigen Situationen in seinem Leben?*
   - *Diesen Mut-mach-Satz kann auch ich mir sagen, wenn ich vor einer Mauer aus Schwierigkeiten stehe.*

Differenzierung: Kommunizieren
Die Erarbeitung des meditativen Textes **M 4.1** oder **M 4.1.1** findet mit der Methode Think-Pair-Share statt. Dazu bekommen die Kinder die Fragen (s. o.) schriftlich zur Verfügung gestellt.

Differenzierung: Verstehen
Die Kinder bekommen **M 4.1** und **M 4.1.1** als Textausdruck und bearbeiten die drei Fragen (s. o.), indem sie im Text mit unterschiedlichen Farben markieren:
- Welche Hindernisse in seinem Leben beschreibt der Psalmbeter? (dunklere Farbe)
- Wie hilft Gott ihm? (hellere Farbe)
- Wie heißt der Mut-mach-Satz, der dem Psalmbeter hilft? (unterstreichen oder mit Signalfarbe markieren)

Differenzierung: Gestalten
Die Kinder fertigen einen Mutmachstein für die Hosentasche. Dazu schreiben sie den Mut-mach-Satz oder einen Vers in eigenen Worten auf einen flachen Stein. Alternativ kann ein Computerausdruck auf den Stein geklebt werden.

5. Die Kinder überlegen gemeinsam, wie der *Mut-mach-Satz* „Mit Gott kann ich über Mauern springen" in die Mauer eingefügt werden kann. Dazu hat L vier *Kartons vorbereitet,* auf denen jeweils ein Teil des Satzes in bunten Schreibschriftbuchstaben steht. Dabei könnte dasselbe Muster wie im Beispiel entstehen. Es sind aber auch Variationen möglich. **M 4.3**

6. Die Kinder gestalten das *Arbeitsblatt* „Mit meinem Gott überspringe ich Mauern (1)", indem sie die Begriffe und den Mut-mach-Satz der Kartonmauer in Farbe und Schriftart auf die Mauer des Arbeitsblattes übertragen. Bei den Begriffen, die Hindernisse beschreiben, können die Kinder diejenigen auswählen, die ihnen besonders wichtig sind. **M 4.4**

7. L weist noch einmal auf das Bild von Sieger Köder hin. Die Kinder schneiden die Figur aus dem Arbeitsblatt „Mit meinem Gott überspringe ich Mauern (2)" aus und kleben sie auf das Abeitsblatt „Mit meinem Gott überspringe ich Mauern (1)" auf. **M 4.5 + M 4.4**
Die Kinder stellen fest: Das Gesicht ist leer.

8. L führt mit den Kindern ein vertiefendes Unterrichtsgespräch darüber, dass der Mut machende Satz des Psalmbeters auch für uns gilt.
Aus diesem Grund könnte der Mensch auf dem Bild von Sieger Köder auch unser Gesicht haben.

9. Die Kinder gestalten das Gesicht der Figur auf ihrem kombinierten Arbeitsblatt oder kleben einen Fotoausschnitt mit ihrem eigenen Gesicht in das Gesichtsfeld. **M 4.5**

10. Lied: „Ich gehe meinen Weg", Str. 1 – 5 **M 3.5**

Differenzierung: Theologisieren
Die Kinder und L stehen noch einmal vor der aus Kartons aufgebauten Mauer. Davor liegen die erstellten Arbeiten (**M 4.5**).

Impuls zum Theologisieren:
Hinter der Mauer geht es weiter. Das drückt der Mutmachsatz „Mit meinem Gott überspringe ich Mauern" aus. Schau noch einmal auf dein Bild.
Was kann dir helfen, damit du wie mit einem Stab die Mauer überspringen kannst.
Was glaubst du, würde Gott dir an dieser Stelle sagen oder zurufen?

Gott, ich habe dich lieb.
Du machst mich stark!
Ich weiß, dass du mich retten kannst.
Ich vertraue dir.
Du beschützt mich.

Ich hatte fürchterliche Angst.
Ich hatte schon den Tod vor Augen,
da schrie ich zu meinem Gott.
Und meine Stimme drang in seine Ohren.
Er hörte mich.

Das Wasser stand mir bis zum Hals.
Er streckte seine Hand aus.
Er rettete mich vor meinen starken Feinden.
Er rettete mich vor denen, die mich hassen.

Gott ist mir treu, weil ich ihm treu bin.
Er macht meine Dunkelheit hell.
Mit ihm kann ich alles schaffen,
er macht mir Mut:
Zusammen mit Gott kann ich sogar über Mauern springen.

Darum danke ich dir, Gott,
und lobe deinen Namen!

Sabine Grünschläger-Brenneke
(nach Psalm 18)

Gott, ich habe dich lieb.
Du machst mich stark!
Du kannst mich retten.
Ich vertraue dir.
Du beschützt mich.

Ich hatte Angst.
Ich schrie zu Gott.
Er hörte mich.

Das Wasser stand mir bis zum Hals.
Er gab mir seine Hand.
Er rettete mich.

Gott ist mir treu.
Ich bin ihm treu.
Er macht es hell.
Er macht mir Mut.

Zusammen mit Gott kann ich sogar über Mauern springen.

Ich danke dir, Gott.
Ich lobe deinen Namen.

© Sieger Köder: Mit meinem Gott überspringe ich Mauern

Informationen zum Bild

Das Bild „Mit meinem Gott überspringe ich Mauern" stammt von Sieger Köder (geboren 1925, Kunsterzieher, Priester, seit 1995 im Ruhestand).

Sieger Köder interpretiert in seinen Bildern die Heilsbotschaft des Alten und des Neuen Testaments. Dazu stellt er Menschen aus der heutigen Zeit häufig im Kontext biblischer Geschichten dar.

Die biblische Botschaft erscheint in seinen Bildern daher als historisch bezeugtes und gleichzeitig aktuelles Angebot eines liebenden Gottes.

So ist auch das Bild „Mit meinem Gott überspringe ich Mauern" zu verstehen. Der Vers aus Ps 18 wird darin in die heutige Zeit übertragen. Ein Jugendlicher überspringt mit einem atemberaubenden Sprung gleich drei Mauern.

Er ist gekleidet wie ein Messdiener und und kann daher sichtbar in Verbindung mit Gott gebracht werden und so auch in der heutigen Zeit vorkommen.

Mit viel Schwung und einem fröhlichen Gesicht überwindet er die Mauern, als sei er ein Stabhochspringer. Wohin er springt, ob nach vorn oder nach hinten, ist nicht ganz klar.

Am oberen Ende des Stabes befindet sich ein Licht. Es erhellt die ungewisse Dunkelheit.

Das Licht, das Gott selbst ist (Joh 8,12) wird zum Stab, der den Hochsprung ermöglicht. So kann der Beter bekennen: „Mit meinem Gott überspringe ich Mauern".

Sabine Grünschläger-Brenneke

Beispielmauer

M 4.3

	jemand hasst mich	*Mauern springen*	Angst
allein sein	*über*	krank sein	
verlieren	*kann ich*	traurig sein	
	Mit Gott	streiten	

Mit meinem Gott überspringe ich Mauern (1) | M 4.4

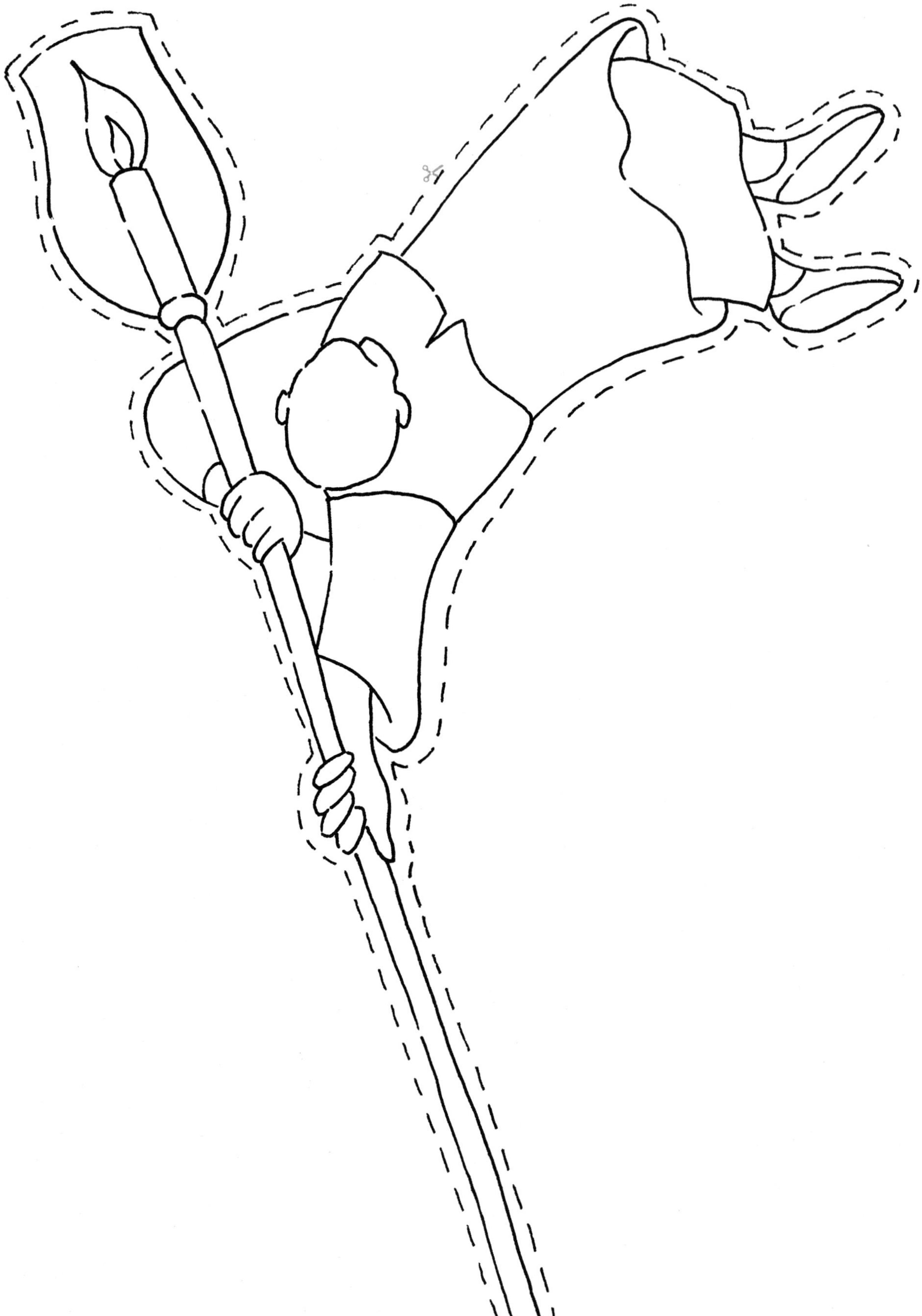

5 Gott begleitet Rut

Thema: Ruts Lebensweg (Rut 1,14-19; 4,13-17)

Intention der Reihe

Geschichte der Rut kennenlernen und entdecken, wie das Vertrauen auf Gott ihr Leben verändert.

5–6 Std.

Kompetenzerwartung: Die Schülerinnen und Schüler nehmen alttestamentliche Geschichten (Psalmen) von der Nähe und Begleitung Gottes wahr und stellen Bezüge zur eigenen Lebenswirklichkeit her.

Theologisch-didaktischer Kommentar

Text (Rut 1,14-19):

[14] Da erhoben sie ihre Stimme und weinten noch mehr. Und Orpa küsste ihre Schwiegermutter, Rut aber blieb bei ihr. [15] Sie aber sprach: Siehe, deine Schwägerin ist umgekehrt zu ihrem Volk und zu ihrem Gott; kehre auch du um, deiner Schwägerin nach. [16] Rut antwortete: Rede mir nicht ein, dass ich dich verlassen und von dir umkehren sollte.
Wo du hingehst, da will ich auch hingehen; wo du bleibst, da bleibe ich auch. Dein Volk ist mein Volk, und dein Gott ist mein Gott. [17] Wo du stirbst, da sterbe ich auch, da will ich auch begraben werden. Der HERR tue mir dies und das, nur der Tod wird mich und dich scheiden.
[18] Als sie nun sah, dass sie festen Sinnes war, mit ihr zu gehen, ließ sie ab, ihr zuzureden. [19] So gingen die beiden miteinander, bis sie nach Bethlehem kamen. Und als sie nach Bethlehem hineinkamen, erregte sich die ganze Stadt über sie und die Frauen sprachen: Ist das die Noomi?

Text (Rut 4,13-17):

[13] So nahm Boas die Rut, dass sie seine Frau wurde. Und als er zu ihr einging, gab ihr der HERR, dass sie schwanger ward, und sie gebar einen Sohn. [14] Da sprachen die Frauen zu Noomi:
Gelobt sei der HERR, der dir zu dieser Zeit einen Löser nicht versagt hat! Dessen Name werde gerühmt in Israel! [15] Der wird dich erquicken und dein Alter versorgen. Denn deine Schwiegertochter, die dich geliebt hat, hat ihn geboren, die dir mehr wert ist als sieben Söhne. [16] Und Noomi nahm das Kind und legte es auf ihren Schoß und ward seine Wärterin. [17] Und ihre Nachbarinnen gaben ihm einen Namen und sprachen: Noomi ist ein Sohn geboren; und sie nannten ihn Obed. Der ist der Vater Isais, welcher Davids Vater ist.

Nur die Bücher Judit, Ester und Rut sind in der hebräischen Bibel nach einer Frau benannt. Die Handlung der höchstwahrscheinlich in nachexilischer Zeit entstandenen weisheitlichen Novelle ist in vier Akte gegliedert, die den vier Kapiteln des Buches in der Lutherbibel entsprechen:

- *Rut zieht mit Noomi nach Bethlehem*
- *Rut liest Ähren auf dem Feld Boas*
- *Rut befolgt Noomis Rat*
- *Die Lösung*

Rut zieht mit Noomi nach Bethlehem

Zur Zeit der Richter *(diese Zeitangabe ist höchstwahrscheinlich erst später angefügt worden, begründet aber die Stellung des Buches Rut zwischen dem Buch der Richter und dem ersten Buch Samuel in der Lutherbibel)* zieht ein Mann namens Elimelech mit seiner Frau Noomi und seinen beiden Söhnen aus Bethlehem *(Die geschichtliche Bedeutung Bethlehems liegt darin, dass es als Geburtsort von königlichen Rettergestalten gilt. In biblischer Zeit trat es erstmals um 1000 v. Chr. als Davids Geburtsort ins Rampenlicht der politischen Geschichte. Nach dem staatlichen Zusammenbruch, also in der Zeit politischer Ohnmacht, wurde Bethlehem ein messianisches Hoffnungssymbol dafür, dass in diesem Dorf der eschatologische Bringer der definitiven Gottesherrschaft geboren werden soll (vgl. ZENGER 1986, 31). Auch das Buch Rut erzählt die Geschichte eines Kindes, das als Löser (= Retter) bezeichnet wird.)* weg, da dort eine Hungersnot herrscht. Im „Haus des Brotes", so werden die hebräischen Zeitgenossen den Ortsnamen verstanden haben, gibt es kein Brot mehr. Die Familie geht nach Moab *(Historisch gesehen sind die Moabiter eine Art Brudervolk Israels (vgl. 1. Mose 19,37: Lot, der Stammvater der Moabiter, ist der Neffe Abrahams). Moab liegt östlich des Toten Meeres. Das Verhältnis zu den Moabitern ist schillernd: Einerseits können Moabiter nicht in die Gemeinde Jahwes aufgenommen werden (5. Mose 23,4), andererseits bringt David seine Eltern zum Schutz vor Saul nach Moab (1. Sam 22,1-5). In der Zeit der Entstehung des Rut-Buches scheint Moab keine zeitgeschichtlich-politische Provokation zu bieten.)*, um sich dort als „Schützbürger", d. h. als Fremde mit begrenzten Rechten, niederzulassen. Sie verlässt also das „Land", das Jahwe einst Abraham verheißen hat und das für das Volk Israel nach der Unterdrückung in Ägypten Freiheit und Leben bedeutete.

Der Leser ahnt: Dieser Ausweg kann sich nur als Irrweg erweisen. Elimelech stirbt, kaum dass die Familie im fremden Land angekommen ist. Die beiden Söhne Machlon und Kiljon heiraten moabitische Frauen namens Rut und Orpa. Doch die Ehen bleiben kinderlos und nach zehn Jahren sterben auch noch die Söhne. Nun sind alle männlichen Mitglieder der Familie tot. Das ist die größte Katastrophe, die nach altisraelitischer Vorstellung über eine Familie hereinbrechen kann. Zurück bleiben Noomi, Rut und Orpa ohne Schutz der Familie und ohne Kinder.

Doch die Frauen verweilen nicht in ihrem Elend, sie machen sich auf den Weg. Noomi will nach Bethlehem zurückkehren. Sie hat gehört, dass Jahwe sich seines Volkes angenommen und ihm Brot gegeben hat.

5 Gott begleitet Rut

Nachdem die drei Frauen schon eine Weile auf dem Weg nach Bethlehem sind, kommen Noomi Bedenken und sie will ihre Schwiegertöchter zu ihren Familien zurückschicken. Dann könnten sie wieder heiraten und ein normales Leben führen. Doch die beiden jungen Frauen weigern sich. Noomi argumentiert weiter, dass sie ihnen keine Zukunftschancen mehr bieten kann. Sie kann keine Söhne mehr bekommen, die die beiden heiraten könnten. Und selbst wenn, müssten die Frauen dann ja erst warten, bis die Söhne im heiratsfähigen Alter wären.

Exkurs: Levirat

Den Hintergrund der Argumentation Naemis bildet die Tradition vom Levirat (Schwagerehe), der hier ... als soziale Möglichkeit für die jungen Witwen gesehen wird. (ZENGER 1986, S. 39)

(Naemi = andere Schreibweise von Noomi)

Das Levirat ist eine Ehe, in der der Bruder eines sohn- bzw. kinderlos verstorbenen Mannes dessen Witwe, also seine Schwägerin, heiratet. Der erstgeborene Sohn dieser Verbindung gilt als Sohn und Erbe des Verstorbenen. Eine solche Ehe wird eingegangen, um die männliche Generationenkette zu ermöglichen. Hierbei spielt die Vorstellung, dass die Toten in ihren Söhnen weiterleben, eine wichtige Rolle. Des Weiteren bleiben dadurch die Besitzverhältnisse innerhalb der Sippe bestehen und es wird gewährleistet, dass die Witwe versorgt ist. Das Levirat scheint allerdings kaum praktiziert worden zu sein (Vom Levirat berichten noch 1. Mose 38 und 5. Mose 25,5-10.). Es war für die Witwe kein öffentlich einklagbares Recht.

Auf diese Argumentation hin nimmt Orpa Noomis Rat an und geht zurück. Rut hingegen lässt sich nicht abwimmeln. Sie antwortet:

> *Wo du hingehst, da will ich auch hingehen; wo du bleibst, da bleibe ich auch. Dein Volk ist mein Volk, und dein Gott ist mein Gott. Wo du stirbst, da sterbe ich auch, da will ich auch begraben werden. Der HERR tue mir dies und das, nur der Tod wird mich und dich scheiden.* (Rut 1,16-17)

Mit dieser Selbstverfluchungsformel wird deutlich: Ruts Entscheidung ist unwiderruflich. Sie bindet sich in allen Dimensionen ihrer sozialen und religiösen Beziehungen an Noomi. Ihre Solidarität und Liebe zu Noomi ist bedingungslos, fragt nicht nach dem eigenen Vorteil.

Rut geht damit ein Wagnis ein. Sie weiß nicht, was sie erwartet. Doch sie beginnt, ihr Leben zu gestalten und wird zunehmend zum eigenverantwortlichen Subjekt ihrer Lebensgeschichte. Das wird auch deutlich durch die Wortwahl: „So gingen die beiden miteinander“ (Rut 1,19). Der Erzähler gebraucht hier den Dual, eine Form, die im Hebräischen neben Singular und Plural existiert und für Worte verwendet wird, die ein Paar bezeichnen, z.B. Augen, Ohren, Hände etc. Am Ende des ersten Kapitels ist Rut also nicht mehr die abhängige Schwiegertochter. Sie ist eine echte Gefährtin. Das Wagnis des neuen Weges geht sie, wie Abraham, im Vertrauen auf Gott ein.

Rut liest Ähren auf dem Feld Boas'

Im zweiten Kapitel ergreift Rut erneut die Initiative. Die beiden Frauen sind während der Gerstenernte nach Bethlehem zurückgekehrt. Damit sie etwas zu Essen haben, will Rut das Armenrecht in Anspruch nehmen und auf ein Feld gehen, das gerade abgeerntet wird, um die dort liegen gebliebenen Ähren aufzulesen.

Auf dem Feld trifft sie Boas. Er findet Gefallen an ihr. Boas wendet sich Rut u. a. auch deshalb zu, weil er schon von ihrer Solidarität und Treue zu Noomi gehört hat. Davon ist er sehr beeindruckt und wünscht Rut, dass sie nun im Volk und im Land Jahwes der Güte Jahwes begegnen möge. Rut soll erfahren, was dies an Schutz und Lebensfülle für sie bedeutet. Dazu trägt schon Boas bei, indem Rut „Gnade vor ihm findet“.

Rut befolgt Noomis Rat

Nun ergreift Noomi die Initiative. Sie teilt Rut mit, dass Boas mit ihnen verwandt ist und schickt sie nachts auf die Tenne, damit Boas ihr „Löser“ wird.

Exkurs: „Lösen“

Den Hintergrund dieser Vorstellung, dass Boas als Verwandter der „Löser“ sein kann, bildet die Vermischung zweier altisraelitischer Traditionen: der *Leviratsehe* (s. o.) und der *Lösung*. Lösen bedeutet, einen Verwandten aus der Schuldsklaverei loszukaufen oder einen Besitz zurückzuerwerben, der in Not verkauft wurde. Damit wurden Lebensrechte und Möglichkeiten von Sippenmitgliedern aus verwandtschaftlicher Solidarität geschützt und gefördert.

Boas erklärt sich bereit, Rut zu heiraten. Es gibt allerdings noch einen Verwandten, der Noomi und Rut näher steht.

Die Lösung

Am Stadttor, dem traditionellen Ort der Gerichtsbarkeit, bringt Boas den Fall vor. Nachdem der andere mögliche „Löser“ zurückgetreten ist, können Boas und Rut heiraten. Aus dieser Ehe geht ein Sohn hervor, der gleichzeitig der Erbsohn Noomis ist. „So gibt Rut Noomi nicht nur Brot, sondern schenkt ihr durch das Kind das Leben zurück“ (FANDER 2002, S. 99). Das Ende der Geschichte bezeichnet diesen Sohn namens Obed als Großvater Davids. Einige Exegeten gehen davon aus, dass die Geschichte wohl ursprünglich mit Vers 16 endete. ZENGER (1986, S. 14) beschreibt:

Die erweiterte Bearbeitung macht aus dieser Erzählung von der Geburt des Naemi rettenden „Lösers“ eine Erzählung über die Vorgeschichte der Geburt Davids, des in Bethlehem geborenen Königs Israels.

Auch Rut wird später im Neuen Testament im Stammbaum Jesu von Nazareth erwähnt (Mt 1,5).

Betrachtet man die Geschichte insgesamt, so ist festzustellen, dass die darin vorkommenden Namen eine ganz besondere Bedeutung haben. Es sind „sprechende Namen“.

5 Gott begleitet Rut

Insbesondere die alttestamentliche Tradition trieb gerne mit Namen Theologie und so gibt der Erzähler den Menschen in dieser Geschichte Eigennamen, die nur hier vorkommen. *Bethlehem* (siehe Seite 59) bedeutet „Haus des Brotes" und darum geht es ja auch in dieser Geschichte. Sie erzählt davon, wie Menschen zu Brot und Haus kommen.
Elimelech ist der erste Name, der uns in der Geschichte begegnet. Er bedeutet so viel wie „Mein Gott (erweist sich) als König". „Dieser Eigenname lässt von vornherein aufhorchen: Das Buch Rut will eine Geschichte vom Erweis der Gottesherrschaft sein – inmitten von Hunger und Tod" (ZENGER 1986, 34).
Der Name *Noomi* bedeutet „Liebevoll ist Jahwe (für mich)" oder „die Liebliche". Noomi selbst sagt in Kapitel 1 Vers 20 von sich: „Nennt mich nicht Noomi, sondern *Mara* [die Bittere]." Denn ihr Eindruck ist, dass Gott in ihrer momentanen Lebenssituation nicht liebevoll zu ihr ist.
Ihre beiden Söhne *Machlon* und *Kiljon*, das heißt „schwächlich" und „gebrechlich", haben, wie es in ihren Namen schon anklingt, nicht lange gelebt.
In dem Namen der Schwiegertochter *Orpa* klingt das Wort „Nacken" an. Und sie ist es ja auch, die Noomi ihren Nacken zuwendet, d. h. sich von ihr abwendet und wieder zu ihrer Familie zurückkehrt.
Rut hingegen bedeutet „die Nächste/die Gefährtin" und als solche erweist sie sich für Noomi.
Boas schließlich heißt so viel wie „in ihm ist Macht/Kraft". Er ist es, der die Macht hat, Noomi und Rut zu retten.
In ihrer Tiefendimension ist die Geschichte eine Jahwe-Geschichte, auch wenn Jahwe, der Gott Israels, nicht unmittelbar in Aktion tritt. Rut, die Fremde, bekennt sich zu ihm, wenn sie sagt: „dein Gott ist mein Gott" (Rut 1,16) und erfährt seine Zuwendung. Die zentralen theologischen Begriffe des Buches Rut sind „geben" und „Güte".

Es wird deutlich, dass das gütige Tun Ruts seinen Grund in der Güte Gottes hat (vgl. Rut 2,12; 2,20). Durch Rut gibt Jahwe Noomi Brot, durch Rut erweist er ihr seine Güte. Wer sich wie Rut für den Weg der Liebe und Güte entscheidet, der wird auch selber Nahrung und Liebe zufallen. Wer selber gibt, erfährt dabei die Nähe des gebenden Gottes. Durch die Gabe Ruts erhält Noomi einen neuen Zugang zum Leben, gewinnt sie ihren Glauben an die Güte Jahwes zurück, von dem sie sich verlassen fühlte. (FANDER 2002, S. 98)

In der jüngeren hebräischen Tradition gehört das Buch Rut zur Gruppe der fünf Megilloth, das sind die Festrollen, die jeweils an einem der jüdischen Hauptfeste vorgelesen werden. Die Rut-Rolle wird an Schawuot, dem Wochenfest (Mitte Mai/Ende Juni) vorgelesen. In biblischen Zeiten war es ein Erntefest. Es wird am Ende der Gerstenernte gefeiert. Zur Zeit des Tempels wurden die sieben ersten Früchte der Ernte zum Tempel gebracht: Weizen, Gerste, Trauben, Feigen, Granatäpfel, Oliven, Datteln. Das Fest, das fünzig Tage nach Pessach (Erinnerung an den Auszug aus Ägypten) stattfindet, will in diesem Zusammenhang auch an das Geschenk der Tora auf dem Berg Sinai erinnern.
Im vorliegenden Unterrichtsentwurf wird die ganze Rut-Geschichte nacherzählt, um den Kindern zu verdeutlichen, wie Rut auf ihrem Lebensweg die Begleitung Gottes erfährt. Die Nacherzählung geschieht in vier Teilen, entsprechend der vier Akte des Rut-Buches. Durch die vorausgegangenen Kapitel 3 und 4 ist es möglich, den Lebensweg der Rut tiefer zu deuten.
Die vier Bausteine sind rhythmisch gestaltet, damit die Kinder sich in die unterschiedlichen neuen Gestaltungstechniken einfinden können. Der Unterrichtsschritt 3 (Nachstellen des Bildes mit großen farbigen Tüchern) ermöglicht den Kindern eine intensive Bilddeutung, ist aber zum Verständnis des weiteren Unterrichtsgeschehens nicht unbedingt notwendig. Die vier verwendeten Bilder entsprechen den erzählten Szenen. Durch Nachstellen der Bilder werden die Kinder selbst aktiv und stärker in die Gefühlswelt der Geschichte einbezogen. Sie entwickeln in ersten Ansätzen die Fähigkeit, religiös geprägte Kunstwerke zu verstehen und zu deuten. Die Farbsymbolik der Bilder unterstützt die Entwicklung des Verständnisses vom bildhaften Charakter biblischer Überlieferung.

Symbolische Wirkung der Farben
(Siehe dazu BIESINGER/BRAUN 1995 und GOECKE-SEISCHAB 2004, S. 196 f.):

- **Schwarz** Farbe der Dunkelheit, Finsternis; drückt Trauer und Hoffnungslosigkeit aus;
- **Blau** Farbe des Himmels, der Luft und des Wassers; sie ist Symbol der Wahrheit, des Glaubens und der Treue.
- **Rot** Farbe des Blutes und somit des Lebens, der Wärme, der Erregung, des Herzens und des Feuers (wie auch Orange).
- **Gelb** Farbe des Sonnenlichts als Ersatzfarbe für Gold (das die Allmacht Gottes verkörpert), aber auch Symbol für Neid und Eifersucht.

Bausteine der Unterrichtsreihe

Baustein 1: Noomi, Rut und Orpa sind traurig und verzweifelt. Wie soll ihr Weg weitergehen?

Unterrichtsmaterial:
- Arbeitsblatt: „Körperhaltungen" **M 5.1**
- Folie von Material: „Bilder zu Ruts Weg (1)" (S. 120) **M 5.2**
- Poster: „Ruts Weg" (von L vorbereitet, siehe Beispiel) **M 5.6**
- großes schwarzes Tuch
- Erzähltext: „Noomi, Rut und Orpa" **M 5.7**
- Arbeitsblatt: „Bildgeschichte (1)" **M 5.11**
- schwarzes Seidenpapier
- Kleber
- Lied: „Zeige mir Gott ..." (Musik-CD ⦿ Track 9/10) **M 5.15**
- schwarze Blätter, helle Stifte

Unterrichtsschritte:

1. Mithilfe von **M 5.1** stellen die Kinder Gefühle durch Körperhaltungen nach. Ein Kind sucht sich eine Karte aus, guckt sich die Körperhaltung genau an (Achte genau auf die Körperteile!) und stellt sie nach. Die anderen Kinder raten, welches Gefühl dargestellt wird.

   Differenzierung: Deuten
   Die Kinder heften eine Karte „Körperhaltungen" an die Tafel. Sie sammeln ihre Deutungen und stellen fest, dass es unterschiedliche Meinungen geben kann.

2. *Bildimpuls:* Folie „Bilder zu Ruts Weg (1)" **M 5.2**
   Die Kinder *äußern sich spontan* zum Bild. L weist die Kinder darauf hin, dass sie bei diesem und den folgenden Bildern, die in den nächsten Unterrichtsstunden betrachtet werden, insbesondere auf die *Haltungen der Personen* und die *Farbgebung* achten sollen.

3. Die Kinder *schildern* ihre *Assoziationen zur Farbe Schwarz*. L sammelt die Äußerungen der Kinder auf dem *vorbereiteten Poster* (siehe Beispiel), das in den folgenden Bausteinen ergänzt wird. **M 5.6**
   Die Kinder stellen Vermutungen darüber an, warum die Künstlerin die Figur schwarz gemalt hat.

   Oder alternativ:

   Differenzierung: Verstehen und Deuten
   Ein schwarzes Tuch liegt auf dem Tisch oder Boden. Die Kinder schreiben ihre Assoziationen mit hellen Stiften auf schwarze Blätter. Sie legen sie auf das Tuch. So entsteht während der Unterrichtseinheit eine Wortsammlung zu den Farben.

4. Zur weiteren Vertiefung kann von einem Kind, das in ein großes schwarzes Tuch gehüllt wird, die *Haltung* der Figur vom Bild *nachgestellt* werden. Die anderen Kinder äußern sich dazu, was diese Figur sagen, denken und fühlen könnte. Nach Beendigung des Standbildes beschreibt das Kind, das die Figur nachgestellt hat, wie es sich gefühlt und was es gedacht hat.

5. In einem *vertiefenden Unterrichtsgespräch* berichten die Kinder von Situationen in ihrem Leben, in denen sie sich auch schon einmal so gefühlt haben *(... als ich traurig war, als ich verzweifelt war, als ich Angst hatte ...)*.

6. L *erzählt* die Geschichte von Noomi, Rut und Orpa. **M 5.7**

7. Die Kinder *äußern sich zur Geschichte* und stellen eine *Verbindung zum Bild* her.

8. Die Kinder *gestalten das Arbeitsblatt* mittels Seidenpapiertechnik. **M 5.11**
   Die Fläche der Figur wird dazu mit Kleber bestrichen, ein großes Stück schwarzes Seidenpapier wird in den Umriss geklebt und dabei so zusammengeschoben, dass sich das Papier reliefartig hervorhebt.
   L weist die Kinder darauf hin, dass dieses das erste Bild einer Bildergeschichte ist, die im Verlaufe der Unterrichtseinheit entsteht.

   Differenzierung: Gestalten
   Die Kinder malen die Umrissfiguren aus, z. B. mit Aquarellbuntstiften, bei denen sie durch das Vermischen mit Wasser unterschiedliche Farbintensität erzielen können. Auch die Gestaltung mit unterschiedlichen Materialien und Stoffen ist denkbar.

9. Jedes Kind *schreibt* unter das Bild, welche *Gedanken und Gefühle* Rut in dieser Situation vermutlich hat. Als Formulierungshilfe können die auf dem Poster gesammelten Begriffe dienen. **M 5.11 + M 5.6**

10. *Lied:* „Zeige mir Gott ..." **M 5.15**
    Die Kinder *lesen* ihre Sätze vor. Dazwischen wird der *Liedvers* wiederholt gesungen.

Baustein 2: Rut und Noomi gehen ihren Weg gemeinsam

Unterrichtsmaterial:

- Poster (aus Baustein 1) **M 5.6**
- Folie von Material: „Bilder zu Ruts Weg (2)" (S. 120) **M 5.3**
- großes schwarzes und blaues Tuch
- Erzähltext: „Rut begleitet Noomi" **M 5.8**
- Arbeitsblatt: „Bildgeschichte (2)" **M 5.12**
- schwarzes und blaues Seidenpapier
- Kleber
- Lied: „Zeige mir Gott" (Musik-CD ⊙ Track 9/10) **M 5.15**
- blaue Blätter

Unterrichtsschritte:

1. *Bildimpuls:* Folie „Bilder zu Ruts Weg (2)" **M 5.3**
   Die Kinder *äußern sich spontan* zum Bild.

2. Die Kinder schildern ihre *Assoziationen zur Farbe* Blau. L sammelt die Äußerungen der Kinder auf dem Poster (siehe Beispiel). **M 5.6**
   L weist die Kinder darauf hin, dass die Farbe Blau in der Sprache der Künstler auch „Treue" bedeuten kann.

   Oder alternativ:

   Differenzierung: Verstehen und Deuten
   Ein blaues Tuch liegt auf dem Tisch oder Boden. Die Kinder schreiben ihre Assoziationen auf blaue Blätter. Sie legen sie auf das Tuch. So entsteht während der Unterrichtseinheit eine Wortsammlung zu den Farben.

3. Zur weiteren Vertiefung können von zwei Kindern (eins in ein schwarzes und eins in ein blaues Tuch gehüllt) die

Haltungen der Figuren auf dem Bild *nachgestellt* werden. Die anderen Kinder äußern sich dazu, was diese Figuren sagen, denken und fühlen könnten. Nach Beendigung des Standbildes beschreiben die Kinder, die die Figur nachgestellt haben, wie sie sich gefühlt und was sie gedacht haben.

4. L *erzählt* die Geschichte „Rut begleitet Noomi". **M 5.8**

5. Die Kinder *äußern sich* zur Geschichte und stellen eine *Verbindung zum Bild* her. Dabei wird herausgearbeitet, warum die Künstlerin Rut auf diesem Bild in der Farbe Blau gestaltet hat.

6. In einem *vertiefenden Unterrichtsgespräch* erinnern sich die Kinder an die positive Funktion der Begleiter auf ihrem eigenen Lebensweg und an den Mutmachvers (vgl. Kap. 4 und **M 4.3**).

7. Die Kinder *gestalten das Arbeitsblatt* „Bildgeschichte (2)" mittels Seidenpapiertechnik. **M 5.12**

   Differenzierung: Gestalten
   Die Kinder malen die Umrissfiguren aus, z. B. mit Aquarellbuntstiften, bei denen sie durch das Vermischen mit Wasser unterschiedliche Farbintensität erzielen können. Auch die Gestaltung mit unterschiedlichen Materialien und Stoffen ist denkbar.

8. Jedes Kind *schreibt* unter sein Bild, welche Gedanken und Gefühle Rut in dieser Situation hat. Als Formulierungshilfe können die auf dem Poster gesammelten Begriffe dienen. **M 5.12 + M 5.6**

9. Die Kinder *lesen* ihre Sätze vor. Dazwischen wird der *Liedvers* wiederholt gesungen. **M 5.15**

Baustein 3: Rut begegnet Boas auf ihrem Weg

Unterrichtsmaterial:

- Poster (aus vorherigen Bausteinen) **M 5.6**
- Folie von Material: „Bilder zu Ruts Weg (3)" (S. 121) **M 5.4**
- großes gelbes und rotes Tuch
- Erzähltext: „Rut begegnet Boas" **M 5.9**
- Arbeitsblatt: „Bildgeschichte (3)" **M 5.13**
- rotes und gelbes Seidenpapier
- Kleber
- rote Blätter

Unterrichtsschritte:

1. *Bildimpuls:* Folie „Bilder zu Ruts Weg (3)" **M 5.4**
   Die Kinder äußern sich spontan zum Bild.

2. Die Kinder *schildern* ihre *Assoziationen* zur Farbe Rot.
   L sammelt die Äußerungen der Kinder auf dem *vorbereiteten Poster* (siehe Beispiel). **M 5.6**

Oder alternativ:

   Differenzierung: Verstehen und Deuten
   Ein rotes Tuch liegt auf dem Tisch oder Boden. Die Kinder schreiben ihre Assoziationen auf rote Blätter. Sie legen sie auf das Tuch. So entsteht während der Unterrichtseinheit eine Wortsammlung zu den Farben.

3. Zur weiteren Vertiefung kann von zwei Kindern (eins in gelbes, eins in rotes Tuch gehüllt) die *Haltung* der Figuren auf dem Bild *nachgestellt* werden. Die anderen Kinder äußern sich dazu, was diese Figuren sagen, denken und fühlen könnten. Nach Beendigung des Standbildes beschreiben die Kinder, die die Figuren nachgestellt haben, wie sie sich gefühlt und was sie gedacht haben.

4. L *erzählt* die Geschichte „Rut begegnet Boas". **M 5.9**

5. Die Kinder *äußern* sich zur Geschichte und stellen eine *Verbindung zum Bild* her. Dabei wird herausgearbeitet, warum die Künstlerin Rut in diesem Bild in der Farbe Rot gestaltet hat.

6. Die Kinder *gestalten* das *Arbeitsblatt* „Bildgeschichte (3)" mittels Seidenpapiertechnik. **M 5.13**

   Differenzierung: Gestalten
   Die Kinder malen die Umrissfiguren aus, z. B. mit Aquarellbuntstiften, mit denen sie durch das Vermischen mit Wasser unterschiedliche Farbintensität erzielen können. Auch die Gestaltung mit unterschiedlichen Materialien und Stoffen ist denkbar.

7. Jedes Kind *schreibt* unter das Bild, welche *Gedanken und Gefühle Rut* in dieser Situation hat. Als Formulierungshilfe können die auf dem Poster gesammelten Begriffe dienen. **M 5.13 + M 5.6**

8. Die Kinder tragen ihre *Arbeitsergebnisse* vor.

Baustein 4: Rut begegnet Boas auf ihrem Weg

Unterrichtsmaterial:

- Poster (aus vorherigen Bausteinen) **M 5.6**
- Folie von Material: „Bilder zu Ruts Weg (4)“ (S. 121) **M 5.5**
- großes rotes und gelbes Tuch
- Erzähltext: „Rut und Noomi sind gerettet“ **M 5.10**
- Arbeitsblatt: „Bildgeschichte (4)“ **M 5.14**
- rotes und gelbes Seidenpapier
- Kleber
- gelbe Blätter

Unterrichtsschritte:

1. *Bildimpuls:* Folie „Bilder zu Ruts Weg (4)“ **M 5.5**
   Die Kinder *äußern sich spontan* zum Bild.

2. Die Kinder schildern ihre *Assoziationen zu den Farben Rot und Gelb.* L sammelt die Äußerungen der Kinder auf dem vorbereiteten *Poster* (siehe Beispiel). **M 5.6**

Oder alternativ:

> **Differenzierung:** Verstehen und Deuten
> Ein gelbes Tuch liegt auf dem Tisch oder Boden. Die Kinder schreiben ihre Assoziationen auf gelbe Blätter. Sie legen sie auf das Tuch. So entsteht während der Unterrichtseinheit eine Wortsammlung zu den Farben.

3. Zur weiteren Vertiefung kann von einem Kind, das in ein rotes und gelbes Tuch gehüllt wird, die *Haltung* der Figur auf dem Bild *nachgestellt* werden. Die anderen Kinder äußern sich dazu, was diese Figur sagen, denken und fühlen könnte. Nach Beendigung des Standbildes beschreibt das Kind, das die Figur nachgestellt hat, wie es sich gefühlt und was es gedacht hat.

4. L *erzählt* die Geschichte „Rut und Noomi sind gerettet“. **M 5.10**

5. Die Kinder *äußern* sich zur Geschichte und stellen eine *Verbindung zum Bild* her. Dabei wird herausgearbeitet, warum die Künstlerin Rut hier in den Farben Rot und Gelb gestaltet hat.

6. Die Kinder *gestalten das Arbeitsblatt* „Bildgeschichte (4)“ mittels Seidenpapiertechnik. **M 5.14**

> **Differenzierung**: Gestalten
> Die Kinder malen die Umrissfiguren aus, z. B. mit Aquarellbuntstiften, bei denen sie durch das Vermischen mit Wasser unterschiedliche Farbintensität erzielen können. Auch die Gestaltung mit unterschiedlichen Materialien und Stoffen ist denkbar.

7. Jedes Kind *schreibt* unter das Bild, welche *Gedanken und Gefühle Rut* in dieser Situation hat. Als Formulierungshilfe können die auf dem Poster gesammelten Begriffe dienen. **M 5.14 + M 5.6**

8. Die Kinder tragen ihre *Arbeitsergebnisse* vor.

Baustein 5: Rut hat erlebt: Gott begleitet mich

Unterrichtsmaterial:

- Poster (aus vorherigen Bausteinen) **M 5.6**
- Lied: „Ich gehe meinen Weg“
  (Musik-CD ⦿ Track 7/8) **M 3.5**
- Chiffontücher und große Tücher in Schwarz, Blau, Rot und Gelb

Unterrichtsschritte:

1. L *betrachtet* gemeinsam mit den Kindern das entstandene Poster und die Kinder *erinnern* sich anhand der Farben noch einmal an Ruts Lebensweg.

> **Differenzierung:** Verstehen und Deuten
> Die Kinder legen Ruts Lebensweg mit farbigen Tüchern nach und begründen ihre Farbwahl mit inhaltlichen Aspekten der Geschichte.

2. L führt mit den Kindern ein vertiefendes *Unterrichtsgespräch* über die Ereignisse in Ruts Leben, die die Künstlerin bewogen haben, Rut jeweils in einer anderen Farbe darzustellen:

   - ***von Schwarz zu Blau:***
     Rut will bei ihrer Schwiegermutter bleiben, sie glaubt und vertraut auf den Gott, der ihrer Schwiegermutter wichtig ist, und begleitet sie im Vertrauen auf diesen Gott auf einem ungewissen Weg.

   - ***von Blau zu Rot:***
     Rut verliebt sich, sie ist voller Lebenskraft und wird von Boas in ihrem Vertrauen zu Gott bestärkt.

   - ***von Rot zu Rot/Goldgelb:***
     Die Begegnung mit Boas, die Hochzeit mit ihm und das gemeinsame Kind machen sie lebensfroh.

   L hält die Äußerungen an den entsprechenden Stellen *auf dem Poster fest.* Die Kinder entdecken: Rut ist im Vertrauen auf Gott in eine ungewisse Zukunft gegangen und hat erlebt, wie sich in ihrem Leben alles zum Guten entwickelt hat.

> **Differenzierung:** Deuten
> Die Kinder halten die Ergebnisse auf dem Arbeitsblatt fest. **M 5.6.1**

3. Die Kinder *ordnen* dem bereits bekannten Lied „Ich gehe meinen Weg“ die Farben und Szenen aus der Rut-Geschichte zu (Str. 2 + 3: Schwarz; Str. 4: Blau und/oder Rot; Str. 5: Rot/Gelb). **M 3.5**

4. Die Kinder *singen* im Kreis stehend die Strophen 2–5 des Liedes und schwingen dazu Chiffontücher in den entsprechenden Farben.

Oder alternativ:

Differenzierung: Handeln
Einzelne Kinder (in große Farbtücher gehüllt) stellen in der Mitte des Kreises noch einmal die entsprechenden Standbilder nach.

Differenzierung: Handeln
Die Kinder bewegen sich zu dem Lied und drücken die Stimmungen durch ihre Körperhaltung aus. (Erinnerung an Baustein 1)

Differenzierung: Deuten
Die Kinder betrachten die Bilder noch einmal in ihrem Zusammenhang und geben ihnen Überschriften.

Differenzierung: Deuten
Die Kinder reflektieren Situationen aus der biblischen Geschichte noch einmal mit den Bildkarten „Körperhaltungen“. **M 5.1**

Körperhaltungen

M 5.1

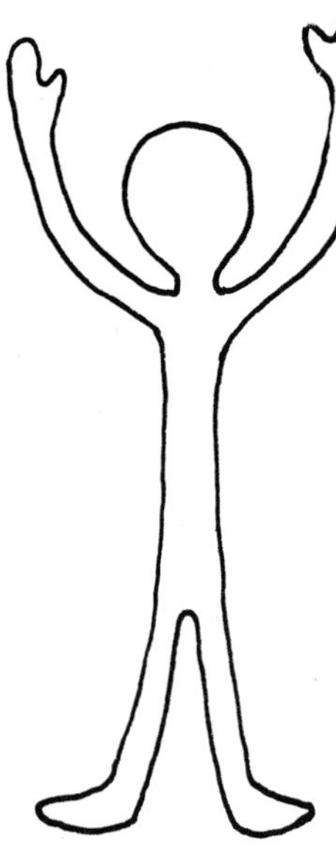

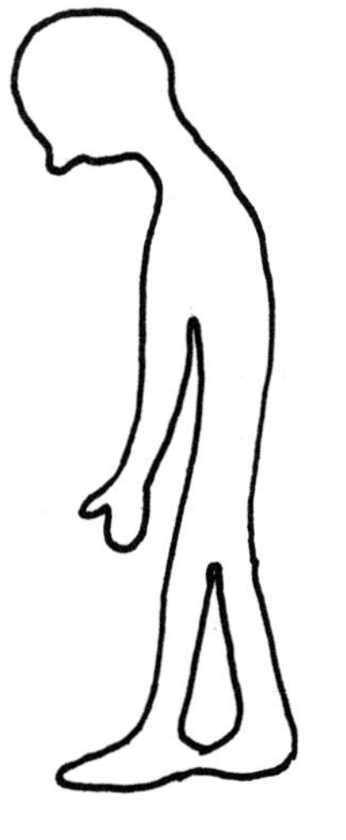

Bilder zu Ruts Weg

M 5.2 – M 5.5

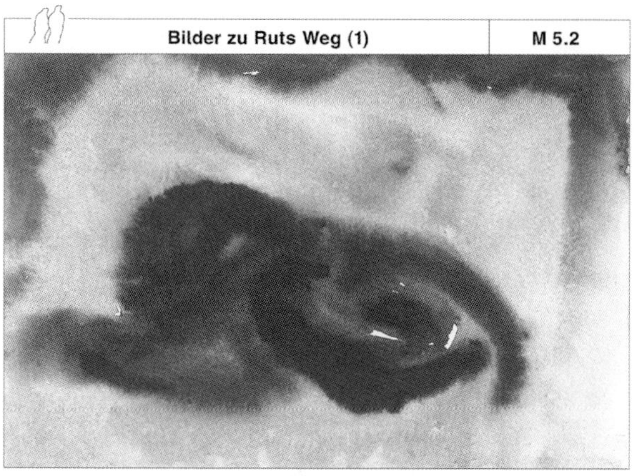

Informationen zu den Aquarellen von Maria Hafner

Bild 1

Eine schwarze Gestalt liegt zusammengekauert auf dem Boden, im Staub. Der Kopf liegt zwischen den Armen. Das Bild ist der Ausdruck von Zweifel und Hoffnungslosigkeit.
Rut ist am Anfang ihrer Geschichte durch den Tod naher Angehöriger betrübt.

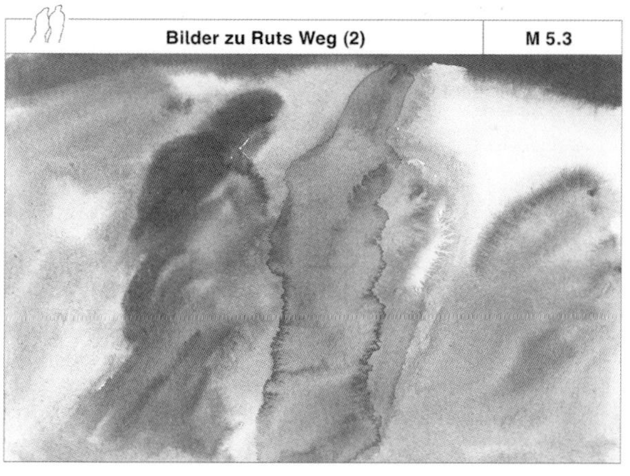

Bild 2

Rut und Noomi machen sich auf den Weg. Aufgerichtet ziehen sie los.
Rut (blaue Gestalt) erscheint stark und aufrecht. Sie steht treu zu Noomi (schwarze Gestalt), die sich auf Ruts Arm stützt. Orpa ist bereits zu ihrer Familie zurückgekehrt.

Bild 3

Rut (rote Gestalt) ist wieder voller Lebenskraft. Sie hat Nahrung und Liebe gefunden. In Boas (goldgelbe Gestalt) erlebt Rut Gottes Zuwendung und Rettung. Umgeben sind beide von den Farben Blau (der Farbe des Himmels) und Violett (der Farbe, die göttliche Wahrheit und Liebe symbolisiert).

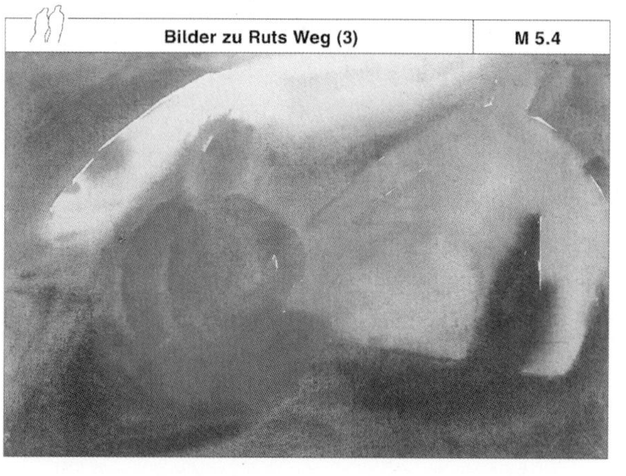

Bild 4

Rut tanzt vor Glück und Freude über ihr neues Leben und ihre neue Liebe. Sie spürt Gottes Zuwendung. Sie heiratet Boas und bekommt ein Kind von ihm. In ihrer Gestalt vermischen sich die Farben Rot (vorher Rut) und Goldgelb (vorher Boas).

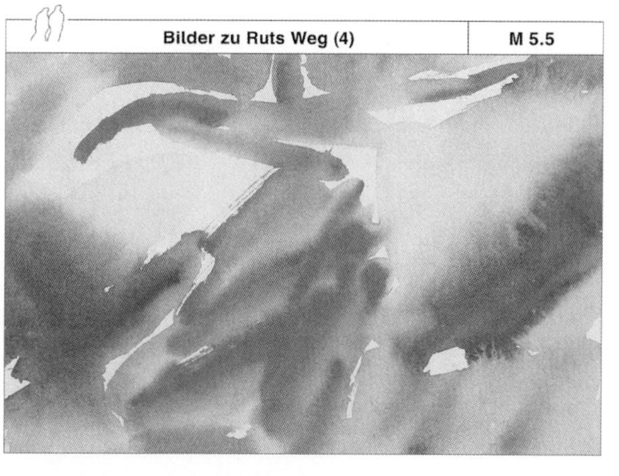

Ruts Weg

M 5.6

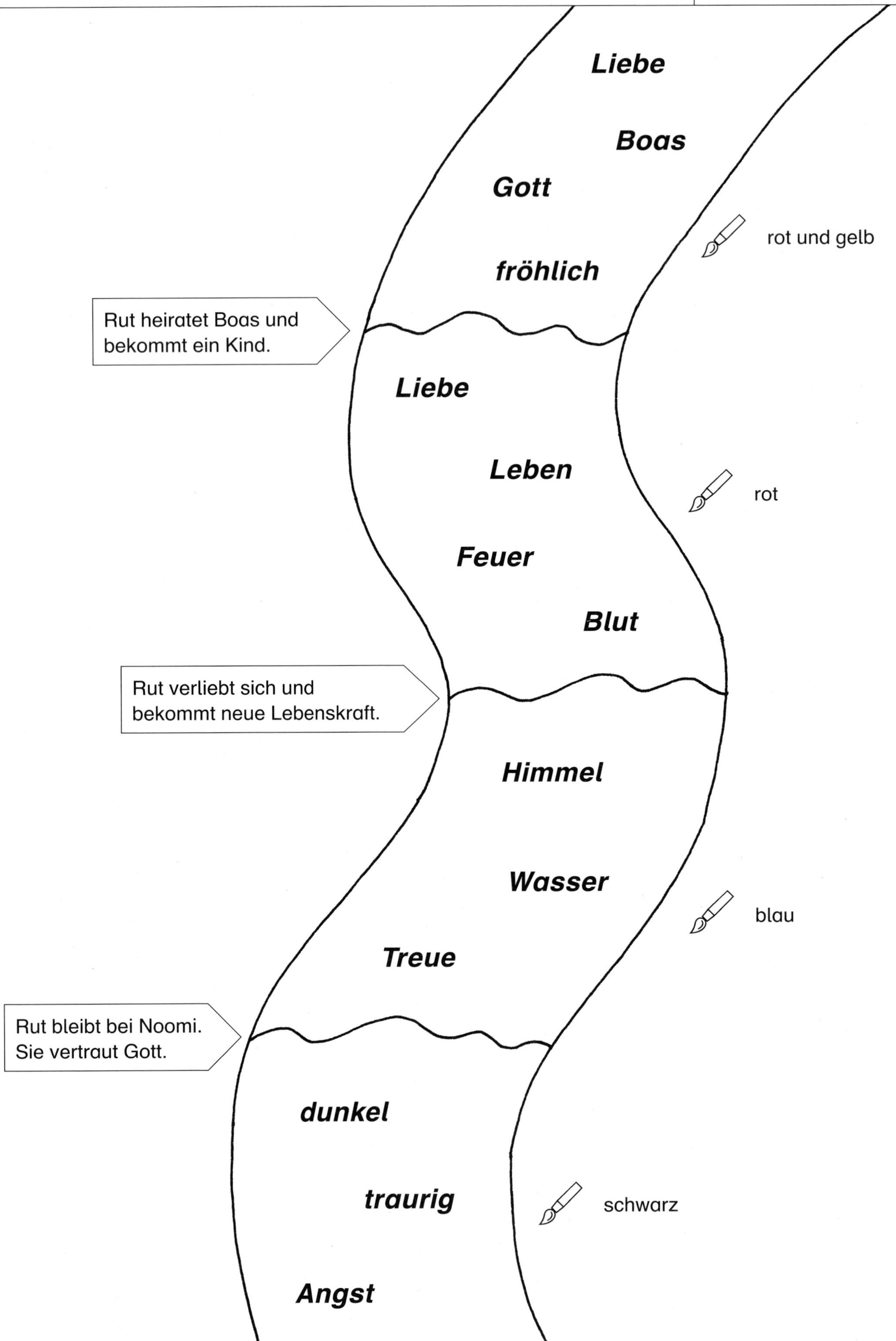
Liebe
Boas
Gott
fröhlich
rot und gelb
Rut heiratet Boas und bekommt ein Kind.
Liebe
Leben
Feuer
Blut
rot
Rut verliebt sich und bekommt neue Lebenskraft.
Himmel
Wasser
Treue
blau
Rut bleibt bei Noomi. Sie vertraut Gott.
dunkel
traurig
Angst
schwarz

Ruts Weg

M 5.6.1

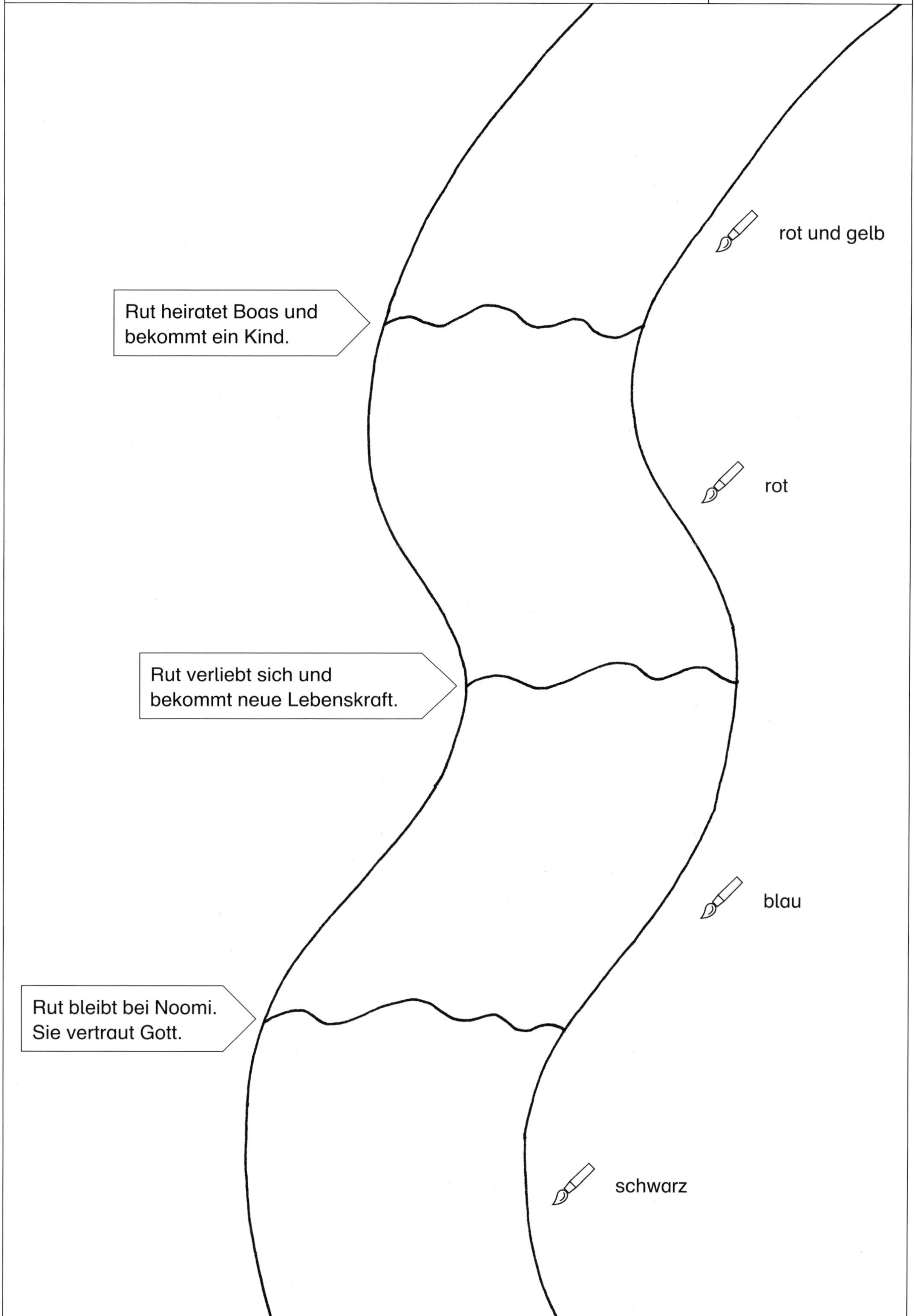

Noomi, Rut und Orpa

M 5.7

Das Buch der Bibel, in dem die folgende Geschichte aufgeschrieben ist, heißt nach einer Frau, die darin eine wichtige Rolle spielt, „Rut".

Doch die Geschichte selbst beginnt mit einer anderen Frau. Ihr Name ist Noomi. Noomi bedeutete so viel wie „Gott ist liebevoll". Im Moment hat Noomi allerdings nicht das Gefühl, dass Gott liebevoll zu ihr ist. Noomi wohnt mit ihrem Mann und ihren beiden Söhnen in Bethlehem. Der Name dieses Ortes bedeutet übersetzt „Brothausen". Doch Brot gibt es in dem Ort leider nicht.

Es herrscht eine große Hungersnot. Darum ziehen Noomi, ihr Mann Elimelech und die beiden Söhne in ein anderes Land – nach Moab. Sie hoffen, dass es dort besser sein wird.

Doch kaum sind sie in Moab angekommen, stirbt Elimelech und Noomi ist mit ihren beiden Söhnen allein. Sie ist sehr traurig. Auch Noomis Söhne, Machlon und Kiljon, was so viel wie „schwächlich" und „gebrechlich" bedeutet, sterben nach zehn Jahren. Noomi bleibt mit ihren Schwiegertöchtern Orpa, der Name bedeutet „Nacken", und Rut, der Name bedeutet „Gefährtin", allein zurück.

Sicher habt ihr gemerkt, dass die Namen in dieser biblischen Geschichte eine große Rolle spielen.

Noomi fühlt sich trotz ihrer Schwiegertöchter allein in dem ihr noch immer fremden Land. Sie hat keine Enkel und alle Männer der Familie sind schon tot – in der damaligen Zeit eine schlimme Situation. Wer soll nun für sie und die beiden Schwiegertöchter sorgen? Wie soll das Leben nun weitergehen?

KOPIERVORLAGE

Noomi beschließt nach Bethlehem zurückzukehren. Nichts hält sie mehr in Moab, dem Ort, der ihr nur Unglück und Leid gebracht hat. Außerdem soll Gott sich seinem Volk in Bethlehem wieder zugewandt haben, sodass es dort wieder Brot gibt. Rut und Orpa machen sich mit Noomi auf den Weg.

Unterwegs wird Noomi unsicher und sagt zu Rut und Orpa: „Geht wieder zurück zu euren Müttern! Gott begleite euch und tue euch Gutes, so wie ihr mir und meinen Söhnen Gutes getan habt. Gott schenke euch, dass ihr beide wieder neue Männer findet, die euch versorgen.“ Dann küsst Noomi die beiden jungen Frauen.

Rut und Orpa beginnen zu weinen und flehen: „Wir möchten aber mit dir gehen.“ „Warum?“, fragt Noomi. „Ich kann nicht für euch sorgen. Kehrt um! Bei uns ist es zwar Brauch, dass die Frau, deren Mann gestorben ist, dessen Bruder heiratet und dieser für sie sorgt. Aber ich kann keine Söhne mehr bekommen. Und selbst wenn ich noch welche bekäme, müsstet ihr zu lange warten, bis sie euch heiraten könnten. Dann wärt ihr selbst schon sehr alt. Kehrt doch um! Ich habe im Moment das Gefühl, dass Gott nicht mehr für mich sorgt.“

Da weinen die beiden noch mehr. Und Orpa küsst ihre Schwiegermutter, wendet ihr den „Nacken“ zu und kehrt um.

Aber Rut gibt nicht auf. Sie sagt zu Noomi: „Warum willst du mir einreden, dass ich umkehren soll? Ich habe mich entschieden, mit dir zu gehen und dabei bleibe ich auch! Wo du hingehst, da will ich auch hingehen. Dein Volk ist mein Volk und dein Gott ist mein Gott. Wo du stirbst, da will ich auch sterben und begraben werden. Nur der Tod kann uns trennen. Da kann Gott machen, was er will.“

Noomi merkt, dass Rut fest entschlossen ist, bei ihr zu bleiben. Insgeheim wird Noomi sicher froh sein, dass Rut ihr so treu zur Seite steht. Nun braucht sie nicht allein nach Bethlehem zu gehen. Und Rut erscheint so stark und sicher! Vielleicht würde es ja doch weitergehen?

Als die beiden Frauen dann in Bethlehem ankommen, sind die Leute ganz aufgeregt und murmeln: „Ist das nicht Noomi?“
Aber Noomi entgegnet: „Nennt mich nicht Noomi, die Liebliche, sondern Mara, die Bittere. Denn Gott hat mir viel Bitteres zugefügt. Mit meiner Familie zog ich aus und ohne meine Familie kehre ich zurück. Warum soll ich noch Noomi heißen, wenn Gott mich so betrübt hat?“

Alle Zuhörer merken, wie verzweifelt und traurig Noomi ist.

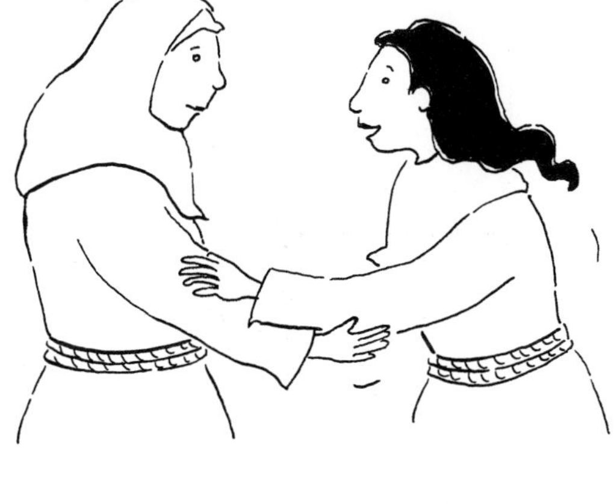

Rut begegnet Boas

M 5.9

Als Noomi und Rut zurückkehren, ist gerade Gerstenernte in Bethlehem. Und Rut hat eine gute Idee, wie sie für beide etwas zu Essen beschaffen kann. Sie will aufs Feld gehen und die Ähren auflesen, die bei der Ernte übrig geblieben sind. Das ist den armen Leuten erlaubt.

Das Feld, auf das sie geht, gehört einem Mann, der Boas heißt. Sein Name bedeutet „in ihm ist Macht bzw. Kraft".
Als Rut auf dem Feld ist, kommt Boas vorbei. Er erkundigt sich bei anderen nach ihr und es wird ihm alles über sie erzählt.
Boas spricht Rut an und sagt zu ihr: „Bleibe hier auf meinem Feld. Bleibe in der Nähe meiner Mägde. Keiner wird dir etwas tun. Ich habe meinen Knechten gesagt, dass sie freundlich zu dir sein sollen. Und wenn du Durst hast, dann bekommst du auch etwas zu trinken."

Rut ist glücklich. Das hatte sie nicht erwartet. Nun kann sie genug Ähren sammeln, sodass sie und Noomi nicht hungern müssen. Sie fragt Boas: „Warum bist du so freundlich zu mir? Ich bin doch eine Fremde."
Boas antwortet: „Man hat mir viel von dir erzählt. Du hast deine Familie und dein Land verlassen, um bei deiner Schwiegermutter Noomi zu bleiben, obwohl du das gar nicht gebraucht hättest.
Du bist hier zu uns gekommen, obwohl du unser Volk und unseren Gott gar nicht richtig kennst. Das finde ich sehr mutig! Der Gott Israels, unter dessen Flügeln du Zuflucht suchst, wird dich schützen."

Rut freut sich: „Danke, dass du so nett zu mir bist und mich tröstest."

Und Boas lädt Rut sogar zum Essen ein. Als Rut an diesem Abend nach Hause kommt, erzählt sie Noomi alles, was sie erlebt hat. Noomi ist froh. Sie sagt: „Boas ist mit uns verwandt. Durch ihn wird uns Gott helfen. Das zeigt mir: Gott ist gut zu uns."

Später hat Noomi die Idee, dass Boas und Rut sich näher kennenlernen könnten. Da Boas mit ihnen verwandt ist, könnte er doch für Rut und Noomi sorgen.

Und ihr Wunsch geht in Erfüllung – Boas verliebt sich in Rut und will ihr helfen. Doch es gibt noch einen männlichen Verwandten, den er erst fragen muss. Denn in Israel sind die Verwandten verpflichtet, sich umeinander zu kümmern. Immer der nächste männliche Verwandte muss eine Witwe heiraten, damit sie nicht im Elend landet.
Boas geht zum Stadttor. Dort werden zu dieser Zeit alle wichtigen Entscheidungen – vor allem die Gerichtsentscheidungen – getroffen. Er trifft dort den anderen Mann und fragt ihn: „Noomi und ihre Schwiegertochter Rut sind wieder da. Sie sind arm. Du bist am nächsten mit ihnen verwandt. Willst du ihnen helfen?"

Der Mann verneint. Und Boas sagt: „Gut, dann werde ich das tun und Rut heiraten."

Rut und Noomi sind gerettet

M 5.10

Rut ist glücklich. Sie heiratet Boas und bekommt ein Kind. Darüber freut sich Noomi sehr, denn nun hat sie sogar ein Enkelkind.

Die Frauen in Bethlehem sagen zu Noomi: „Gelobt sei Gott, der so gut für dich gesorgt hat. Dein Enkel wird dich im Alter versorgen. Du brauchst nun keine Angst mehr vor der Zukunft zu haben. Du hast eine fürsorgliche Schwiegertochter. Sie liebt dich. Sie ist bei dir geblieben und hat dir einen Enkel geschenkt, der für dich wie ein neuer Sohn ist. Rut ist ja besser als sieben Söhne."

Und Noomi nimmt ihren Enkelsohn auf ihren Schoß und passt auf ihn auf. Er wird Obed genannt und gilt später als der Großvater Davids, eines großen Königs in Israel.

Ein langer Weg liegt hinter Rut. Am Anfang sah er düster aus, beschwerlich und steinig. Es war nicht leicht, in ein unbekanntes Land aufzubrechen, zu unbekannten Menschen. Vom Gott Israels, an den Noomi glaubte, wusste Rut nicht viel. Trotzdem wollte sie nun ebenso wie Noomi an ihn glauben.

Und er hat sie nicht enttäuscht. Er hat sie auf ihrem Weg begleitet, sodass sie nun am Ende ihres Weges fröhlich sagen kann: „Gott hat mich beschützt und begleitet. Es ist alles gut geworden. Ich habe eine neue Familie und damit ein neues Leben bekommen."

Sabine Grünschläger-Brenneke/
Micaela Röse

Bildgeschichte (1)

M 5.11

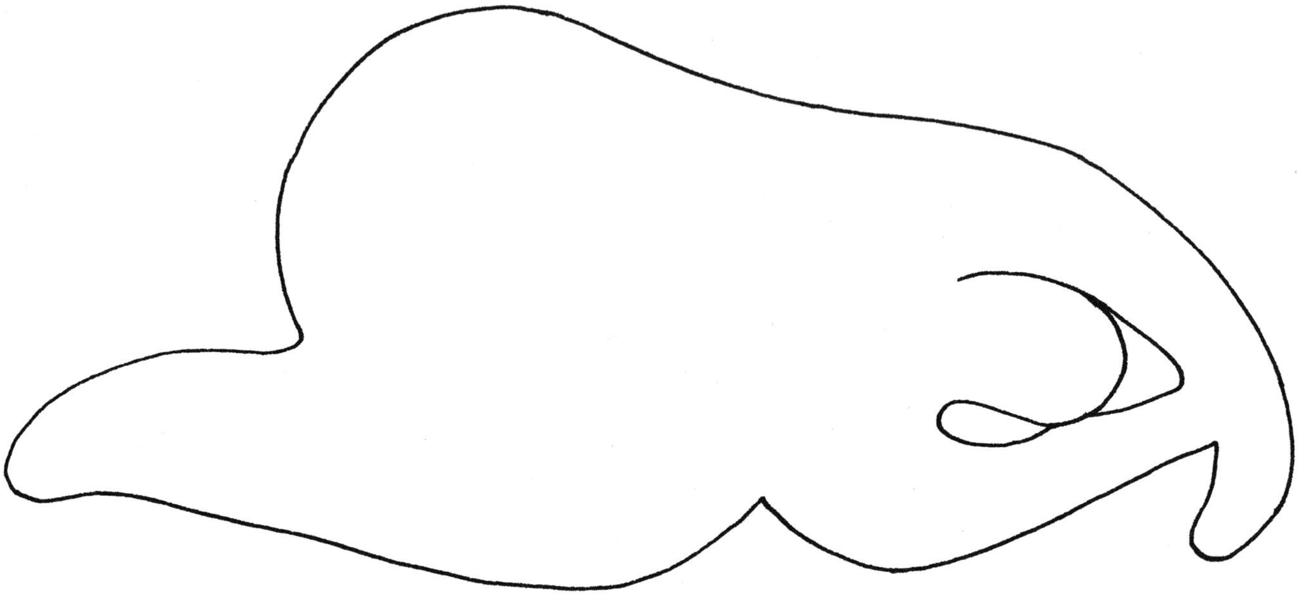

KOPIERVORLAGE

Bildgeschichte (2) | M 5.12

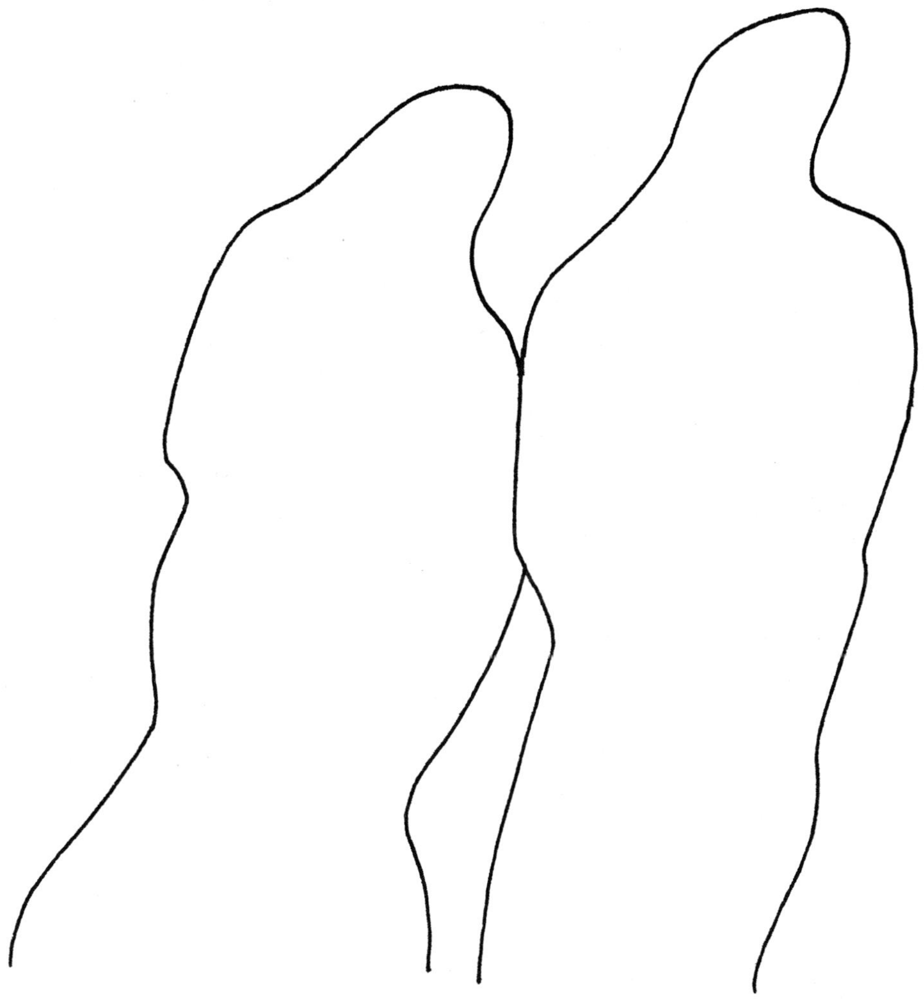

Bildgeschichte (3)

Bildgeschichte (4) | M 5.14

Zeige mir Gott ...

M 5.15

Text und Melodie: Bernd Schlaudt

(Musik-CD ⊙ Track 9/10)

6 Jesus sucht Mitarbeiterinnen und Mitarbeiter

Thema: Frauen und Männer folgen Jesus (Mk 1,16-20 und Lk 8,1-3)

Intention der Reihe

Die Lebenswelt der Fischer am See Genezareth kennenlernen und erfahren, dass Nachfolge nur auf der Grundlage von Vertrauen möglich ist.

4 Std.

Kompetenzerwartung: Die Schülerinnen und Schüler nehmen Jesus als geschichtliche Person wahr und wissen, dass Frauen und Männer Jesus gefolgt sind.

Theologisch-didaktischer Kommentar

Text (Mk 1,16-20):

[14] *Als er aber am Galiläischen Meer entlangging, sah er*
Simon und Andreas, Simons Bruder, wie sie ihre Netze ins
Meer warfen; denn sie waren Fischer. [17] *Und Jesus sprach*
zu ihnen: Folgt mir nach; ich will euch zu Menschenfi-
schern machen. [18] *Sogleich verließen sie ihre Netze und*
folgten ihm nach.
[19] *Und als er ein wenig weiterging, sah er Jakobus, den*
Sohn des Zebedäus, und Johannes, seinen Bruder, wie
sie im Boot die Netze flickten. [20] *Und alsbald rief er sie und*
sie ließen ihren Vater Zebedäus im Boot mit den Tagelöh-
nern und folgten ihm nach.

Markus hat hier zwei in ihrer Struktur fast identische Berufungstexte aufeinander folgen lassen: Jesus kommt, spricht Menschen an, sie gehen mit ihm.
Die Brüder Simon und Andreas sind gerade bei ihrer Arbeit und stehen mit ihren Wurfnetzen im Wasser, als Jesus sie beruft. Simon und Andreas scheinen nur über Wurfnetze zu verfügen. In dem zweiten Text hat Markus demgegenüber eine Steigerung eingebaut: Jakobus und Johannes verlassen nicht nur ihren Arbeitsplatz, sondern auch ihren Vater und damit ihre gesamte Familie. Und sie geben eine gewisse Sicherheit auf, denn ihre Familie besitzt ein Boot und kann sich außerdem noch Helfer leisten. Beide Brüderpaare lassen das zurück, was ihr Leben ausmacht, ihren alten Beruf und ihre Familie. Als Ersatz bietet ihnen Jesus eine ihrem Beruf ähnelnde Tätigkeit an. Sie sollen Menschenfischer werden. Das klingt wie das zentrale Schlagwort eines Programms. Dazu beruft Jesus Menschen, die offensichtlich keine Voraussetzungen für die neue Tätigkeit mitbringen.

Markus sagt nichts darüber, wie die Fischer das Für und Wider ihrer Entscheidung abwägen, was sie Jesus fragen und wie sich die Familien gegenüber ihrem Entschluss verhalten. Er beschreibt das Ja zu Jesus als eine spontane Entscheidung von Menschen, die vermutlich tief beeindruckt von seiner Ausstrahlung sind.
Markus gibt keine Auskunft darüber, ob die Fischer Jesus bereits aus Kapernaum kennen, ihn bereits gesehen oder gehört haben.

Alle diese Fragen interessieren Markus nicht. Wichtig ist ihm allein, dass Jesus sofort beginnt, die Botschaft vom Reich Gottes zu verkündigen und zu entfalten. Und dazu braucht er Menschen, die mit ihm durch Galiläa ziehen und sein Leben teilen. Basis dieses neuen Lebens ist allein das Vertrauen zu Jesus.

Martin Luther hat das griechische Wort *mathethes* mit *Jünger* übersetzt, ein Wort, das sich nicht gleich erschließt. Es ist von dem lateinischen Wort *junior* abgeleitet worden und ist ein substantivierter Komparativ. Der „Jünger(e)" ist im Gegensatz zum „Älteren" der Untergebene, der Lehrling, der Schüler. Der griechische Begriff betont das Verhältnis vom Schüler bzw. Lehrling zum Lehrer bzw. Lehrmeister. Eine weibliche Form des Begriffs gibt es im Griechischen nicht.

Wer zur Zeit Jesu ein Handwerk erlernen will oder eine wissenschaftliche Ausbildung anstrebt, muss sich einen Lehrer suchen. Im Vordergrund der Lehrer- Schüler-Beziehung steht die Ausbildung.
Jesus geht den entgegengesetzten Weg. Er ruft seine Schüler. Die persönliche Bindung an ihn und das gemeinsame Erleben formen das Leben der Schüler.

Und was gibt es für die ersten Schüler von Jesus zu lernen?

Sicher keine Theorien. Schüler Jesu zu sein, bedeutet Erfahrungslernen, das an die Erlebnisse bei der Verkündigung und an das Schicksal Jesu gebunden ist.

Fischfang am See Genezareth ist zu dieser Zeit Lebensgrundlage für viele Menschen. Davon zeugen auch die Ortsnamen. Bethsaida bedeutet Fischhausen und der aramäische Name Magdala Fischerturm. Mitte des 1. Jahrhunderts erhält Magdala den griechischen Namen Taricheai. Das ist wieder ein Name aus der Welt der Fischer und bedeutet „Fische salzen". Gefangen werden vor allem Buntbarsche, heute auch als Petersfische bezeichnet, und die in großen Schwärmen auftretenden Seesardinen. Sie werden durch Einsalzen konserviert und gehören zur täglichen Nahrung.

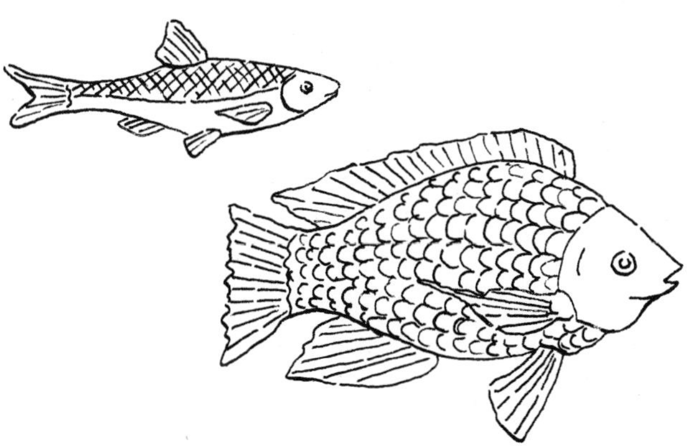

6 Jesus sucht Mitarbeiterinnen und Mitarbeiter

Fischer arbeiten damals mit Angeln oder im flachen Wasser mit Wurf- und Schleppnetzen. Am ertragreichsten ist natürlich die Arbeit mit Schleppnetzen. Für diese Fangmethode wird ein Boot benötigt. Nicht jeder Fischer ist jedoch in der Lage, ein Boot zu kaufen. Wenn mehrere Fischer zusammen ein Boot finanzieren können, muss der Gewinn geteilt werden. Mit den Kleinbauern, Handwerkern und Kleinhändlern zählen die Fischer zur sozialen Mittelschicht.
Aber durch Krankheiten, Wirtschaftsflauten oder Kriege können sie leicht unter das Existenzminimum abrutschen.
In Kapernaum wird in den 60er- und 70er-Jahren des 20. Jahrhunderts eine Wohnsiedlung von Fischern ausgegraben, die aus dem ersten Jahrhundert n. Chr. stammt. Die Ausgrabungen zeigen, unter welchen beengten und ärmlichen Bedingungen die Fischer damals leben. Das lässt Rückschlüsse auf ihre soziale Stellung und auf ihre finanzielle Situation zu.

Simon wird im Neuen Testament auch *Simon Petrus*, nur *Petrus* oder *Kephas* genannt (Petrus (griech.) und Kephas (aramäisch) bedeuten Fels). Anders als in der Textvorlage wird in den Erzählungen der Unterrichtseinheit der Name Petrus benutzt, da er für die Kinder leicht zu merken ist.

Text (Lk 8,1-3):

> [1] *Und es begab sich danach, dass er [Jesus] durch Städte und Dörfer zog und predigte und verkündigte das Evangelium vom Reich Gottes; und die Zwölf waren mit ihm,*
> [2] *dazu einige Frauen, die er gesund gemacht hatte von bösen Geistern und Krankheiten, nämlich Maria, genannt Magdalena, von der sieben böse Geister ausgefahren waren,* [3] *und Johanna, die Frau des Chuzas, eines Verwalters des Herodes, und Susanna und viele andere, die ihnen dienten mit ihrer Habe.*

Jesus zieht mit Frauen und Männern durch Dörfer und Städte. Daran gibt es keinen Zweifel.

Wovon lebt die Gruppe um Jesus, die sich ja nicht nur auf die zwölf Jünger beschränkt?

Darüber kann man nur Vermutungen anstellen, weil es dazu keine konkreten Aussagen gibt. Wahrscheinlich ist die Gruppe auf die Gastfreundschaft und die Hilfe von Sympathisanten angewiesen, wobei sie nicht nur von besser gestellten, sondern auch von ärmeren Menschen unterstützt wird.
Vielleicht sind einige auch nicht ständig bei Jesus, sondern gehen öfter zurück zu ihrer alten Arbeitsstätte und nutzen die Gelegenheit, um für sich und ihre Familien Geld zu verdienen. Demgegenüber gibt es aber auch Menschen, die für immer ihren gewohnten Lebenskreis verlassen, ohne sich um Essen, Trinken und Kleidung Sorgen zu machen.

Welche Rolle haben die Frauen?

Das Evangelium verkünden und öffentlich reden ist wohl auch die Aufgabe der Frauen. Lukas erzählt, Jesus habe einige Frauen von bösen Geistern (Nach damaliger Vorstellung gelten böse Geister sowohl als Ursache vieler psychischer als auch vieler körperlicher Krankheiten und Krankheiten geheilt.)
Als Jesus die Frauen heilt, werden sie zu Zeugen des anbrechenden Gottesreichs, das Jesus auf den Weg brachte. Sie haben es am eigenen Leib erfahren. Und wer wird nicht davon sprechen, wenn er die belastende Vergangenheit zugunsten einer neuen Lebensperspektive abstreifen kann?

Sie dienten ihnen mit ihrer Habe (vgl. Lk 8,3).

Kurz gesagt: die Frauen versorgen und finanzieren Jesus und die Jünger. Der Text lässt sich aber auch so übersetzen: Sie dienen ihnen mit ihren Möglichkeiten.

Und schon stehen die Frauen in einem anderen Licht da. Sie bringen ihre Begabungen und Fähigkeiten ein. Diese Übersetzung kommt der ursprünglichen Situation der Jesusbewegung näher, in der Frauen und Männer vor Jesus gleichberechtigt sind, sowohl bezogen auf das Leben am Rande der Armutsgrenze als auch bezogen auf die Solidarität miteinander.

Oder sind es doch drei betuchte Frauen?

Johanna ist die Frau eines leitenden Hofbeamten des Herodes. Maria Magdalena und Susanna sollen ebenfalls über Geld verfügen.
Wer Texte des Neuen Testaments liest, muss sich immer fragen, aus welcher Sicht der Verfasser schreibt. Lukas gehört offensichtlich zu einer Gemeinde, in der der Mittelstand den Ton angibt und in der Spannungen zwischen Wohlhabenden und Bedürftigen bestehen. Das zeigen viele Texte aus dem Evangelium und der Apostelgeschichte. Lukas träumt davon, dass die Gemeinde *ein Herz und eine Seele sein kann* (vgl. Apostelgeschichte) und dass ein Finanzausgleich zwischen Besitzenden und Bedürftigen erreichbar ist. Diesen Wunsch bringt er in sein Evangelium ein und sagt mit Vers 3: „Damals bei Jesus hat es auch geklappt. Die Menschen haben füreinander gesorgt. Warum geht das bei uns nicht? Nehmt euch ein Beispiel an den drei Frauen!“

Beachte!

Da beide Berufungstexte sich auf die wichtigsten Angaben beschränken, wird versucht, die Lehrererzählungen durch sicheres geschichtliches Informationsmaterial zu ergänzen. Das Zusammensein von Jüngerinnen und Jüngern wird in Lk 8,1 f. kommentarlos erwähnt. Die Begegnung zwischen Petrus und Maria Magdalena wurde in der Lehrererzählung (**M 6.9**) unter Zugrundelegung des Textes frei gestaltet.

6 Jesus sucht Mitarbeiterinnen und Mitarbeiter

Bausteine der Unterrichtsreihe

Baustein 1: Orientierung am See Genezareth

Unterrichtsmaterial:

- Landkarte (vergrößert auf ein DIN-A3-Blatt kopiert oder auf ein Betttuch übertragen) **M 6.1**
- Orts- und Bildkärtchen **M 6.2**

Unterrichtsschritte:

1. L *breitet* die *Landkarte aus* und erinnert die Kinder daran, dass sie, als sie über Abraham gesprochen haben, schon einmal mit einer Landkarte und Bildkärtchen gearbeitet haben (siehe *Bergedorfer® Grundschulpraxis: Religion – 1. Klasse,* Kap. 10: „Abraham und Sara“, S. 136 ff.). **M 6.1**
   Um die Berufungserzählungen sichtbar zu verorten, wird das gleiche Prinzip später in einer Wiederholungsphase angewendet. Die Orte Jerusalem und Bethlehem sind bereits bekannt (siehe ebd. Kap. „Menschen erfahren Ostern“, S. 108 ff. und „Weihnachten“, S. 54 ff.).

2. L *führt die Landkarte ein*, ruft die Vorkenntnisse über Jerusalem und Bethlehem ab und zeigt, wo diese beiden Städte und die Städte Kapernaum und Magdala liegen, damit die Kinder die Kärtchen mit den Ortsnamen an die richtigen Stellen der Landkarte legen.

3. Zur *Belebung der Landkarte* können Bildkärtchen eingeklebt werden. (Informationen zum Leben am See Genezareth finden Sie im *theologisch-didaktischen Kommentar.*) **M 6.2**

Baustein 2: Komm-mit-Aktion

Unterrichtsschritte:

1. L fordert die Kinder auf, mitzukommen, gibt aber keine Erklärung zu der anschließenden Aktion. Die Kinder folgen L in einem *Parcours über den Schulhof* oder durch das Schulgebäude, wobei sie jeweils die verschiedenen Bewegungen von L nachahmen: mit kleinen und großen Schritten gehen, Drehungen, Temposteigerung und Verlangsamung, plötzlicher Stillstand, Schlangenlinien, Hinsetzen, Entengang etc.

2. Im anschließenden *Gespräch* berichten die Kinder darüber, warum sie mitgegangen sind, was sie bei der Komm-mit-Aktion empfunden haben (Wie habe ich mich gefühlt? Was habe ich gedacht? Was fand ich gut/nicht gut?) und was L sich dabei gedacht haben könnte. Außerdem erläutern sie, warum sie L vertraut haben.
   L verrät noch nicht, welches Ziel mit der Aktion verfolgt wurde. Die Kinder sollen den Anknüpfungspunkt zum Thema in der Unterrichtseinheit selbst finden (siehe Baustein 3, Unterrichtsschritt 2).

Baustein 3: Fischer folgen Jesus

Unterrichtsmaterial:

- Folie von Material: „Am See Genezareth (1)“ als Folie und als in Einzelbilder zerschnittene Kopie für jedes Kind (S. 122) **M 6.3**
- Kopiervorlage: „Am See Genezareth (2)“ zum Aufkleben der Einzelbilder **M 6.4**
- Erzählelemente zu den Bildteilen 1–5 **M 6.5**
- Arbeitskarte: „Vortrag“ **M 6.6**
- Lied: „Folge mir, sagt Jesus“ (Musik-CD ⊙ Track 11/12) **M 6.7**
- Interaktionsübung: „Bewegung zu zweit“ **M 6.8**

Unterrichtsschritte:

1. Das *Bild vom See Genezareth* wird am OHP schrittweise aus den fünf Einzelteilen zusammengesetzt. Für die Bearbeitung der Bildteile 1–5 gibt es keine festgelegte Reihenfolge. Zu jedem Bildteil gehört ein Erzählvorschlag. **M 6.3 + 6.5**
   L zeigt einen Bildteil am OHP. Die anderen Bildteile bleiben abgedeckt. Die Kinder beschreiben den Bildteil. Dann erfolgt dazu die Lehrererzählung und anschließend ein gemeinsames Gespräch über das Gehörte. Schließlich verteilt L den bearbeiteten Bildteil, der auf die richtige Stelle des Arbeitsblattes geklebt wird. **M 6.4**
   So entsteht ein Gesamtbild vom See Genezareth.
   Bildteil 1: Kapernaum am See
   Bildteil 2: Petrus und Andreas
   Bildteil 3: Boot mit Schleppnetz
   Bildteil 4: Jakobus und Johannes
   Bildteil 5: Fallwinde
   Bildteil 6: *wird in Baustein 4 von den Kindern gestaltet*

   Differenzierung: Kommunizieren
   Die Kinder beschäftigen sich mithilfe der Arbeitskarte „Vortrag“ **M 6.6** in Gruppenarbeit mit den Bild- und Textteilen. Jede Gruppe bekommt die entsprechenden Teile aus **M 6.3** und **6.5**.
   Die Gruppen präsentieren das Erarbeitete der Lerngruppe in Form eines Vortrags. Parallel dazu werden von allen Kindern die Bildteile auf der richtigen Stelle des Arbeitsblattes **M 6.4** aufgeklebt.

   Hinweis:
   Bei Textteil 2 sollte L mit den Kindern ein Gespräch über den Begriff „Menschenfischer“ führen.

2. L erinnert die Kinder an die Komm-mit-Aktion und erarbeitet, warum diese Aktion durchgeführt wurde. Wird der *Begriff Vertrauen* im Auswertungsgespräch genannt, sollte er in jedem Fall aufgegriffen und unter der Fragestellung „Was bedeutet es, jemandem zu vertrauen“ näher beleuchtet werden.

3. *Lied:* „Folge mir, sagt Jesus" **M 6.7**
   Wenn die Kinder den Anknüpfungspunkt zwischen Komm-mit-Spiel und Lehrererzählung gefunden haben, werden die Strophen 1 und 2 des Liedes eingeführt. Erkennen sie den Zusammenhang nicht, gibt L einen Verstehensimpuls, der mit den Strophen 1 und 2 des Liedes vertieft wird.

4. Die Interaktionsübung *Bewegung zu zweit*, die an die Komm-mit-Aktion, die Berufungserzählungen und das Lied anknüpft, vertieft noch einmal durch die eigene Erfahrung, dass mitgehen ohne Vertrauen nicht möglich ist. **M 6.8**

5. *Auswertung*
   Die Kinder überlegen, warum diese Übung gemacht wurde. Sie vergleichen ihre Gefühle und ihr Verhalten als Führende und Geführte. Das geführte Kind kann weder Tempo noch Richtung bestimmen.
   Die Kinder überlegen, was die Erfahrung mit der Übung mit den Berufungserzählungen verbindet: Wie die Jünger sind sie einem anderen Menschen in der Gewissheit gefolgt, dass *ihr Vertrauen nicht missbraucht* wird.

Baustein 4: Drei Frauen folgen Jesus

Unterrichtsmaterial:

- Lehrererzählung: „Drei Frauen folgen Jesus" **M 6.9**
- Kopiervorlage: „Am See Genezareth (2)" **M 6.4**
- Lied: „Folge mir, sagt Jesus" (Musik-CD ⦿ Track 11/12) **M 6.7**
- Fragen für das Rollenspiel **M 6.10**
- evtl. Tücher für das Rollenspiel

Unterrichtsschritte:

1. *Lehrererzählung:* „Drei Frauen folgen Jesus" **M 6.9**

2. L unterbricht die Erzählung nach „... aber dann erzählte er (Petrus) alles ganz genau."
   Die Kinder *schlüpfen in die Rolle des Petrus* und beantworten Marias Fragen. Zu den letzten drei Fragen müssen sich die Kinder aufgrund fehlender Vorkenntnisse eigene Antworten überlegen.

Differenzierung: Handeln
Die Kinder spielen das Gespräch zwischen Maria aus Magdala und Petrus. Dazu legen sich die handelnden Personen Tücher um. Die Fragen können als Erinnerungshilfe an der Tafel hängen. **M 6.10**

3. Nach dem letzten Satz „Ganz anders als bei mir. Und doch haben wir etwas gemeinsam!" vergleichen die Kinder die *Berufungssituationen von Petrus und Maria:*
   - Beide wohnen am See Genezareth.
   - Petrus ist Fischer und verheiratet (vgl. Mk 1,30).
   - Von Marias Familiengeschichte ist nichts bekannt.
   - Petrus ist gesund und Maria ist krank.
   - Petrus wird gerufen, Maria findet durch die Heilung zu Jesus.
   - Gemeinsam ist beiden das Vertrauen zu Jesus.

4. Die Kinder *gestalten* den *Bildteil 6:* **M 6.4**
   die Frauen und die Fischer gehen mit Jesus.

5. Das Thema „Vertrauen" wird beim *Singen* aller Strophen des Liedes „Folge mir, sagt Jesus" noch einmal vertieft. **M 6.7**

Differenzierung: Gestalten
Die Kinder interpretieren und gestalten das Lied „Folge mir, sagt Jesus" als Rap.

Orts- und Bildkärtchen

M 6.2

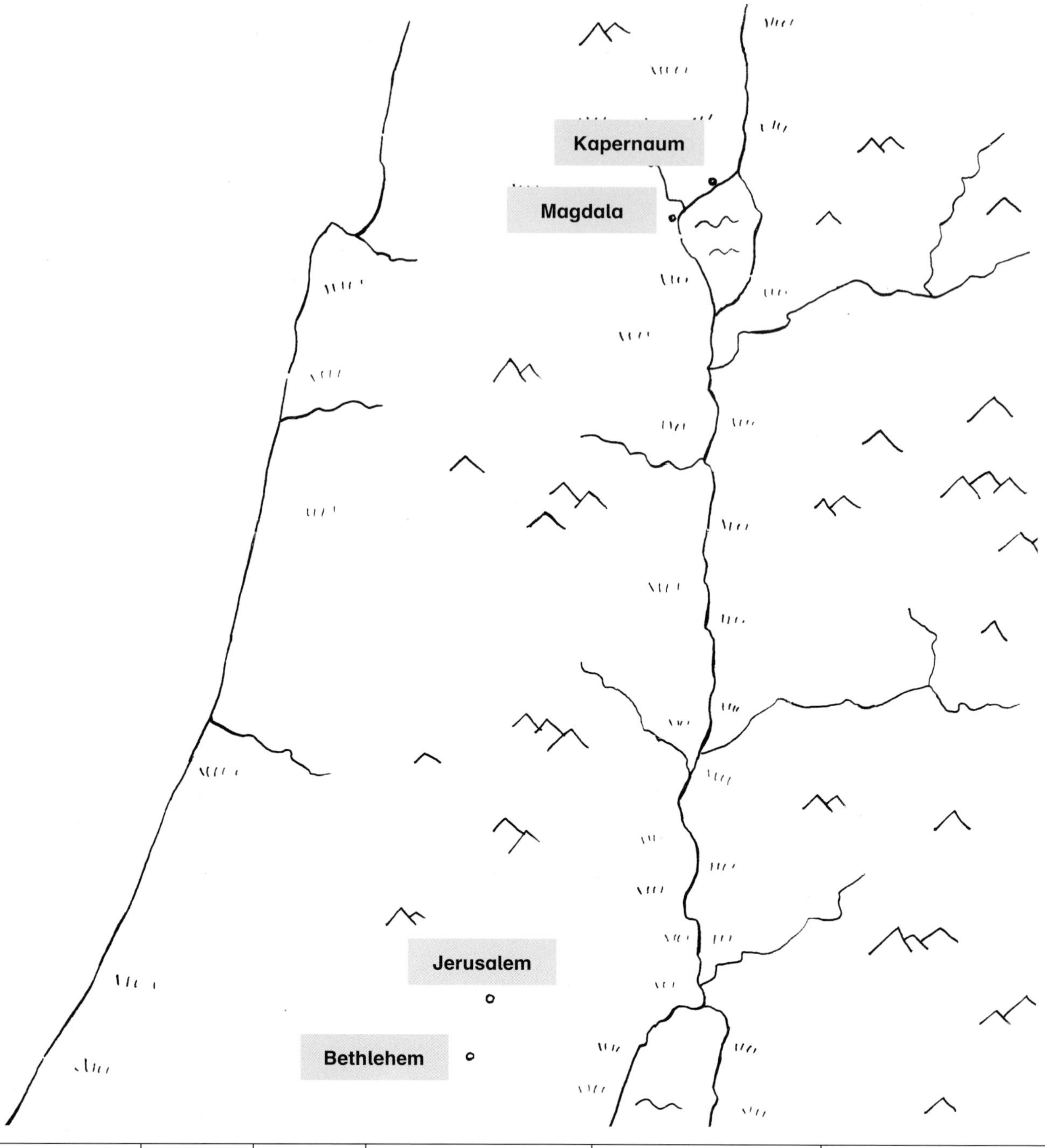

Lösung

Magdala	**Bethlehem**	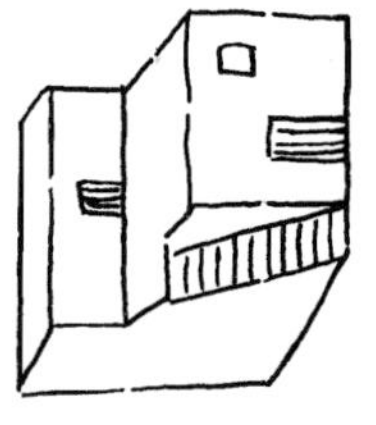		
Kapernaum	**Jerusalem**	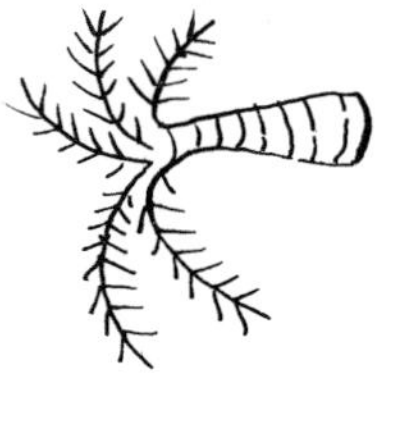		

Am See Genezareth (1)

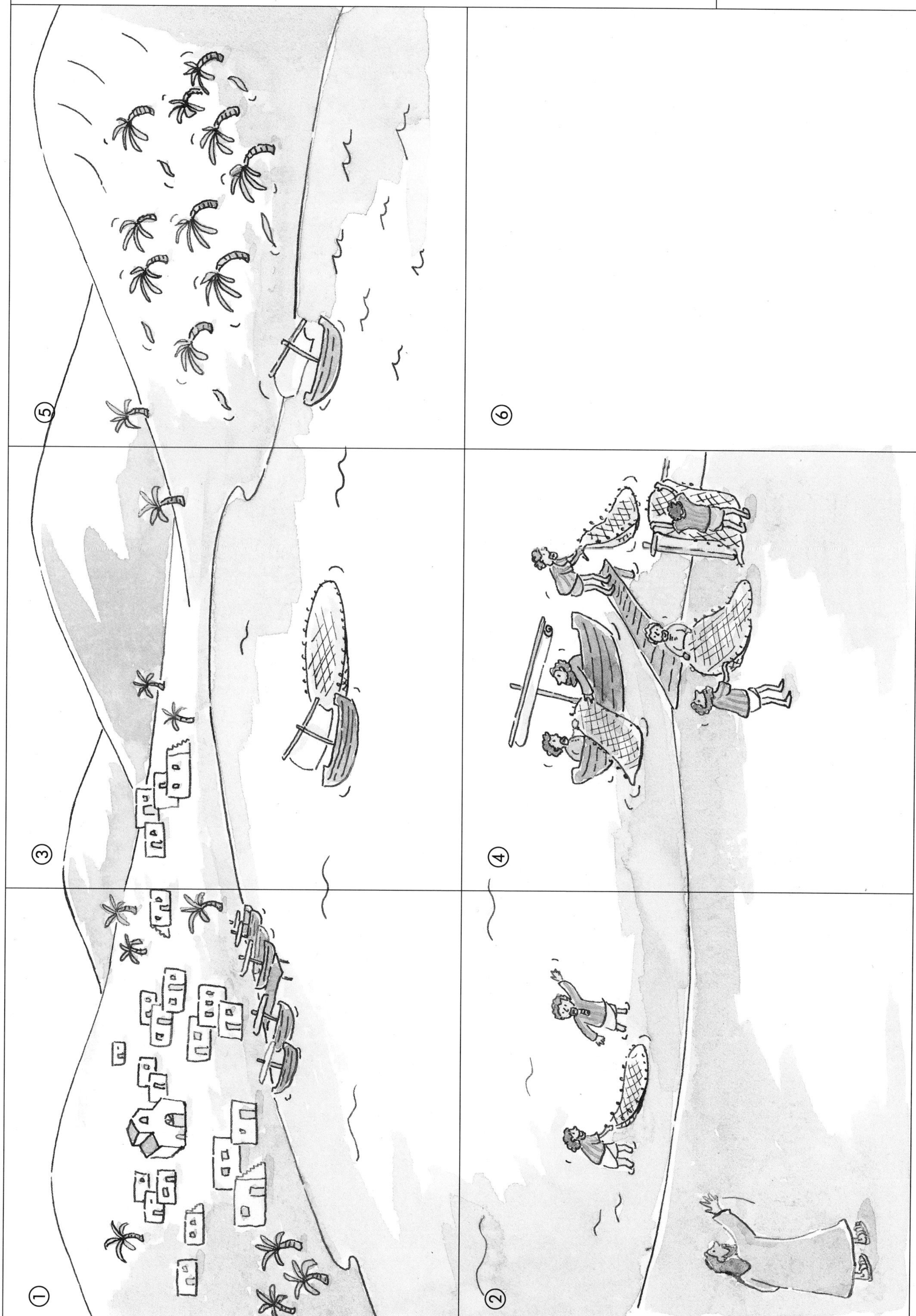

Am See Genezareth (2)

M 6.4

⑤

⑥

③

④

①

②

KOPIERVORLAGE

Bildteil 1: Kapernaum am See

Kapernaum ist eine kleine Stadt mit einem großen Hafen. Hier gibt es eine Synagoge, das Gotteshaus für die Juden. Eine Synagoge, das Gotteshaus für die Juden, gibt es hier.

Am Hafen steht eine Zollstation. Die Zöllner kontrollieren die Waren, die nach Kapernaum gebracht werden. Für manche Waren müssen die Händler Zoll bezahlen. Und sie schimpfen, wenn sie viel bezahlen müssen.

Seit kurzer Zeit lebt Jesus in Kapernaum.
Ein paar Leute kennt er schon. Manchmal geht er in die Synagoge.

Das Land am See ist wie ein großer Obstgarten. Gut schmecken die süßen Datteln und Feigen. Aus Oliven wird Öl gepresst. Der Saft der Granatäpfel ist erfrischend und gesund.

Auch die Fischer Petrus und Andreas wohnen in Kapernaum. Sie leben dicht beieinander in kleinen Häusern. Weil die Häuser so eng sind, kochen die Frauen draußen auf dem Hof.

Bildteil 2: Petrus und Andreas

Petrus und Andreas stehen im Wasser. Petrus schleudert sein Wurfnetz, das schnell auf den Boden sinkt. Er fischt im flachen Wasser. Mit dem Wurfnetz kann er nicht so viele Fische fangen.

Andreas dreht sich zum Ufer. Er sieht Jesus. Petrus zieht sein Netz aus dem Wasser. Jesus winkt ihnen zu kommen. Er sagt zu ihnen: „Kommt mit! Ich will euch zu Menschenfischern machen."

Menschenfischer? Petrus und Andreas schauen sich an. *Was meint Jesus damit?*

Erzählelemente zu den Bildteilen

M 6.5

Bildteil 3: Boot mit Schleppnetz

Wer Fisch mag, ist richtig am See Genezareth. Besonders beliebt sind die Seesardinen. Gesalzene Sardinen schmecken gut zu Fladenbrot.

Aber die Sardinen sind nicht so leicht zu fangen. Dazu brauchen die Fischer große Netze mit kleinen Maschen. In den kleinen Maschen bleiben auch viele Wasserpflanzen hängen. Nach jedem Fang werden die Netze ausgewaschen.

Netze können reißen. Damit beim nächsten Fang keine Fische durch die Löcher schlüpfen, werden sie ständig nachgesehen und geflickt.

An den Booten gibt es auch immer etwas zu tun.

Bildteil 4: Jakobus und Johannes

Jesus ist wieder einmal am See. Er sieht die Brüder Johannes und Jakobus.

Ihre Familie besitzt ein Boot. Darin sitzen die beiden und flicken die Netze. Die Löcher sind wirklich groß.

Ihr Vater und ein paar Helfer haben Netze ausgewaschen. Sie hängen sie gerade zum Trocknen auf.

Jesus ruft: „Johannes und Jakobus, folgt mir!“ Ihr Vater zuckt erschrocken zusammen.

Bildteil 5: Fallwinde

Es ist Morgen am See Genezareth. Das Wasser liegt ganz ruhig da. Die Sonne spiegelt sich darin. Kein Segel bewegt sich.

Mittags scheint die Sonne auf das Wasser. Die Segel hängen immer noch schlaff herunter.

Gegen Abend erhebt sich ein leichter Wind. Die Fischer, die fast ihr ganzes Leben auf dem See gearbeitet haben, kennen den Ostwind. Sie können die Gefahr regelrecht wittern.

Arbeitskarte „Vortrag“ | M 6.6

Texterarbeitung:

- Lest den Text aufmerksam durch (vielleicht auch laut vor).
- Klärt unbekannte Begriffe, z. B. mit der/dem Lehrer/in.
- Markiert die wichtigsten Stellen im Text.
- Gebt dem Textabschnitt eine Überschrift.
- Erzählt euch das Wichtigste aus dem Text.
  Macht euch auf Karten Notizen für den Vortrag.

Vortrag:

- Nennt der Lerngruppe eure Überschrift (Thema des Vortrags).
- Klärt vor Vortragsbeginn unbekannte Begriffe.
- Sprecht möglichst frei. Benutzt eure Notizen.
- Stellt euch aufrecht hin. Schaut eure Zuhörerinnen und Zuhörer an.
- Benutzt kurze, einfache Sätze. Sprecht langsam und deutlich.
  Macht Pausen.

Folge mir, sagt Jesus

M 6.7

Text: Micaela Röse
Melodie: Per Erik Styf

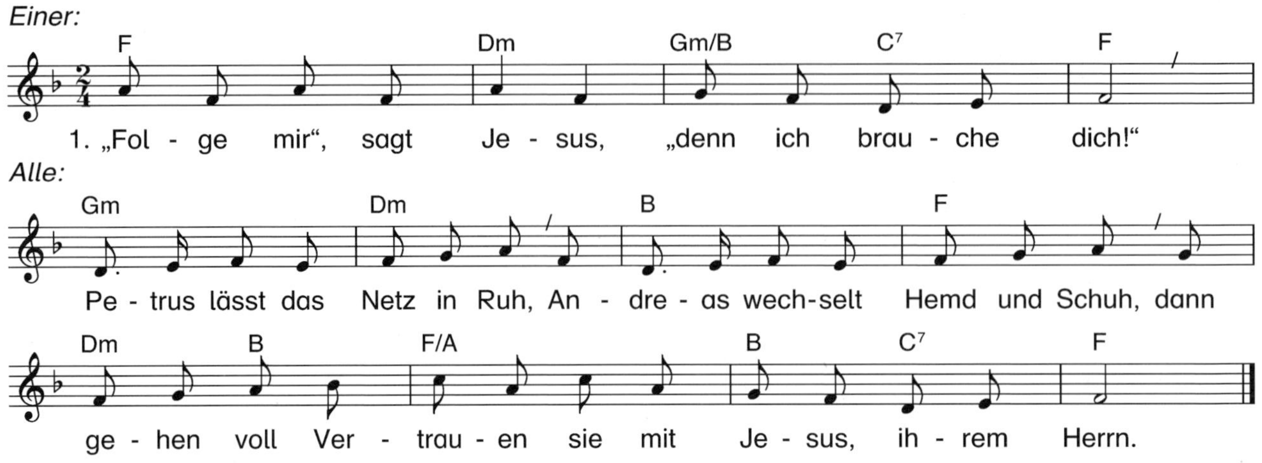

2. … Johannes macht am Ufer fest,
Jakobus auch das Boot verlässt …

3. … Auch die Frauen sind bereit,
zu teilen mit ihm Freud und Leid …

(Musik-CD ⦿ Track 11/12)

Bewegung zu zweit

M 6.8

Dauer: ca. 10 bis 20 Minuten

Übungsform: Interaktionsübung

Übungsverlauf:

1. Die Kinder finden sich zu Paaren zusammen.
2. Die Partner stellen sich jeweils Rücken an Rücken.
3. Dann strecken sie die Hände nach hinten und fassen die Hände des Partners.
4. Sie einigen sich darauf, wer A und wer B ist.
5. A bekommt die Anweisung, behutsam vorwärtszugehen. Das führende Kind muss bedenken, dass das geführte sich vorsichtiger bewegen muss, weil es nicht sehen kann, wohin der Weg führt. Außerdem müssen beide unbedingt darauf achten, die Hände des anderen nicht loszulassen.
6. Auf ein Zeichen übernimmt B die Führung.

KOPIERVORLAGE

Drei Frauen folgen Jesus (1) | M 6.9

Jesus ist mit den vier Fischern unterwegs. Andreas fragt ihn:
„Wo willst du hin?“
„Nach Magdala“, antwortet Jesus.
Andreas fragt nicht weiter. Es ist ja auch nicht mehr weit.
Den Turm von Magdala kann er schon sehen.

Oben sitzt ein Wächter. Er behält den See um Magdala herum ständig im Auge.

Oft kommen Fischer mit ihren Booten aus anderen Dörfern hierher.
Sie wollen den Fischern aus Magdala die Fische aus ihrem Teil des Sees wegfangen.

Petrus fragt: „Was machen wir in Magdala?“
„Die Frauen abholen“, antwortet Jesus.
Sollen die auch Menschen fischen?, fragt sich Petrus.
Ich dachte, das sei ein Männerberuf.

Am nächsten Tag geht es frühmorgens weiter.
Maria, Johanna und Susanna sind jetzt auch dabei.

Maria kommt aus Magdala.
Johanna trägt schöne Kleider.
Ihr Mann hat eine wichtige Stelle am Königshof in Jerusalem.
Nur von Susanna weiß Petrus nichts.

Während der Mittagshitze machen sie im Schatten eine Pause.
Petrus setzt sich neben Maria aus Magdala.
„Kennst du Jesus schon lange?“, fragt er sie.
„Hm“, antwortet sie und nickt, „aber erzähl du doch erst mal von dir.
Wo kommst du her?
Was hast du bis jetzt gemacht?
Woher kennst du die drei anderen Männer?
Wie hast du Jesus kennengelernt?
Was haben deine Kinder gesagt, als du ihnen erzählt hast, dass du mit Jesus weggehen willst?
War deine Frau sauer auf dich?
Gehst du auch mal wieder nach Hause?“

„Halt, halt, nicht so viele Fragen auf einmal!“, ruft Petrus, aber dann erzählt er alles ganz genau.

Die Kinder schlüpfen in die Rolle des Petrus und beantworten Marias Fragen.

Drei Frauen folgen Jesus (2)

Petrus beendet seinen Bericht: „Ich habe dir alle Fragen beantwortet. Jetzt bist du dran."

„Da gibt es nicht viel zu erzählen.
Als ich Jesus traf, ging es mir ziemlich schlecht."
„Was war los?", fragt Petrus.
„Ich war sehr krank."
„Davon sieht man aber nichts mehr.
Was hattest du denn?"
„Petrus, du bist ziemlich neugierig!
Für mich ist nur wichtig, dass alles vorbei ist."
„Und warum ziehst du mit Jesus mit, anstatt zu Hause zu bleiben?"
Maria lacht: „Ich bin glücklich, dass Jesus mich geheilt hat.
Und davon will ich den Menschen erzählen.
Ich will mit euch zusammenbleiben. Das ist jetzt mein Zuhause."

Petrus denkt: *Ganz anders als bei mir.*
Und doch haben wir etwas gemeinsam!

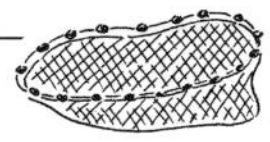

Fragen für das Rollenspiel

M 6.10

Wo kommst du her?

Was hast du bis jetzt gemacht?

Woher kennst du die drei anderen Männer?

Wie hast du Jesus kennengelernt?

Was haben deine Kinder gesagt, als du ihnen erzählt hast, dass du mit Jesus weggehen willst?

War deine Frau sauer auf dich?

Gehst du auch mal wieder nach Hause?

Thema: Der barmherzige Samariter (Lk 10,30-35)

Intention der Reihe

Die Kinder sollen die Erzählung vom barmherzigen Samariter kennenlernen, in ihrer Aktualität wahrnehmen und als Auftrag für ihr eigenes soziales Handeln verstehen.

4 Std.

Kompetenzerwartung: Die Schülerinnen und Schüler benennen als Kernaussage biblischer Erzählungen, dass Jesus unterschiedslos auf Menschen zugegangen ist. Sie deuten das Gebot der Nächstenliebe und bringen es im Alltag durch ihr Handeln zum Ausdruck.

Theologisch-didaktischer Kommentar

Text (Lk 10,30-35):

> [30] *Da antwortete Jesus und sprach: Es war ein Mensch, der ging von Jerusalem hinab nach Jericho und fiel unter die Räuber; die zogen ihn aus und schlugen ihn und machten sich davon und ließen ihn halb tot liegen.* [31] *Es traf sich aber, dass ein Priester dieselbe Straße hinabzog; und als er ihn sah, ging er vorüber.* [32] *Desgleichen auch ein Levit: Als er zu der Stelle kam und ihn sah, ging er vorüber.* [33] *Ein Samariter aber, der auf der Reise war, kam dahin; und als er ihn sah, jammerte er ihn;* [34] *und er ging zu ihm, goss Öl und Wein auf seine Wunden und verband sie ihm, hob ihn auf sein Tier und brachte ihn in eine Herberge und pflegte ihn.* [35] *Am nächsten Tag zog er zwei Silbergroschen heraus, gab sie dem Wirt und sprach: Pflege ihn; und wenn du mehr ausgibst, will ich dir's bezahlen, wenn ich wiederkomme.*

Die Parabel gliedert sich grob in drei Erzählsequenzen: Überfall, Begegnungen und Hilfshandeln.
Zu Anfang wird die Erzählung geografisch genau lokalisiert. Die Straße von Jerusalem nach Jericho mit den ihr eigenen Gefahren war bis Anfang des 20. Jahrhunderts geradezu berüchtigt. Jerusalem liegt etwa 750 Meter über und Jericho in der Jordansenke etwa 400 Meter unter dem Meeresspiegel. Auf einer Länge von ca. 27 Kilometern sind also ungefähr 1150 Höhenmeter zu bewältigen. Der Weg windet sich unübersichtlich durch schroffes, felsiges Gelände, das Wegelagerern Unterschlupf und Deckung bieten kann. Überfälle waren wohl an der Tagesordnung.
Die Schilderung des Überfalls erfolgt in einem äußerst knappen Verbalstil. Alles geht blitzschnell. Am Ende der Einleitung liegt der Überfallene da: nackt, verletzt, hilflos – halbtot, wie es im Text wörtlich heißt.

Im nächsten Abschnitt treten zunächst ein Priester, dann ein Levit auf. Zwei Vertreter des Kultpersonals am Jerusalemer Tempel. Priester besaßen exklusive Rechte und Verpflichtungen, um bestimmte kultische und rituelle Handlungen zu vollziehen. Ein Levit ist ein in der Hierarchie weiter unten stehender Kultdiener, dem geringere Hilfsdienste im Tempel zugewiesen waren. Vermutlich sind beide nach der Verrichtung ihres Tempeldienstes auf dem Weg nach Hause. In Jericho lebten damals viele Kultdiener mit ihren Familien.

Sie sehen den Verletzten, leisten aber keine Hilfe. Vielleicht erkennen sie aufgrund der strengen Reinheitsvorschriften (siehe z. B. 4. Mose 19,11: „Wer irgendeinen toten Menschen anrührt, der wird sieben Tage unrein sein.") keine Möglichkeit, dem vermeintlich Toten Hilfe zu leisten. Die beiden frommen Juden sind möglicherweise in einem Gewissenskonflikt. Doch die Erzählung gibt uns über die Gründe keine Auskunft. Aber dann wartet die Erzählung mit einer überraschenden Wendung auf. Ausgerechnet ein Samariter erbarmt sich des Verletzten und hilft.

Zur Zeit Jesu war das Verhältnis zwischen Samaritern (Bewohner des mittelpalästinischen Berglandes um die Stadt Samaria) und Juden äußerst gespannt. Die Samariter bildeten eine eigene Kultgemeinschaft, die auch monotheistisch ausgerichtet war, Gott Jahwe verehrte und die Tora beachtete. Anders als bei den Juden bildete nicht der Tempel von Jerusalem, sondern ein Heiligtum auf dem Berg Garizim das Zentrum ihres Kultes. Für Juden galten Samariter daher als Ketzer und das Wort Samariter wurde geradezu als Schimpfwort gebraucht.

Die Schilderungen der Begegnungen folgen einem streng parallelen Aufbau: Die Passanten kommen, sehen den Verletzten und gehen weg. Erst mit der dritten Begegnung, mit dem Samariter, wird die parallele Struktur durchbrochen: Der Samariter wird vom Anblick des Verletzten innerlich berührt. Der griechische Urtext formuliert dies besonders plastisch mit dem Ausdruck „an die Eingeweide rühren". Diese Anteilnahme, dieses fast schon körperliche Mit-Leiden des Reisenden aus Samarien bildet den entscheidenden Wendepunkt in der Erzählung. (Ruben Zimmermann (Hrsg.): Kompendium der Gleichnisse Jesu, Gütersloh, 2007, S. 549.)

Es folgt eine detaillierte Schilderung der Hilfsmaßnahmen: Der Samariter desinfiziert und behandelt die Verletzungen, verbindet die Wunden und hebt den Verletzten schließlich auf sein Reittier. Aber mit dieser „Ersten Hilfe" am Ort des Geschehens belässt es der Samariter nicht. Er übergibt den Verletzten in die Obhut eines Wirtes, der ihn in seiner Herberge weiter pflegen soll. Der Samariter leistet eine Vorauszahlung für den Pflegeaufwand und verspricht, für weitere Kosten aufzukommen. Damit bekommt die Hilfe an dem Verletzten zum einen einen besonders nachhaltigen Charakter. Sie geht weit über das hinaus, was man erwarten würde. Zum anderen delegiert der Samariter die weiteren Hilfeleistung nun an andere. Er setzt seine Reise fort, geht seinen Geschäften nach. Helfen bedeutet keinesfalls Selbstaufgabe.

Die Parabel steht im Lukasevangelium im Kontext eines (Streit-)Gesprächs zwischen einem jüdischen Gesetzeslehrer und Jesus. Dieser Rahmen ist für die Deutung der Erzählung von außerordentlicher Bedeutung:

Text (Lk 10,25-29):

*[25] Und siehe, da stand ein Schriftgelehrter auf, versuchte
ihn und sprach: Meister, was muss ich tun, dass ich das
ewige Leben ererbe? [26] Er aber sprach zu ihm: Was steht
im Gesetz geschrieben? Was liest du? [27] Er antwortete
und sprach: „Du sollst den Herrn, deinen Gott, lieben von
ganzem Herzen, von ganzer Seele, von allen Kräften und
von ganzem Gemüt, und deinen Nächsten wie dich selbst“
(5. Mose 6,5; 3. Mose 19,18). [28] Er aber sprach zu ihm:
Du hast recht geantwortet; tu das, so wirst du leben.*
*[29] Er aber wollte sich selbst rechtfertigen und sprach zu
Jesus: Wer ist denn mein Nächster?*

Ein Schriftgelehrter, der nicht näher vorgestellt wird, stellt Jesus mit einer besonders kniffligen Frage auf die Probe. Vielleicht möchte er herausfinden, ob Jesus den Ehrentitel Rabbi *(Ehrenvolle Anrede der jüdischen Schriftgelehrten. Sie bildeten zur damaligen Zeit einen hoch angesehenen Berufsstand, der ihnen nach einem aufwändigen Studium eine herausragende gesellschaftliche Stellung bot. Sie konnten sowohl lehrende als auch richterliche Tätigkeiten ausüben. Obwohl Jesus kein ausgebildeter Schriftgelehrter war, hat man ihn nach dem Zeugnis des NT auch mit Rabbi angesprochen.)* („mein Lehrer“, „Meister“) zu Recht trägt. Jesus beantwortet die Frage mit einer doppelten Gegenfrage (Vers 26). In seiner Antwort verbindet der Schriftgelehrte zwei ursprünglich einmal voneinander getrennte Gesetze miteinander: das Gebot der Gottesliebe (5. Mose 6,5) und das Gebot der Nächstenliebe (3. Mose 19,18). Durch die kontextuelle Einbettung der Parabel in den Diskurs mit dem Gesetzeslehrer vollzieht Lk eine Übertragung vom Barmherzigkeitshandeln auf die Liebe im zwischenmenschlichen Kontext: helfen = lieben, helfen = Barmherzigkeit.

Jesus bestätigt die Antwort des Schriftgelehrten und fordert ihn auf, die zuvor genannten Gebote zu beachten. Aber dieser lässt nicht locker. Fühlt er sich in die Enge getrieben oder tappt er in die Falle menschlicher Maßstäbe? Er will es genau wissen. Er will Regeln, die er befolgen kann – nach dem Motto: „Wenn du das und das tust, dann bist du Gott recht" – So stellt er sich das vor. Und da macht Jesus nicht mit. Auf die Frage „Wer ist denn mein Nächster?" antwortet Jesus übergangslos mit der Parabel.

Jesus nutzt sie ganz im Sinne der antiken Rhetorik in argumentativer Funktion (parabolisches Exemplum).

Mit Vers 36 kehrt der Text zum Erzählrahmen zurück:

Text (Lk 10, 36.37)

*[36] Wer von diesen dreien, meinst du, ist der Nächste gewe-
sen dem, der unter die Räuber gefallen war? [37] Er sprach:
Der die Barmherzigkeit an ihm tat. Da sprach Jesus zu
ihm: So geh hin und tu desgleichen!*

Überraschend und auffällig ist hierbei, dass die Frage „Wer ist denn mein Nächster?“ (Vers 29), die Anlass für das Beispiel war, von Jesus umformuliert wird: „Wer von diesen dreien, meinst du, ist der Nächste gewesen dem, der unter die Räuber gefallen war?“ (Vers 36).

Die Frage nach dem „Nächsten“ erschließt sich nicht über eine Definition des Begriffs „Nächster“ als Adressat oder Objekt meiner Liebesbemühungen, sondern indem ich selbst durch mein Mit-Leiden zum Nächsten werde. Der Text will so zu einem Perspektivenwechsel anleiten: weg von der Frage nach dem Hilfsadressaten zum Appell, bedingungslos Subjekt des Helfens zu werden in: Ruben Zimmermann (Hrsg.): Kompendium der Gleichnisse Jesu, Gütersloh, 2007, S. 549). So wird der Schriftgelehrte sich das sicher nicht vorgestellt haben. Jesu Anspruch ist tatsächlich viel einfacher und doch viel schwerer, als er es erwartet hat.

Der Verletzte wird zu Beginn der Erzählung lediglich als „Mensch“ eingeführt. Seine Zugehörigkeit zu einer Glaubens- oder Volksgemeinschaft wird nicht näher ausgeführt. Schließlich nehmen die Räuber ihm alles, was er hat, sogar seine Kleidung. Es gibt nichts mehr, woran man seine religiöse oder soziale Zugehörigkeit festmachen könnte. Damit wird der potenzielle Hilfsadressat zur universalen Projektionsfläche. Dies gilt für das Hilfssubjekt in der Erzählung nicht. Der Samariter ist keinesfalls neutral, sondern in seiner Volkszugehörigkeit gebunden und religiös verwurzelt. Die Parabel bejaht die Parteilichkeit des Helfers in seiner sozio-kulturellen Gebundenheit, die der Vorbehaltlosigkeit seines Hilfshandelns nicht im Weg steht.

Mit der oben genannten Variation der Eingangsfrage kann die Handlungsaufforderung der Erzählung etwa in folgendem Sinne verstanden werden: „Ich kann dir nicht sagen, was du tun musst. Ich weiß ja nicht, was dir begegnet. „Ich kann dir nur sagen, wie du sein musst: achtsam und voller Liebe.“ (Martina Steinkühler: „Mit dem Herzen sehen – Das Doppelgebot der Liebe“ in: Loccumer Pelikan 1/2013, S.17-21)

Die Frage des Schriftgelehrten „Wer ist denn mein Nächster (den ich lieben soll)?“ wird von Kindern eher im Sinne von „Wer ist mein Freund? Wer verdient meine Hilfe?“ gestellt.

Mit dem Angewiesensein auf Hilfe und der Opferperspektive haben die Kinder womöglich bereits Erfahrungen gemacht. Vielleicht sind sie in dieser Hinsicht auch schon von vermeintlichen Freunden enttäuscht oder von unerwarteter Unterstützung überrascht worden. Im Hinblick auf die Intentionen der Unterrichtsreihe sollen sich die Kinder zum einen in die Rolle des Opfers einfühlen, also die Erzählung aus der Opferperspektive wahrnehmen und mitleiden. Zum anderen sollen sie die Vorbehaltlosigkeit christlicher Nächstenliebe auf ihre Lebenswirklichkeit übertragen können, die die oben genannten Fragen ad absurdum führt. Es stellt sich nicht die Frage nach der Nähe zum potenziellen Hilfsempfänger, sondern es gilt der Handlungsappell: Hilf nach deinen Möglichkeiten, ganz unabhängig von der Person des Hilfsbedürftigen.

In dieser Unterrichtseinheit besteht die Möglichkeit, das Thema „St. Martin“ in einem 4. Baustein anzuschließen.

St. Martin/Martin von Tours (316/17 – 397)

Der römische Kaiser Konstantin I. hatte befohlen, dass alle Söhne von Berufssoldaten in der römischen Armee dienen mussten. Das kam dem Vater von Martin sehr gelegen, denn er hatte für seinen Sohn eine Karriere bei einer Kavallerieeinheit in Gallien geplant. So wurde 331 n. Chr. auch Martin im Alter von 15 Jahren ein Soldat. Er war ein bescheidener und gütiger junger Mann. Obwohl er nicht getauft war, lebte und handelte er wie ein Christ. Seine Kameraden schätzten ihn wegen seiner Geduld und Nächstenliebe.

Da Martin früh mit dem Christentum in Berührung gekommen war, quittierte er nach einigen Jahren den Dienst, weil sich für ihn christlicher Glaube und Militärdienst nicht vereinen ließen. Die Legende von der Mantelteilung passt gut zu dieser Einstellung, weil er sich mit der Teilung der paenula, dem aus Loden hergestellten Militärmantel, am Eigentum der römischen Armee vergriffen hatte. Martin lebte eine Zeit lang als Einsiedler. 371/372 wurde er gegen seinen Willen zum Bischof von Tours an der Loire gewählt. Er starb am 8. November 397 und wurde am 11. November beerdigt. Eigentlich könnte man am 11. November auch an Martin Luthers Namens- und Tauftag erinnern. Die Martinsumzüge entstanden im 19. Jahrhundert.

Bausteine der Unterrichtsreihe

Baustein 1: Wer ist mein/e Nächste/r?

Unterrichtsmaterial:

- Schild „Nächste/r“
- Arbeitsblatt: „Wer ist mein/e Nächste/r?“ **M 7.1**

Unterrichtsschritte:

1. L heftet ein Schild mit der Aufschrift „Nächste/r“ an die Tafel. Die Kinder sammeln ihre Ideen in einer Gedankensonne.

2. L entwickelt mit den Kindern die Leitfrage der Unterrichtsreihe: „Wer ist mein/e Nächste/r?“ Die Kinder setzen sich mittels der Think-Pair-Share-Methode mit dieser Frage auseinander.

   Think: Dies geschieht in Einzelarbeit mithilfe eines Arbeitsblattes. **M 7.1** Die Kinder beschriften die zentrale Figur mit ihrem Namen. Dann versehen sie die übrigen Kegelfiguren anhand der Leitfrage mit Namen. Die Kinder schneiden die Kegelfiguren auseinander und kleben sie um die „Ich-Figur“.

   Pair: Die Kinder tauschen sich in Partnerarbeit über ihre Ergebnisse aus und stellen Gemeinsamkeiten und/oder Unterschiede fest.

   Share: Im Unterrichtsgespräch findet ein Austausch über diese Ergebnisse statt.

   Achtung: Dieses Arbeitsblatt wird am Ende der Unterrichtseinheit zur Reflexion benötigt.

Differenzierung: Darstellen und Deuten
Die Kinder kleben die Kegelfiguren so auf, dass durch die Entfernung zur „Ich-Figur“ die Nähe oder Distanz zu den jeweiligen Personen deutlich wird.

Baustein 2: Das Gleichnis vom barmherzigen Samariter (Lk 10,30-35)

Unterrichtsmaterial:

- Folie von Material: „Jesus im Kreis seiner Zuhörerinnen und Zuhörer“ (S. 123) **M 7.2**
- Schild „Wer ist mein/e Nächste/r?“
- Erzähltext: „Der barmherzige Samariter“ **M 7.3**
- Piktogramme (laminiert) **M 7.5**
- Arbeitsblatt: „Textabschnitte für zwei Kinder“ **M 7.4 und 7.4.1**
- Arbeitsblatt: „Tabelle Piktogramme“ **M 7.5**
- Scheren, Kleber und Buntstifte

Unterrichtsschritte:

1. Die Leitfrage „Wer ist mein Nächster“ hängt an der Tafel. L weist darauf hin, dass diese Frage auch Jesus einmal gestellt worden ist.

2. L legt die Folie „Jesus im Kreis seiner Zuhörerinnen und Zuhörer“ **M 7.2** auf den OHP.

   Mithilfe der Darstellung erinnern sich die Kinder daran, dass Jesus mit seinen Jüngerinnen und Jüngern (Freundinnen und Freunden) von Ort zu Ort zog und den Menschen Geschichten von Gott erzählte.

3. L leitet die Erzählung ein:
   Manchmal stellten die Menschen Jesus auch Fragen oder stritten mit ihm. Wenn sie Jesus besonders schwierige Fragen stellten, dann antwortete er oft nicht nur mit einem Satz, sondern mit einer Geschichte. So auch, als ihn ein Schriftgelehrter fragte: „Wer ist denn mein Nächster?“ , Denn er kannte das Gebot „Du sollst Gott lieben und deinen Nächsten, wie dich selbst.“

   Erzählung vom barmherzigen Samariter **M 7.3**
   L klärt evtl. Fragen zum Text und die Begriffe Priester, Tempeldiener, Samariter und Herberge.

4. L leitet die Erarbeitung ein:
   Wir müssen die biblische Geschichte genauer untersuchen, um herauszufinden, welche Antwort Jesus den Menschen auf die Frage „Wer ist mein Nächster?“ gibt. Eine Hilfe dabei sind folgende Piktogramme.

   L führt die Piktogramme **M 7.5** ein, mit denen das Handeln der Personen in der Geschichte betrachtet werden soll:

   - **Auge: sehen, nicht sehen**
   - **Hand: etwas tun oder nicht tun**
   - **Herz: fühlen, nicht fühlen**

L heftet die Piktogramme nacheinander an die Tafel und bespricht die Bedeutung mit den Kindern.

5. Die Kinder arbeiten in Gruppen am Text. **M 7.4**
   Sie lesen sich den Text vor. Sie überlegen, welche Piktogramme bei den Personen eingesetzt werden können. Sie halten die Ergebnisse in der Tabelle auf dem Arbeitsblatt **M 7.5** fest.

   Differenzierung: Verstehen
   Die Kinder bearbeiten die Textabschnitte auf einer sprachlich einfacheren Niveaustufe. **M 7.4.1**

6. Die Kinder präsentieren ihre Ergebnisse. Sie begründen die Kreuzwahl auf dem Arbeitsblatt mit den entsprechenden Textstellen.
   Wahrscheinliche Ergebnisse:
   Priester: Auge
   Tempeldiener: Auge
   Samariter: Auge/Herz/Hand

7. Im folgenden Gespräch arbeiten die Kinder zu folgendem Gesichtspunkt:
   Jesus befragt die Leute in der Geschichte. Was glaubst du, nachdem du die Geschichte gehört hast, wie die Antwort auf die Frage „Wer ist mein Nächster" lautet?
   - *Der Verletzte ist dem barmherzigen Samariter zum Nächsten geworden, weil er dessen Herz berührt hat.*
   - *Aus der Sicht des Verletzten „Wer ist ihm zum Nächsten geworden?"*

   Der Verletzte antwortet: Der, der mich gesehen und gehandelt hat.

   Differenzierung: Gestalten
   Zur Festigung des biblischen Textes malen die Kinder Gesichter der handelnden Personen aus der biblischen Geschichte auf Butterbrottüten. Sie stülpen die Tüten über Fliegenklatschen und spielen die Geschichte mit ihren Worten nach. Dabei wird noch einmal bewusst die Frage nach dem Nächsten beantwortet.

Baustein 3: Und heute?

Unterrichtsmaterial:

- Folie von Material: „Jesus als Lehrer in einem Kreis von zuhörenden Schulkindern" (S. 123) **M 7.6**
- Lied: „Gib uns Ohren, die hören" (Musik-CD ⊙ Track 13/14) **M 7.7**

Unterrichtsschritte:

1. L legt die Folie „Jesus als Lehrer in einem Kreis von zuhörenden Schulkindern" als stummen Impuls so auf den OHP. **M 7.6**
   Die Kinder äußern sich spontan.
   Verbalimpuls:
   Stellt euch vor, Jesus würde uns heute diese Geschichte erzählen. Wer ist unser Nächster?

   Die Kinder äußern sich: Menschen, die unsere Hilfe brauchen … Verletzte/r auf dem Schulhof, Flüchtlinge …

8. Die Kinder reflektieren und erweitern die Arbeitsblätter vom Anfang (Baustein 1). **M 7.1**

9. Lied: „Gib uns Ohren" **M 7.7**
   Die Kinder bedenken den Satz „Gott, gib uns Mut, unsere Wege zu gehn". Welche Wege könnten das sein?

Baustein 4: St. Martin

Unterrichtsmaterial:

- Bilder von St. Martin (S. 124) **M 7.8**
- Geschichte von St. Martin **M 7.9**
- Arbeitsblatt: „St. Martin Tabelle" **M 7.10**
- Beispiel für L **M 7.10.1**
- Lied: „Ein bisschen so wie Martin" (Musik-CD ⊙ Track 15/16) **M 7.11**

Unterrichtsschritte:

1. Die Kinder betrachten die Kinderbilder von St. Martin **M 7.8**, wie er den Mantel teilt. Sie erzählen zu den Bildern und aktivieren so ihr Vorwissen.

2. L oder ein Kind, das die Geschichte kennt, erzählt die Geschichte von St. Martin. **M 7.9**

3. Die Kinder spielen die Geschichte im Rollenspiel nach.

   Differenzierung: Gestalten
   Mit entsprechenden Materialien entwickeln die Kinder ein Tischtheater zur Geschichte.

4. Die Kinder bearbeiten das Arbeitsblatt **M 7.10**, indem sie sich an das Arbeitsblatt **M 7.5** erinnern. Sie tragen die ihnen bekannten Piktogramme und die handelnden Personen selbstständig ein. Der Inhalt der Geschichte **M 7.9** macht es möglich, noch ein Ohr als Piktogramm zu ergänzen (**M 7.10.1**).

5. Die Kinder benennen im Gespräch Parallelen und Unterschiede zur biblischen Geschichte.

6. Zur Vertiefung singen die Kinder das Lied „Ein bisschen so wie Martin" **M 7.11** und ergänzen es durch eigene Strophen.

   Differenzierung: Verstehen
   Die Kinder forschen im Internet zu St. Martin (z. B. Brauchtum).

Wer ist meine Nächste/mein Nächster?

M 7.1

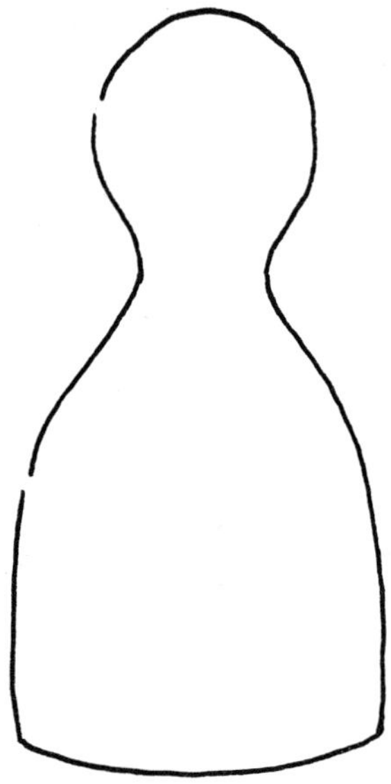

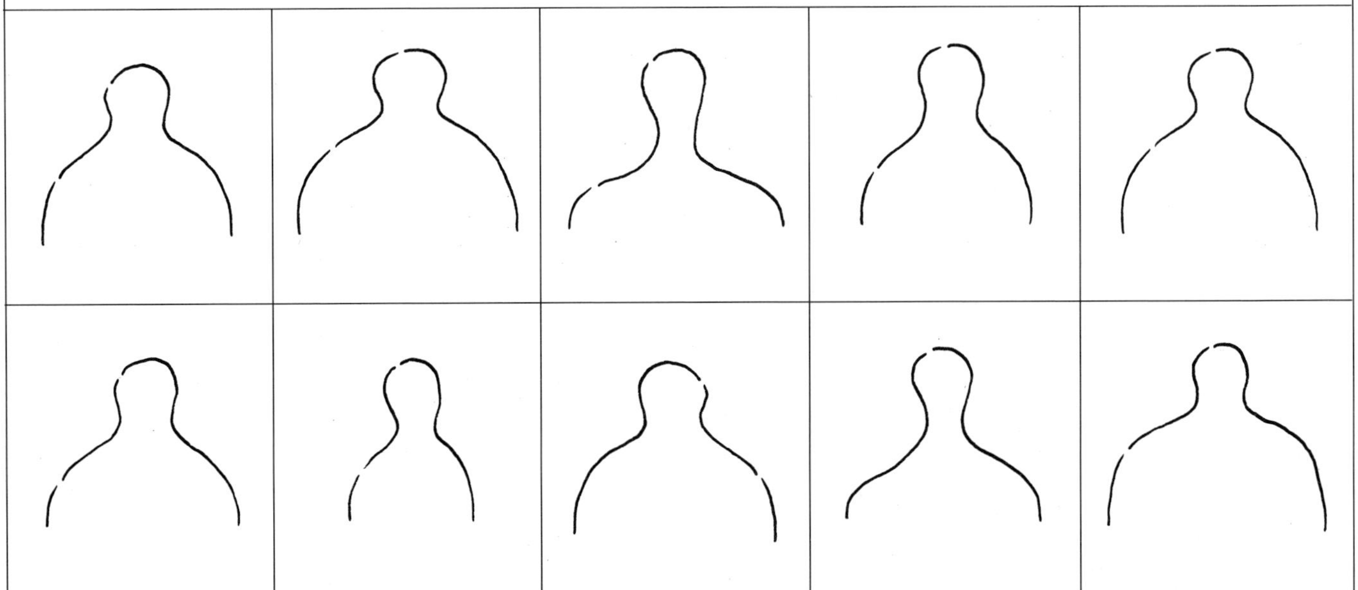

KOPIERVORLAGE

Der barmherzige Samariter

M 7.3

„Ein Mensch ging von Jerusalem nach Jericho hinunter.
Er wurde von Räubern überfallen.
Sie zogen ihn aus, schlugen ihn, machten sich davon und ließen ihn halb tot liegen.

Bald darauf kam ein Priester auf demselben Weg vorbei.
Er sah den Menschen und ging weiter.

Genauso verhielt sich ein Tempeldiener.
Er sah den Verletzten und ging weiter.

Schließlich kam ein Samariter vorbei.

Als er den Verletzten sah, hatte er Mitleid mit ihm.
Er behandelte seine Wunden.
Dann hob er ihn auf sein Reittier und brachte ihn in die nächste Herberge.
Dort pflegte er ihn.
Am nächsten Tag gab er dem Wirt Geld und bat ihn: ‚Kümmere dich um den Verletzten! Sollte das Geld nicht reichen, werde ich dir den Rest auf meiner Rückreise bezahlen!'"

Nachdem Jesus die Geschichte erzählt hatte, wandte er sich an den Schriftgelehrten, der ihn gefragt hatte: „Was meinst du? Welcher von den Dreien ist dem Verletzten der Nächste gewesen?"

Der barmherzige Samariter — M 7.4

① Ein Mann geht von der Stadt Jerusalem nach Jericho. Es ist ein einsamer Weg. Das ist nicht ungefährlich.	② Er wird von Räubern überfallen. Sie nehmen ihm alles, was er hat. Sie schlagen ihn nieder und lassen ihn verletzt liegen.
③ Ein Priester kommt vorbei. Er sieht den verletzten Mann, aber er geht einfach weiter.	④ Da kommt ein Tempeldiener vorbei. Auch er sieht den Verletzten und geht einfach weiter, ohne sich um ihn zu kümmern.
⑤ Schließlich kommt ein Samariter. Er hat Mitleid mit dem verletzten Mann.	⑥ Er versorgt die Wunden des Mannes und bringt ihn zu einer Herberge. Dem Wirt gibt er Geld, damit er sich um den verletzten Mann kümmert.

Der barmherzige Samariter — M 7.4.1

① Ein Mann geht allein auf der Straße. Der Weg ist einsam.	② Der Mann wird von Räubern überfallen. Sie schlagen ihn. Er bleibt verletzt liegen.
③ Ein Priester kommt vorbei. Er hilft dem Verletzten nicht. Er geht weiter.	④ Ein Tempeldiener kommt vorbei. Er hilft dem Verletzten nicht. Er geht weiter.
⑤ Ein Samariter kommt vorbei. Er bleibt stehen. Er hat Mitleid.	⑥ Er hilft dem Verletzten. Er verbindet seine Wunden. Er bringt ihn zu einer Herberge. Er gibt dem Wirt Geld. Der Wirt kümmert sich um den Verletzten.

Tabelle Piktogramme

M 7.5

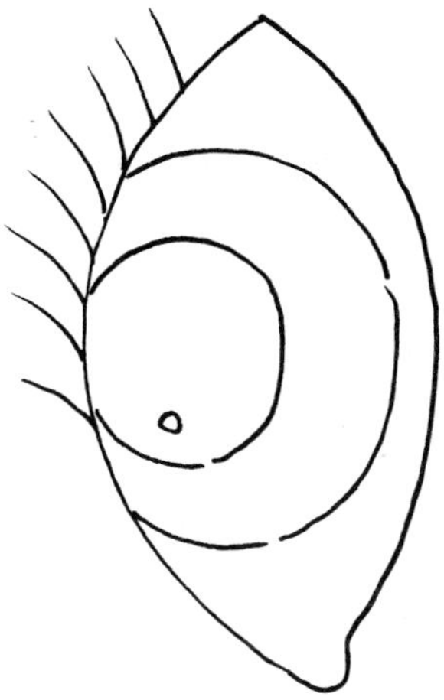

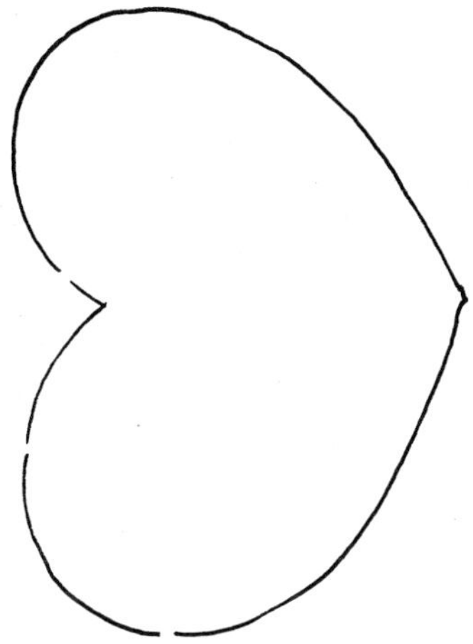

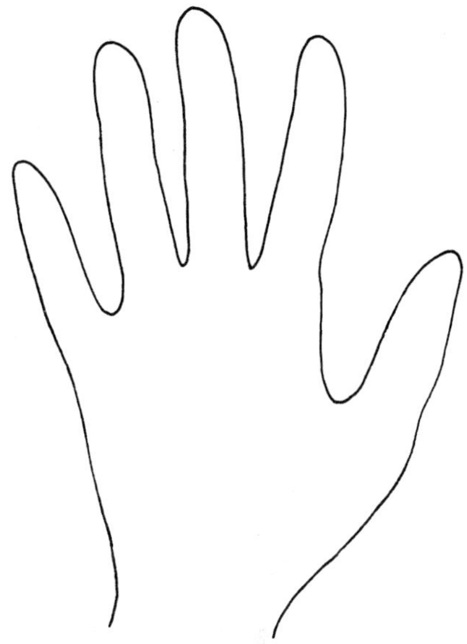

Name: ______________________________

Priester			
Tempeldiener			
Samariter			

Gib uns Ohren, die hören

M 7.7

Text und Kanon für 3 Stimmen: © Berndt Schlaudt

(Musik-CD ⊙ Track 13/14)

Gott gib uns Mut …

___

___

___

___

___

___

KOPIERVORLAGE

Geschichte von St. Martin — M 7.9

Martin war Soldat.

Einmal ritt er auf seinem Pferd durch die Stadt.

Es war sehr kalt.

Martin hatte einen warmen Mantel an. Der Mantel schützte ihn vor der Kälte.

Am Stadttor saß ein armer Mann. Er hatte kaum Kleidung an. Er fror sehr.

Der Mann bat die Menschen um Hilfe. Sie sahen ihn, aber gingen vorbei.

Er sprach die Menschen an. Sie hörten ihn, aber sie gingen vorbei.

Dann kam Martin auf seinem Pferd an dem Stadttor vorbei.

Er hörte den Mann und sah ihn an.

Martin hatte Mitleid mit ihm.

Er nahm sein Schwert und teilte seinen warmen Soldatenmantel in zwei Teile.

Die eine Hälfte von seinem Mantel gab er dem Bettler.

Der arme Mann hüllte sich darin ein. Nun musste er nicht mehr so frieren.

Dann ritt Martin weiter.

Beispiel für den Lehrer — M 7.10.1

	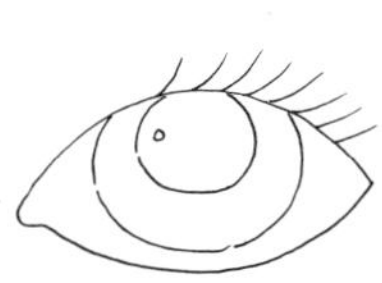			
Menschen	X			X
Martin	X	X	X	X

St. Martin Tabelle

M 7.10

Martin war Soldat.
Einmal ritt er auf seinem Pferd durch die Stadt.
Es war sehr kalt.

Martin hatte einen warmen Mantel an.

Am Stadttor saß ein armer Mann. Er hatte kaum Kleidung an. Er fror.

Der Mann bat die Menschen um Hilfe. Sie sahen ihn an. Sie gingen vorbei.

Er sprach die Menschen an. Sie hörten ihn. Aber sie gingen vorbei.

Dann kam Martin auf seinem Pferd. Er sah den Mann.

Martin hatte Mitleid mit ihm.

Er nahm sein Schwert. Er teilte seinen warmen Mantel.

Die eine Hälfte gab er dem Bettler.

Der arme Mann hüllte sich darin ein. Nun musste er nicht mehr frieren.

Dann ritt Martin weiter.

KOPIERVORLAGE

Ein bisschen so wie Martin

M 7.11

Text: Elke Bräunling
Melodie: Paul Gerhard Walter

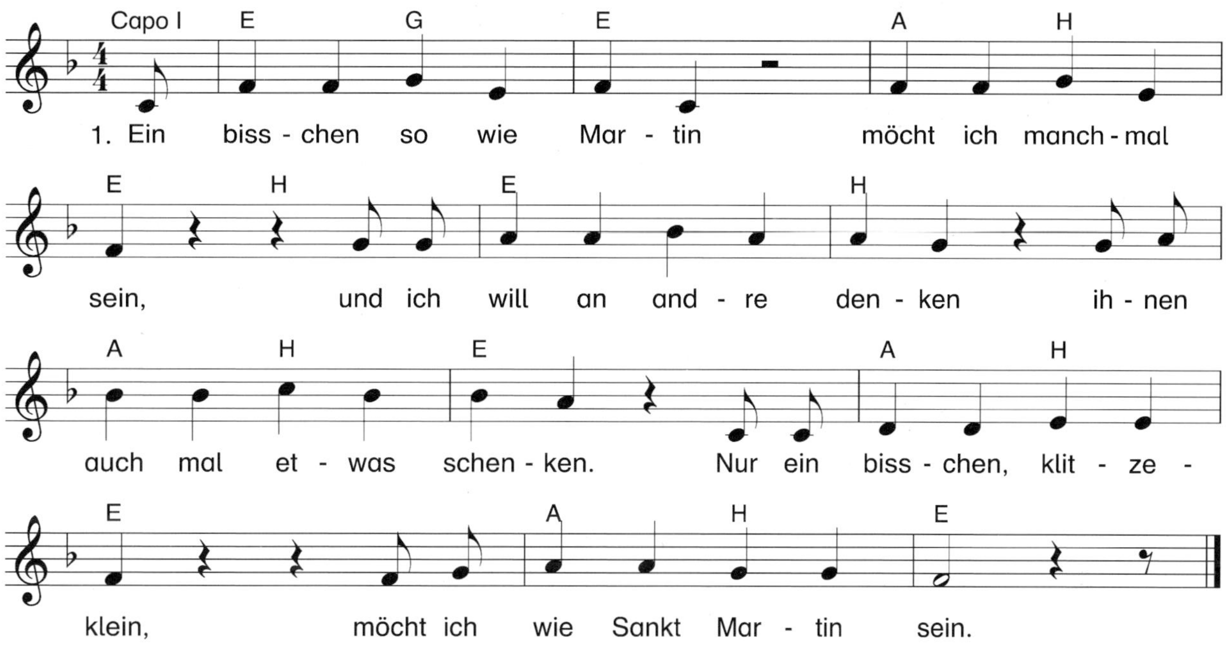

(Musik-CD ⊙ Track 15/16)

2. Ein bisschen so wie Martin
möcht ich manchmal sein,
und ich will auch mit dir teilen,
wenn du rufst, schnell zu dir eilen
Nur ein bisschen, klitzeklein,
möcht ich wie Sankt Martin sein.

3. Ein bisschen so wie Martin
möcht ich manchmal sein,
und ich will treu zu dir stehen,
mit dir auch zum Doktor gehen.
Nur ein bisschen, klitzeklein,
möcht ich wie Sankt Martin sein.

4. Ein bisschen so wie Martin
möcht ich manchmal sein,
und ich will im Streit nicht leben,
dir die Friedenspfeife geben.
Nur ein bisschen, klitzeklein,
möcht ich wie Sankt Martin sein.

5. Ein bisschen so wie Martin
möcht ich manchmal sein,
und ich werd dich nicht verpetzen
oder gegen andre hetzen.
Nur ein bisschen, klitzeklein,
möcht ich wie Sankt Martin sein.

6. Ein bisschen so wie Martin
möcht ich manchmal sein,
und ich schenk dir mein Vertrauen,
du kannst immer auf mich bauen.
Nur ein bisschen, klitzeklein,
möcht ich wie Sankt Martin sein.

8 Menschen werden nicht aufgegeben

Thema: Jesus kommt, um die Verlorenen zu retten (Lk 19,1-10)

Intention der Reihe

Anhand der Erzählung von Zachäus erkennen, dass Jesus sich den Verachteten und Ausgegrenzten zuwendet.

2–3 Std.

Kompetenzerwartung: Die Schülerinnen und Schüler deuten Jesu Handeln als Handeln für Benachteiligte und Bedrückte. Sie benennen als Kernaussage biblischer Erzählungen, wie Jesus auf Menschen zugegangen ist.

Theologisch-didaktischer Kommentar

Text (Lk 19,1-10):

Jesu Einzug in Jerusalem

1 *Und er ging nach Jericho hinein und zog hindurch.* 2 *Und siehe,*
da war ein Mann mit Namen Zachäus, der war ein Oberer der
Zöllner und war reich. 3 *Und er begehrte, Jesus zu sehen, wer*
er wäre, und konnte es nicht wegen der Menge; denn er war
klein von Gestalt. 4 *Und er lief voraus und stieg auf einen Maul-*
beerbaum, um ihn zu sehen; denn dort sollte er durchkommen.
5 *Und als Jesus an die Stelle kam, sah er auf und sprach zu*
ihm: Zachäus, steig eilend herunter; denn ich muss heute in
deinem Haus einkehren. 6 *Und er stieg eilend herunter und*
nahm ihn auf mit Freuden.
7 *Als sie das sahen, murrten sie alle und sprachen: Bei einem*
Sünder ist er eingekehrt. 8 *Zachäus aber trat vor den Herrn und*
sprach: Siehe, Herr, die Hälfte von meinem Besitz gebe ich
den Armen, und wenn ich jemanden betrogen habe, so gebe
ich es vierfach zurück. 9 *Jesus aber sprach zu ihm: Heute ist*
diesem Hause Heil widerfahren, denn auch er ist Abrahams
Sohn. 10 *Denn* ***der Menschensohn ist gekommen, zu suchen***
und selig zu machen, was verloren ist.

Gegen Ende seines Reiseberichts, in dem Lukas Jesu Weg nach Jerusalem und zur Passion schildert, bringt er noch einmal eine Erzählung, in der sich Jesus als Freund und Retter der Sünder zeigt.

Im zweiten Vers des Textes wird Zachäus als reicher Oberzöllner vorgestellt, als wohlhabender Zollpächter, der in der Hierarchie des Systems weiter oben steht, nämlich an der Spitze eines ganzen Zollbezirks. Jericho war eine reiche und bedeutende Stadt, bekannt für ihre Dattelpalmen und ihre Balsamhaine. Sie war wegen des milden Klimas in der Jordan-Niederung Winterresidenz zahlreicher wohlhabender Bürger aus Jerusalem. Im Hinblick auf Steuer und Zolleinnahmen war Jericho sicherlich besonders lukrativ.
Im römisch beherrschten Palästina zur Zeit des Neuen Testaments wurden Zölle nicht durch den römischen Staat selbst erhoben. Das Recht, Zölle zu erheben, wurde an Unternehmer aus der heimischen Bevölkerung meistbietend verpachtet. Diese mussten dann in den folgenden Jahren nicht nur den Pachtbetrag, sondern auch einen Gewinn erwirtschaften. Das Zollgeschäft konnte eine gute Einnahmequelle sein, barg aber auch Risiken. So mussten die Zollunternehmer etwaige Verluste selbst tragen und standen häufig unter einem erheblichen wirtschaftlichen Druck. Die damals von den Zöllnern kassierten Abgaben unterscheiden sich deutlich von den heutigen Zöllen. Sie umfassten Marktgebühren und Wegegeld, aber auch Gewerbesteuern, Grundstückssteuern und Verbrauchssteuern.

Der Zollunternehmer ließ die eigentliche Zollarbeit von Sklaven oder einfachen Bediensteten versehen.
Diese stellten eine sozial ungeschützte Personengruppe dar, Menschen, die keine andere Arbeit finden konnten und die froh sein mussten, dieser undankbaren Tätigkeit nachgehen zu können. Die meisten Zöllner, die in den Evangelien auftauchen, waren einfache Zöllner, so zum Beispiel Levi im Markus-Evangelium (2,14) (siehe Kap. 9 „Freude über die Gemeinschaft").
Im Zollwesen kam es häufig zu Unregelmäßigkeiten und Amtsmissbräuchen. Das einfache Volk hatte kaum Einblick in das unübersichtliche Gebührensystem und war der Willkür der Zöllner ausgeliefert. Aus diesem Grund hatten Zöllner im Allgemeinen einen schlechten Ruf und galten als betrügerisch. Nach pharisäischer Ansicht verunreinigten sich Zöllner durch ihre Abhängigkeit von den Heiden und ihren täglichen Kontakt mit Nichtjuden und unreinen Menschen an den Zollstationen. Deshalb befanden sie sich ständig im Zustand der rituellen „Unreinheit".
Wer mit einem Zöllner aß, verkehrte mit einem „Unreinen", nahm an seinem „geraubten" Verdienst teil und verzehrte „unreine" Speisen. Zöllner galten als „öffentliche Sünder", die gemieden und ausgegrenzt wurden. *Der Zöllner „stand auf einer Stufe mit Würfelspielern, mit Leuten, die Geld gegen Zinsen verliehen und Leuten, die Wetten abschlossen, um damit Geld zu verdienen. Dies waren unehrliche Arten, sein Auskommen zu haben; deswegen waren solche Leute öffentliche Sünder und ihnen wurden die Zöllner zugezählt durch die Formel öffentliche Sünder und Zöllner …" (MERTENS 1984, S. 591 f.)*

Mit dem Publikumsverkehr am Zoll hat Zachäus schon nichts mehr zu tun. Dieser erfolgreiche Unternehmer möchte Jesus sehen. Es ist unwahrscheinlich, dass sein Wunsch lediglich durch Neugierde motiviert ist.
Würde er sonst den Umstand in Kauf nehmen, sich lächerlich zu machen? Er, der reiche Geschäftsmann, klettert auf einen Baum wie ein Kind, um Jesus sehen zu können. Aber selbst das scheint ihm zu wenig zu sein: Er möchte wissen, was Jesus für ein Mensch ist, er sucht eine Begegnung, die nicht oberflächlich bleibt. Jesus zu sehen scheint Zachäus sehr wichtig zu sein.

Zachäus wird für seinen Eifer belohnt: Jesus spricht ihn mit seinem Namen an, obwohl es ihre erste Begegnung ist.

Jesus kennt Zachäus ganz genau. Er lädt sich bei Zachäus ein: „... ich *muss* heute in deinem Haus einkehren."
Er will Zachäus aus der gesellschaftlichen Isolation befreien und in die menschliche Gemeinschaft zurückführen. Das erkennen die Umstehenden freilich nicht. Sie verurteilen das Verhalten Jesu. Vielleicht tun sie das aus verletztem Stolz, weil Jesus nicht bei einem der ihren eingekehrt ist, oder aus einem Gefühl der Selbstgerechtigkeit heraus, weil sie sich für etwas Besseres halten als den sündigen Zöllner. Sicher können sie nicht verstehen, dass Jesus, dem der Ruf vorauseilt, die Heiligen Schriften zu kennen, bei einem Unreinen einkehrt, mit ihm zusammen speist und damit nach jüdischer Auffassung selber unrein wird.

Die Gegenwart Jesu übt auf Zachäus einen großen Einfluss aus. Er entschließt sich, sein Leben grundlegend zu ändern. Zachäus will für all das Unrecht, das er begangen hat, Wiedergutmachung leisten und zwar in einer Weise, die über die gesetzlichen Vorschriften weit hinausgeht.

In seiner Reaktion darauf wendet sich Jesus nur im ersten Satz Zachäus zu, indem er ihm und seinem Hause Heil zusagt. Dieses Heil wird Zachäus und seiner Familie in zweifacher Hinsicht zuteil: Zachäus hat wieder Anteil an der menschlichen Gemeinschaft. Jesus führt ihn auf einen Weg der sozialen Reintegration und bietet ihm darüber hinaus auch eine Zukunftsperspektive: Zachäus gewinnt die Gemeinschaft mit Gott zurück.

Danach wendet er sich an die Murrenden. Jesus sagt kein Wort zu Zachäus' Umkehr. Er rechtfertigt ausschließlich seine Einkehr bei dem Sünder. Allein durch die Begegnung mit Jesus erfahren der Zöllner und seine Familie Rettung. Es ist ein Teil seiner Sendung als Menschensohn, als Anwalt der Menschen vor Gott, wie ein guter Hirte den Verlorenen nachzugehen und sie auf den richtigen Weg zu bringen.
Hierzu ist zu beachten, dass im Neuen Testament mit „verloren" nicht etwa „verdammt" oder „verurteilt" gemeint ist. Es bedeutet lediglich, dass jemand nicht dort ist, wo er hingehört. Er ist am falschen Platz. In diesem Sinne ist „verloren", wer sich von Gott entfernt und „wieder gefunden", wer sich Gott wieder zuwendet.

Die Erzählung ist eine klassische Begegnungsgeschichte (Es bieten sich Anknüpfungspunkte zu der *Bergedorfer® Grundschulpraxis: Religion – 1. Klasse,* Kap. 1.3 „Jesus segnet die Kinder" und im Hinblick auf die Außenseiterthematik zu Kap. 2.2 „Verschieden und doch Freunde"). Um die Zachäus-Erzählung zu verstehen, werden einige grundlegende Kenntnisse über das antike Zollwesen benötigt. Diese werden vor allem in Baustein 2 bei der szenischen Umsetzung in ein Rollenspiel erworben. Die Praxis des Zoll- und Abgabengeschäfts war eng mit dem Alltag der Menschen des Neuen Testaments verbunden. Gerade dieser Alltag ist aber der Erfahrungswelt und Lebenswirklichkeit der Kinder sehr fern. Daher wird das Thema „Umwelt Jesu" in diesem Zusammenhang integriert.

Um den Kindern einen groben Überblick über die Lebensbedingungen zu biblischer Zeit zu geben, wird mit ihnen in Baustein 1 die Abbildung eines Dorfes in Palästina zur Zeit Jesu erschlossen. In Kapitel 14.1 „Kinder zur Zeit Jesu: Schule in der Synagoge" kann an dieses Wissen angeknüpft werden.

Bausteine der Unterrichtsreihe

Baustein 1: Eine Stadt in Palästina

Unterrichtsmaterial:

- Folie von Material: „Eine Stadt in Palästina" (S. 125) **M 8.1**
- Spot-Folie *(Die Spot-Folie ist ein farbiger Schutzumschlag mit einem Loch, durch das man das ausgewählte Motiv klar erkennen kann. Das Gesamtbild ist nur schemenhaft erkennbar.)*

Unterrichtsschritte:

1. L zeigt die Folie von Material „Eine Stadt in Palästina". **M 8.1**

Die Kinder benennen ihre Entdeckungen und setzen zur Veranschaulichung die Spot-Folie ein. Folgende Dinge sollten zur Sprache kommen:

- *Die meisten Straßen sind eng. Der Schatten, den die Häuser werfen, schützt vor der heißen Sonne. Die einfachen Häuser haben häufig Außentreppen, die auf die flachen Dächer führen. Auch die Dächer werden als „Wohnraum" genutzt. Die Häuser sind weiß getüncht und sie haben nur kleine Fenster. Alles dient zum Schutz gegen die Hitze.*
- *Es gibt aber auch größere Häuser und Bauten; in der Mitte befindet sich die Synagoge. Im Hof sieht man eine Gruppe Jungen, die um ihren Lehrer auf dem Boden sitzen.*
- *Auf der Straße ist viel Leben: Im Schatten einiger Bäume haben Händler ein paar Stände aufgebaut. Es gibt Öl und Wein in Töpfen und Krügen, Textilien, Fisch, Gemüse und Früchte, Hühner, Küken und Tauben, Lammfleisch, Eier, Korn und vieles mehr.*
- *Vor ihren Häusern gehen einige Handwerker (ein Töpfer, ein Weber ...) ihren Tätigkeiten nach und bieten ihre Erzeugnisse zum Verkauf an.*
- *Viele Menschen sind auf der Straße: Lastträger, Frauen, ins Gespräch vertiefte Gelehrte, Bettler und spielende Kinder.*
- *Eine römische Patrouille zieht durch die Straßen.*
- *Die Stadt ist von einer Mauer umgeben. Im Innenhof des Stadttores ist eine Zollstation: ein einfacher Wechseltisch, auf dem bezahlt und quittiert wird. Durch das Tor kommen Kamele und Esel mit Lasten herein. Am Tisch sitzt ein Zöllner. Ein Händler zahlt Zoll für seine Waren ...*

2. Am Ende der Entdeckungsreise lenkt L die Aufmerksamkeit der Kinder auf die Zollstation (Spot-Folie) und leitet zum 2. Baustein über.

8 Menschen werden nicht aufgegeben

Baustein 2: An der Zollstation

Unterrichtsmaterial:

- Folie von Material: „An der Zollstation“ (S. 126) **M 8.2**
- Rollenanweisungen **M 8.3**
- Porträts mit Rollenbezeichnungen für die Tafel **M 8.4**
- Magnete
- Rollenbuttons **M 8.5**
- Wäscheklammern aus Holz
- Sicherheitsnadeln
- Requisiten für das Rollenspiel: Waren (leere Flaschen oder Krüge), Rechengeld
- Arbeitsblatt: „Was fühlen die Personen?“ (von L in entsprechender Anzahl kopiert und auseinandergeschnitten) **M 8.6**

Unterrichtsschritte:

1. L zeigt die *Folie* „An der Zollstation“. **M 8.2**
   Die Kinder äußern sich zum Bild, indem sie folgendermaßen vorgehen:
   - „Ich sehe ...“ (Die Kinder benennen Einzelheiten des Bildes, ohne sie zu interpretieren.)
   - „Ich vermute ...“ (Die Kinder interpretieren das Gesehene.)

   Im *Verlauf des Gesprächs* sollte die Aufmerksamkeit der Kinder auf folgende Personen gelenkt werden:
   - den Zöllner, der offensichtlich Geld einfordert,
   - den Mann, der mit dem Zöllner streitet und mit der Forderung nicht einverstanden zu sein scheint,
   - die beiden Männer im Hintergrund, die sich offensichtlich abfällig über den Zöllner äußern.

2. L führt kurz in das Zollwesen in Palästina zur Zeit Jesu ein: *Das Land Palästina, in dem Jesus lebte, war damals von den Römern besetzt. Sie verlangten von den Menschen, dass sie Steuern und Zoll bezahlten. Das brachte den Römern viel Geld ein. Die Menschen, die dieses Geld für die Römer einnahmen, hießen Zöllner.*

   Weil die Kinder nur noch begrenzte Erfahrungen mit Situationen am Zoll machen, wird das nachfolgende Rollenspiel durchgeführt, um ein vertieftes Verständnis der biblischen Geschichte von Zachäus zu ermöglichen.

3. L heftet *Porträts mit den Rollenbezeichnungen* an die Tafel **M 8.4**
   und stellt der Lerngruppe die Personen (Sprechrollen) für das Rollenspiel vor:
   - **Zöllner:** Der Zöllner hat seinen Platz am Tisch einer Zollstation am Stadttor. Sein Chef ist der Oberzöllner. Für ihn nimmt er am Zoll das Geld ein. Einen großen Teil dieses Geldes muss der Oberzöllner an die Römer abgeben.
   - **Händler:** Die Händler wollen in der Stadt ihre Waren verkaufen. Doch vorher müssen sie beim Zöllner vorbei. Sie handeln mit ihm, weil sie so wenig wie möglich bezahlen möchten.
   - **Junger Mann:** Die Leute, die in die Stadt hinein wollen, werden vom Zöllner am Stadttor kontrolliert. Die Menschen sind oft wütend auf die Zöllner und streiten mit ihnen.
   - **Frommer Mann (Pharisäer):** Pharisäer sind fromme Männer. Sie haben die Heiligen Schriften studiert und befolgen genau die Gesetze. Sie glauben, dass die Zöllner unrein sind, weil sie mit den Römern zu tun haben.

4. Die Kinder bereiten sich mithilfe der *Rollenanweisungen* **M 8.3** in Gruppenarbeit auf ihre Rollen vor. Sie werden so zu *„Experten“* als Zöllner, Händler, junger Mann und frommer Mann (Pharisäer).

5. Die Kinder *spielen die Szenen*, indem aus jeder Gruppe ein „Experte“ auf die Bühne kommt. Die Darstellerinnen und Darsteller können sich die Rollenbuttons mit den Porträts der Personen anheften. **M 8.5**
   Die Rollenbuttons werden hergestellt, indem die Vorlagen laminiert und Holzwäscheklammern mit Heißkleber auf der Rückseite befestigt werden.
   Um möglichst viele Kinder an den Spielszenen zu beteiligen, können auch Rollen wie „lebendiges Stadttor“ oder „Zollschranke“ mit Kindern besetzt werden. Hierzu fassen sich zwei Kinder an den Händen und bilden ein Tor (Stadttor). Ein anderes Kind stellt mit seinem ausgestreckten Arm die Zollschranke dar, die sich nur dann hebt, wenn jemand passieren darf.

   Differenzierung: Darstellen
   Um sich besser in ihre Rolle hineinversetzen zu können, „verkleiden“ sich die Kinder mit Tüchern in unterschiedlichen Farben und aus unterschiedlichen Materialien.

6. Die anderen Kinder aus den „Expertengruppen“ geben nach dem ersten Spiel eine *Rückmeldung*. ob die Spieler die Anweisung von der Rollenkarte gut umgesetzt haben.

7. Nach dem Feedback führt eine nächste „Expertengruppe“ ein Spiel durch, in dem *gedoppelt* werden soll. Dazu gibt L folgende Erklärung: Wenn ein akustisches Signal ertönt, wird die Situation eingefroren. Die beobachtenden Kinder haben die Gelegenheit, die Gedanken und Gefühle der handelnden Personen durch Doppeln auszudrücken. (siehe Kapitel 1.2 „Ich bin anderen viel wert“, Baustein 2)

   Bei einem weiteren *akustischen Signal* wird das Rollenspiel fortgesetzt.

   Differenzierung: Deuten
   Alternativ kann an Stelle des Doppelns mithilfe von **M 8.6** auf die Gefühle der handelnden Personen eingegangen werden. Die Kinder schreiben sie in die Denkblasen des Arbeitsblattes.

5. Abschließend wird im *Gespräch* entwickelt, dass die Zöllner eine verachtete Berufsgruppe waren.

Baustein 3: Zachäus begegnet Jesus

Unterrichtsmaterial:

- Erzähltext: „Zachäus" **M 8.7**
- Anleitung für das Tischbild **M 8.8**
- Materialien für das Tischbild: Kegelfiguren, …
- Arbeitsblatt: „Zachäus schreibt in sein Tagebuch" **M 8.9**

Unterrichtsschritte:

1. L trägt den ersten Teil der *Erzählung* vor. **M 8.7**
   Parallel zur *Erzählung* entwickelt L mit den Kindern ein *Tischbild* (siehe Anleitung **M 8.8**). Dabei können Kegelfiguren in unterschiedlichen Größen eingesetzt werden.

   Um den Kindern einen emotionalen Zugang zur Geschichte zu ermöglichen, können während der *Erzählung* einzelne Situationen in den Mittelpunkt gestellt werden, in denen sich die Kinder mit Zachäus identifizieren, um seine Gefühle besser nachempfinden zu können.

Zum Umgang mit den folgenden Übungen:
Es ist wichtig, diese Vertiefungen deutlich als „Übungen" zu kennzeichnen (Wir machen jetzt eine Übung zu ...), abschließend zu reflektieren (Wie hast du dich gefühlt?) und die Kinder wieder aus ihren Rollenzuschreibungen zu entlassen (z. B. „Abstreifen der Rolle" – Du bist jetzt wieder ... und wir sind im Klassenraum der ...).

> **Differenzierung:** Handeln und Deuten
> **Übung** zum Thema „Keiner sieht mich"
> a) Zachäus steht an der Seite. Alle Menschen, die an ihm vorbeigehen, drehen sich weg.
> b) Zachäus geht ein Stück. Jede/r, der ihm begegnet, schaut in eine andere Richtung.
>
> Wichtig: Bei der Reflexion beide Seiten befragen (Zachäus und Menschen).

2. L trägt den zweiten Teil der *Erzählung* vor. **M 8.7**
   Parallel zur *Erzählung* entwickelt L mit den Kindern das *Tischbild* weiter (siehe Anleitung **M 8.8**).

> **Differenzierung:** Handeln und Deuten
> **Übung** zum Thema „Etwas sehen wollen"
> - Zachäus möchte Jesus sehen. Die anderen Menschen drängen sich eng zusammen (mauern). Sie bilden einen „Mauerkreis" und stehen Schulter an Schulter dicht zusammen. Ein Durchkommen ist nicht möglich.
> - Zachäus versucht, durch die Menschen-Mauer zu kommen.
>
> Wichtig: Bei der Reflexion beide Seiten befragen (Zachäus und Menschen).

3. L trägt den dritten Teil der *Erzählung* vor. **M 8.7**
   Parallel zur *Erzählung* entwickelt L mit den Kindern das *Tischbild* weiter (siehe Anleitung **M 8.8**).

> **Differenzierung:** Handeln und Deuten
> **Übung** zum Thema „Gesehen werden"
> a) Menschen stehen um Jesus herum. Doch Jesus beachtet sie nicht, sondern er nähert sich Zachäus und schaut ihn an. Er geht auf ihn zu und begrüßt ihn mit Namen.
>
> Wichtig: Bei der Reflexion beide Seiten befragen (Zachäus und Menschen).

4. Die Kinder äußern ihre Vermutungen zum Fortgang der Geschichte.

5. L trägt den vierten Teil der *Erzählung* vor. **M 8.7**
   Parallel zur *Erzählung* entwickelt L mit den Kindern das *Tischbild* weiter (siehe Anleitung **M 8.8**).

> **Differenzierung:** Handeln und Deuten
> **Übung** zum Thema „Entschuldigen"
> - Zachäus geht auf die Menschen zu, entschuldigt sich und gibt ihnen Geld zurück.
>
> Wichtig: Bei der Reflexion beide Seiten befragen (Zachäus und Menschen).

6. Die Kinder *reflektieren im Gespräch*, wie sich die Situation durch die Begegnung mit Jesus verändert haben könnte: Zachäus und der Händler; Zachäus und der junge Mann; Zachäus und der Pharisäer, Zachäus und die anderen Menschen.

> **Differenzierung:** Deuten
> Die Kinder schreiben einen Tagebucheintrag, der die Veränderung im Leben von Zachäus deutlich macht: **M 8.9**
> So war mein Leben …
> Als Jesus mir begegnete …
> Danach …

> **Differenzierung:** Verstehen und Deuten
> Die Kinder gestalten das freie Feld auf dem Arbeitsblatt zum Thema „Wie geht die Geschichte für Zachäus weiter?" **M 8.8**

7. Die Ergebnisse werden *präsentiert*.

8. Die Kinder *reflektieren* die Veränderung in Zachäus' Leben mit Hilfe des Spielliedes zur biblischen Geschichte. **M 8.10**
   Sie singen das Lied und *entwickeln Bewegungen* zum Text. Die Kinder beschreiben, wie die Geschichte weitergehen könnte (s. auch **M 8.8**).

Zöllner

Wenn jemand durch das Stadttor will, durchsuchst du ihn. Wenn er Waren dabei hat, die er auf dem Markt verkaufen will, muss er einen bestimmten Betrag dafür zahlen.

Am Abend wird der Oberzöllner prüfen, ob du auch genug Geld eingenommen hast, sonst gibt es gewaltigen Ärger!

Es ist wohl besser, wenn du von den Händlern ein bisschen mehr Geld verlangst als die normale Gebühr ...

Händler

Du bist ein Kaufmann. Auf dem Markt willst du Wein und Öl verkaufen.

Zurzeit geht das Geschäft nicht gut.

Du willst auf jeden Fall so wenig Geld wie möglich an der Zollstation bezahlen.

Junger Mann

Du willst durch das Stadttor gehen.

Gleich wird der Zöllner dich durchsuchen.

Hoffentlich dauert das nicht lange.

Frommer Mann (Pharisäer)

Du bist ein frommer Mann, ein Pharisäer. Du hast die Heiligen Schriften studiert und du willst das Gesetz ganz genau befolgen.

Jetzt musst du gleich an dem Zöllner vorbei. Er ist unrein, weil er mit den Römern zu tun hat. Die glauben nicht an Gott. Sie haben eine Menge anderer Götter.

Du willst so schnell wie möglich an dem Zöllner vorbei. Wenn du dich mit ihm abgibst, wirst du selbst unrein werden.

Am besten wäre es, er würde dich gar nicht berühren ...

Porträts mit Rollenbezeichnungen

M 8.4

Zöllner

Händler

Junger Mann

Frommer Mann (Pharisäer)

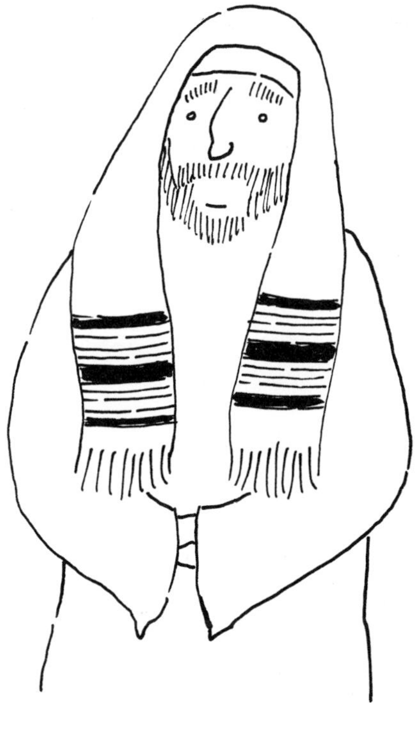

Zöllner

Händler

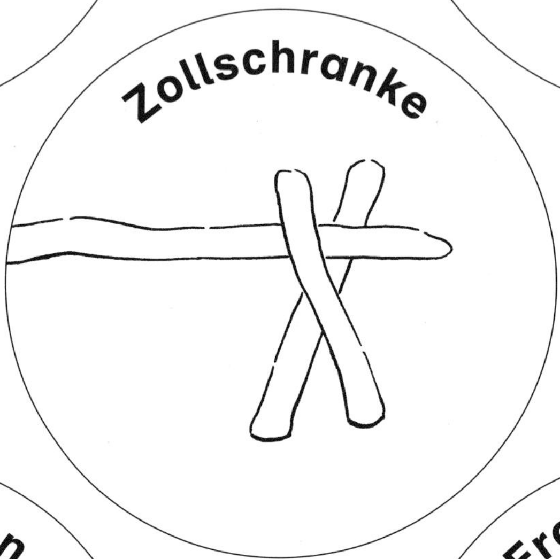
Zollschranke

Junger Mann

Frommer Mann

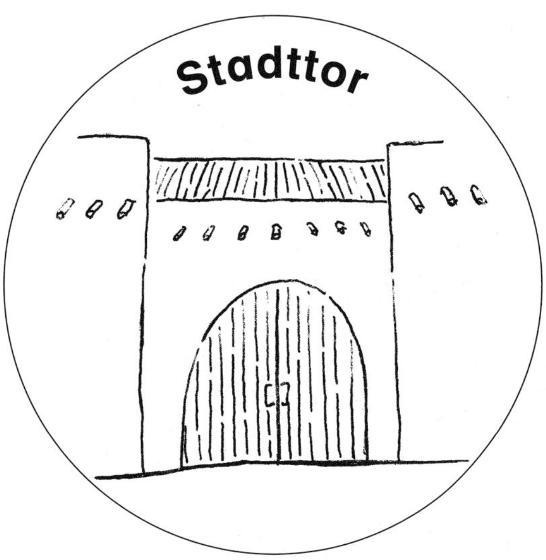
Stadttor

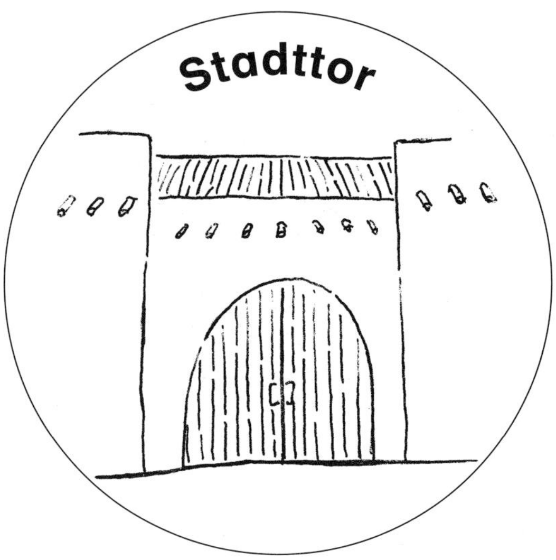
Stadttor

Was fühlen die Personen?

M 8.6

Zöllner

Händler

Junger Mann

Frommer Mann (Pharisäer)

Zachäus (1)

Zachäus – Teil 1

Zachäus war der oberste Zolleinnehmer in der Stadt Jericho.

Er war sehr reich und er hatte ein großes Haus.

Alle, die an diesem Haus vorübergingen, konnten sehen: Hier wohnt ein reicher Mann.

Doch keiner mochte ihn, denn er arbeitete mit den Römern zusammen und an seinen Zollstationen wurde betrogen.

So drehten sich die Menschen oft weg, wenn er auftauchte.

Die Gespräche hörten auf.

Niemand wollte etwas mit ihm zu tun haben.

Zachäus – Teil 2

Eines Tages hörte Zachäus, dass Jesus in die Stadt kommen sollte.

Er wollte ihn unbedingt sehen. So viele Geschichten wurden über diesen Jesus erzählt.

Zachäus wollte wissen, was Jesus für ein Mensch war.

Als Zachäus in die Stadt kam, waren schon viele Menschen da.

Zachäus war klein und er konnte nicht über die Köpfe der anderen hinwegsehen. Und immer wenn er zwischen den Menschen hindurch wollte, um weiter nach vorne an die Straße zu kommen, rückten sie nur noch enger zusammen. Zachäus konnte nichts sehen.

Zachäus – Teil 3

Da hatte Zachäus eine Idee. Er sah einen Baum, an dem Jesus auf seinem Weg vorbeikommen musste. Sofort rannte er dorthin und kletterte hinauf. Und siehe da, er hatte einen ausgezeichneten Blick auf Jesus.

Jesus kam mit einigen Männern und Frauen, die mit ihm befreundet waren. Er redete mit den Menschen, die am Straßenrand standen.

Langsam kam Jesus auf Zachäus' Baum zu. Schließlich blieb er darunter stehen. Er blickte hinauf und sah Zachäus, dem Oberzöllner, direkt in die Augen.

(Die Kinder überlegen, wie die Geschichte weitergeht.)

Zachäus (2) | M 8.7

Zachäus – Teil 4

Jesus blickte Zachäus direkt an. Doch er sah ihn nicht nur, er sprach auch mit ihm:

„Zachäus! Komm herunter von deinem Baum. Ich muss heute dein Gast sein!"

Zachäus freute sich, kletterte schnell vom Baum und lud Jesus und seine Freundinnen und Freunde in sein Haus ein.

Zachäus – Teil 5

Alle, die dabei standen, waren sehr unzufrieden und murrten: „Bei diesem Betrüger ist er zu Gast? Das ist doch wirklich die Höhe!"

Als sie in seinem Haus waren, sagte Zachäus zu Jesus:

„Jesus, ich freue mich, dass du zu mir gekommen bist! Ich werde ein ganz neues Leben anfangen.

Ich gebe die Hälfte von allem, was ich habe, den Armen. Und wenn ich jemandem zu viel Geld abgenommen habe, so will ich ihm das Vierfache zurückgeben."

Jesus erwiderte:

„Heute ist die Rettung in dein Haus gekommen. Vielleicht haben du und alle anderen schon geglaubt, dass du nicht mehr zu Gott gehörst. Aber das stimmt nicht. Du gehörst dazu. Ich bin gekommen um die Verlorenen zu suchen und zu retten."

(nach Lk 19,1-10)

Anleitung für das Tischbild | M 8.8

①

②

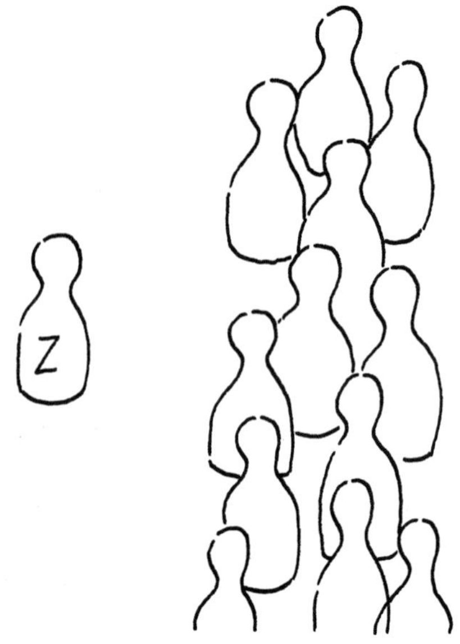

③

④

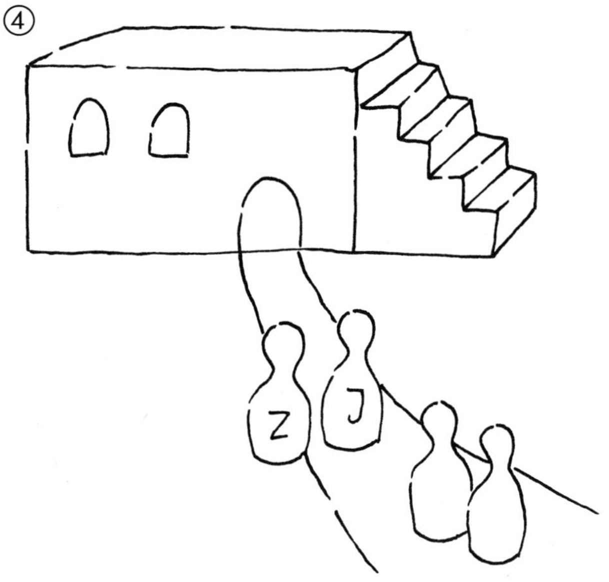

⑤

⑥

Zachäus schreibt in sein Tagebuch

So war mein Leben …

Als Jesus mir begegnete …

Danach …

Zachäus

Text: Marianne Stoodt
Melodie: Seminargruppe, Frankfurt

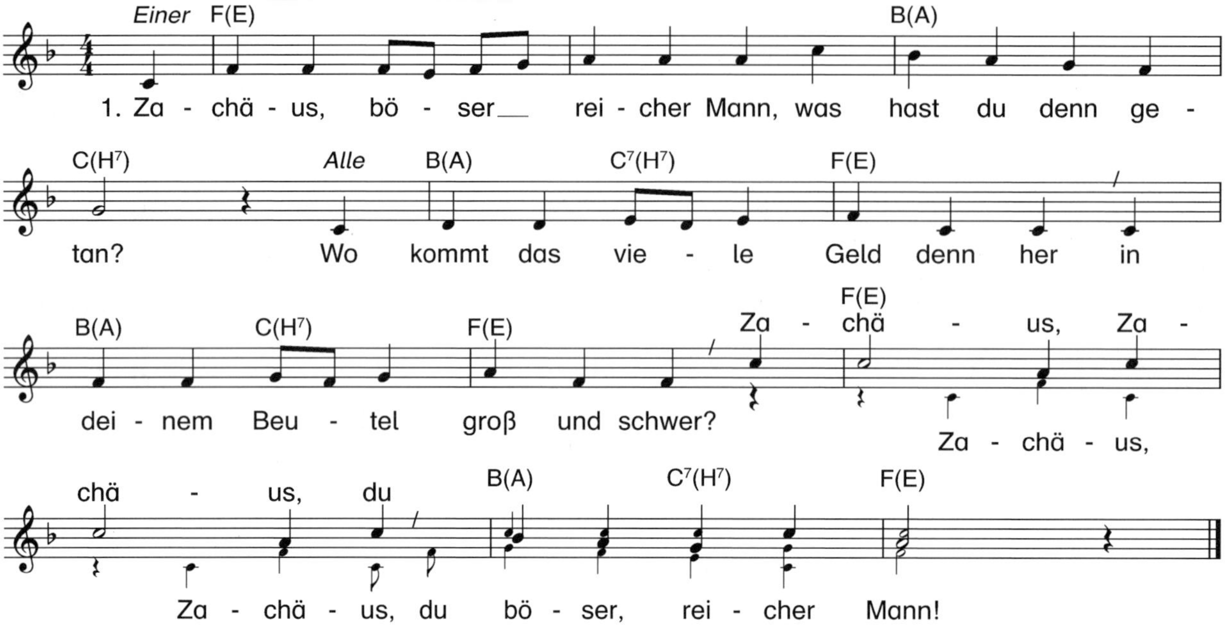

2. Zachäus, armer reicher Mann,
dich schaut ja keiner an!
Die Leute haben dich nicht lieb,
geh weg von uns, du böser Dieb!
Zachäus, Zachäus, du armer reicher Mann!

3. Zachäus, kluger kleiner Mann,
jetzt fängst du's richtig an!
„Lasst ihr mich nicht hier bei euch stehn,
vom Baum aus kann ich Jesus sehn!"
Zachäus, Zachäus, jetzt fängst du's richtig an!

4. Zachäus, froher kleiner Mann,
dein Heiland sieht dich an!
„Lässt du mich in dein Haus hinein,
dein Gast will ich noch heute sein!"
Zachäus, Zachäus, du froher kleiner Mann!

(Musik-CD ⦿ Track 15/16)

Spielanregungen:

1. Strophe:
In der Mitte stehen ein Stuhl und ein Kind, das Zachäus darstellt. Die übrigen Kinder stehen im Kreis, zeigen mit Fingern auf „Zachäus" und schütteln den Kopf.

2. Strophe:
Die Kinder drehen sich um und drehen „Zachäus" den Rücken zu.

3. Strophe:
„Zachäus" versucht, einen Platz im Kreis zu bekommen, doch da, wo er durch will, rücken die anderen nur dichter zusammen. Schließlich steigt er auf den Stuhl in der Mitte.

4. Strophe:
Die Kinder drehen sich wieder zur Kreismitte um. Ein Kind der Runde geht auf „Zachäus" zu und lädt ihn ein, mit in den Kreis zu kommen.

Bilder zu Ruts Weg (1)	M 5.2

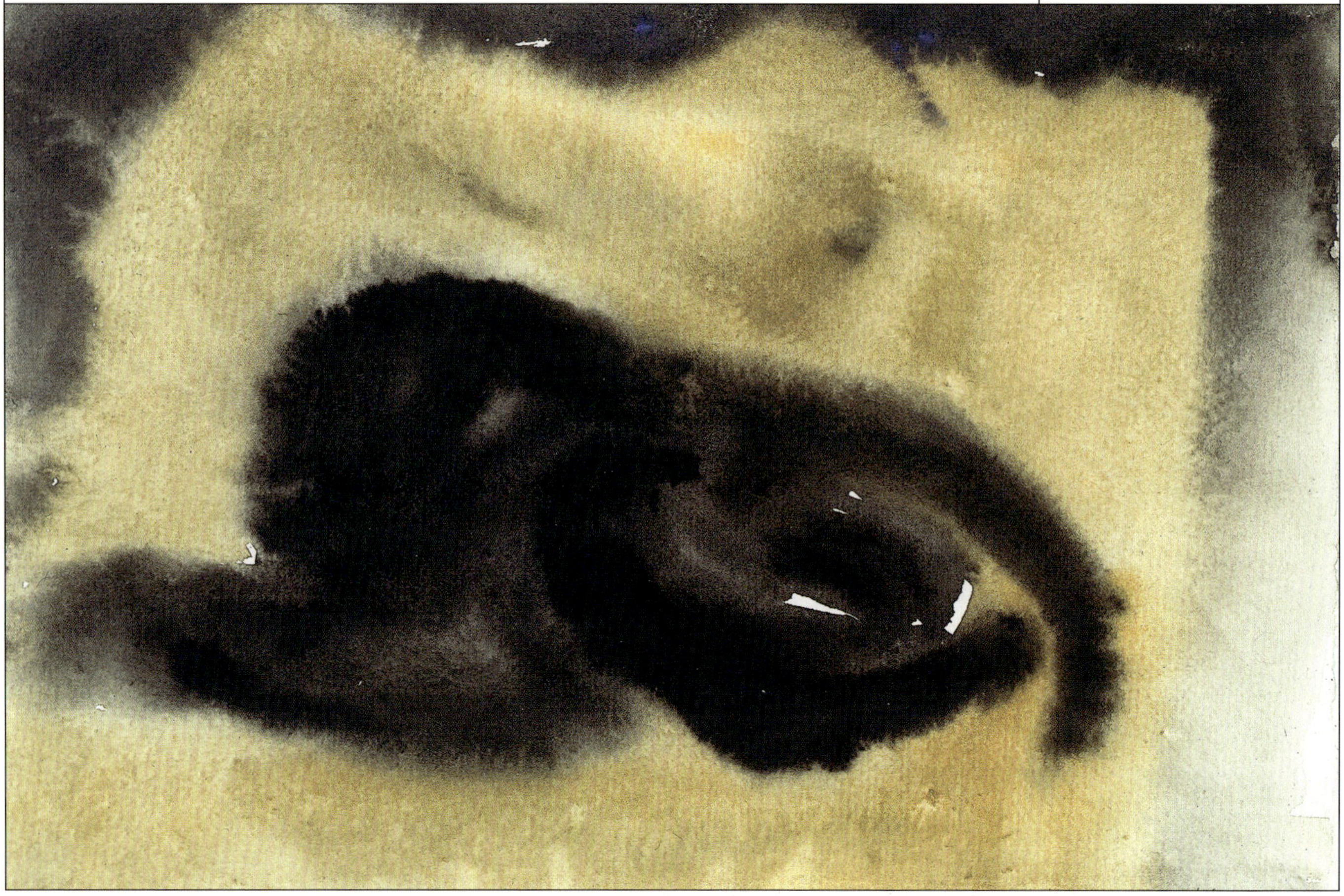

Bilder zu Ruts Weg (2)	M 5.3

Bilder zu Ruts Weg (3)

M 5.4

Bilder zu Ruts Weg (4)

M 5.5

MATERIAL FÜR FOLIE 3

Jesus in einem Kreis seiner Zuhörerinnen und Zuhörer

M 7.2

Jesus als Lehrer in einem Kreis von zuhörenden Schulkindern

M 7.6

Eine Stadt in Palästina

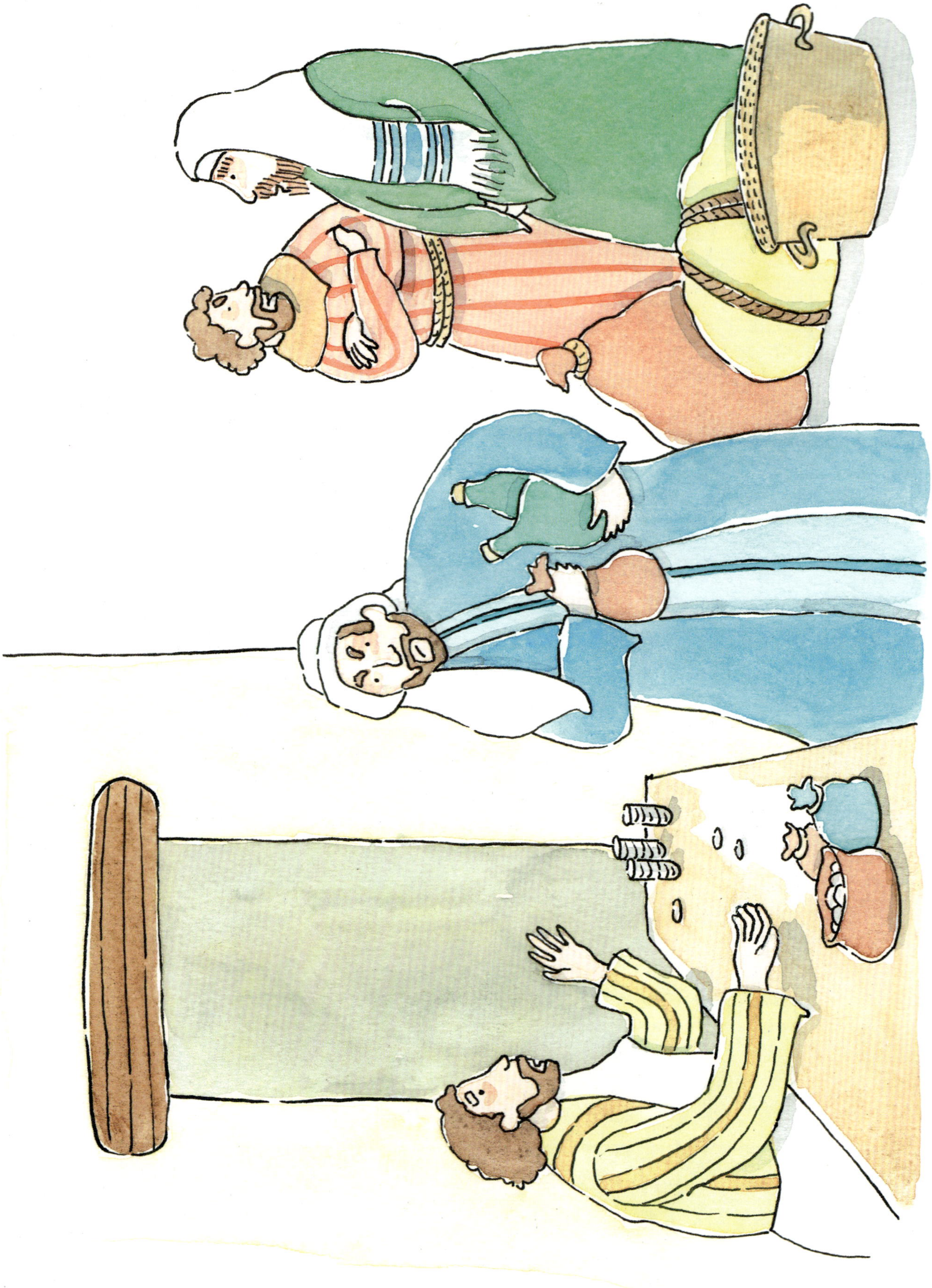

Das weiß ich schon über Zöllner

M 9.1

Levifiguren

M 9.4

Jerusalem
Emmaus

Wo Teman lebt

M 14.1.2

MATERIAL FÜR FOLIE 12

So sah Temans Schule aus

M 14.1.6

Porträts der Kinder

M 14.2.1

Thema: Jesus befreit Levi zu einem neuen Leben in der Gemeinschaft mit ihm (Mk 2,13-17)

Intention der Reihe

Anhand der Geschichte des Levi erkennen, dass sich Jesus Menschen, die ihn brauchen, zuwendet und er ihnen neue Lebensperspektiven eröffnet.

4 Std.

Kompetenzerwartung: Die Schülerinnen und Schüler begründen verantwortliches Miteinander von Menschen aus neutestamentlichen Zusammenhängen.

Theologisch-didaktischer Kommentar

Text (Mk 2,13-17):

Jesu Einzug in Jerusalem

13 Und er ging wieder hinaus an den See; und alles Volk kam zu
ihm und er lehrte sie. 14 Und als er vorüberging, sah er Levi, den
Sohn des Alphäus, am Zoll sitzen und sprach zu ihm: Folge
mir nach! Und er stand auf und folgte ihm nach.
15 Und es begab sich, dass er zu Tisch saß in seinem Hause,
da setzten sich viele Zöllner und Sünder zu Tisch mit Jesus
und seinen Jüngern; denn es waren viele, die ihm nachfolgten.
16 Und als die Schriftgelehrten unter den Pharisäern sahen,
dass er mit den Sündern und Zöllnern aß, sprachen sie zu seinen Jüngern: Isst er mit den Zöllnern und Sündern? 17 Als das
Jesus hörte, sprach er zu ihnen: Die Starken bedürfen keines
Arztes, sondern die Kranken. ***Ich bin gekommen, die Sünder zu rufen und nicht die Gerechten.***

In jeder Gesellschaft gibt es Menschen und Tätigkeiten, die wenig angesehen sind. Man bedient sich zwar dieser Menschen und ihrer Dienstleistungen, gesellschaftlicher Umgang mit ihnen ist aber ausgeschlossen.

Zu dieser Gruppe gehört Levi. An der Zollstation wickelt er den Publikumsverkehr ab. Die Zollunternehmer tun das nicht selber. Sie benutzen dazu Menschen, die keine andere Arbeit finden.
Im ganzen römischen Reich erklingt das Klagelied darüber, dass keine umfassenden und präzisen Tariflisten ausgehängt werden, dass der Warenwert zu hoch angesetzt wird, um höhere Abgaben zu kassieren, und dass die Zöllner auch private Dinge durchwühlen, die sie nichts angehen. Darin ist auch Palästina keine Ausnahme.
Zollunternehmer denken zuerst einmal daran, dass sich die Investitionen für die Zollpacht in kurzer Zeit amortisieren, um möglichst schnell schwarze Zahlen zu schreiben. Zöllner wie Levi versuchen, sich etwas von diesem Zollkuchen abzuschneiden.
Unter den Zöllnern gibt es häufiger Personalwechsel.
Denn wenn sich jemand offiziell über nicht nachvollziehbare Tarife beschwert, wird die Schuld auf den einfachen Zöllner abgewälzt. Er bekommt seine Papiere und muss verschwinden. Ein Zöllner wie Levi ist eben nur ein kleines Rädchen im Zollsystem, das privatwirtschaftlich organisiert und nicht ohne Risiko ist.
Wer in Palästina für dieses System arbeitet, wird außerdem durch seine Tätigkeit mit der unbeliebten, römischen Besatzungsmacht in Verbindung gebracht (Einführende Erläuterungen zu Zöllnern und Zollwesen im 1. Jh. n. Chr. befinden sich im theologisch-didaktischen Kommentar von Kap. 8 „Menschen werden nicht aufgegeben", S. 105 ff.).
Nach seiner Predigtkampagne am See Genezareth sieht Jesus Levi an der Zollstation. In markinischer Kürze, die schon von den Fischerberufungen bekannt ist, fordert er Levi auf, ihm zu folgen.
Jesus hat wirklich interessante Berufungskriterien: Er sucht Fischer, die am Existenzminimum entlangbalancieren, kranke Frauen und nun noch einen kleinkriminellen Zöllner. Für besser Situierte ist er nicht der richtige Ansprechpartner. Mit ihm gehen nur Menschen, die er in einer Umbruchsituation trifft, in der sie einen Anstoß brauchen, um sich neu zu orientieren.
Levi geht mit Jesus. Dann tritt ein Ortswechsel in der Erzählung auf: Levi feiert seine Lebensveränderung mit einem Fest. Auf der Gästeliste stehen Zöllner, seine ehemaligen Kollegen und andere Menschen, die Markus als Sünder bezeichnet.

Zu dem Fest, das Levi feiert, sind neben seinen „illustren" Gästen auch Jesus und die Jünger eingeladen. Die Pharisäer, die von draußen zusehen, fragen: „Warum isst er mit Zöllnern und Sündern?" Postwendend kommt Jesus Antwort: „Die Gesunden brauchen keinen Arzt, sondern die Kranken. Ihr seid doch gesund! Ihr braucht mich nicht. Ich rufe nicht euch, die Gerechten, sondern die Sünder (vgl. Mk 2,17). Ihr könnt jetzt nach Hause gehen. Diese Art von Fest liegt euch ja ohnehin nicht."

Die Frage nach dem Gerechtigkeitsverständnis der Pharisäer wird in der Erzählung „Ein Fest und ein Rätsel" (siehe **M 9.6**) zwar berührt, aber nicht thematisiert. Dass die Gesunden keinen Arzt brauchen, ist keine weltbewegende Erkenntnis. Erst im Zusammenhang mit der Levi-Erzählung bekommt sie ihre Bedeutung. Mit ihrer Hilfe entschlüsseln die Kinder, wer in der Erzählung der Arzt ist und wer die Gesunden und wer die Kranken sind.

Wer ist ein Sünder?

In der frühen Jesusüberlieferung handelt es sich dabei um eine sozial definierte Gruppe. Sünder sind Menschen aus verachteten Dienstleistungsberufen: Schweinehirten (vgl. die Geschichte „Der verlorene Sohn"), Zöllner, Kleinhändler, Matrosen, Gastwirte, Kuppler etc. Reiche Jünglinge gehören nicht dazu.

Sünder sind Menschen, die irgendwie durchkommen müssen, um zu überleben. Für die Pharisäer sind sie Sünder, weil sie nicht die Tora studieren und sich nicht an die religiösen Vorschriften halten. Ihrer Ansicht nach kann also auch ein Zöllner nicht umkehren, weil er wohl kaum darüber Buch geführt hat, wie viele Menschen er betrogen hat. Ein Sünder muss nämlich für alles begangene Unrecht Wiedergutmachung leisten. Für andere sind sie Sünder, weil sie sich oftmals mit unerlaubten Mitteln durchs Leben schlängeln (vgl. SCHOTTROFF/STEGEMANN 1990, S. 24 f.).

Damit die Kinder die Struktur dieser Berufungsgeschichte verstehen können, müssen vorher Kap. 6 „Jesus sucht Mitarbeiterinnen und Mitarbeiter“ und Kap. 8 „Menschen werden nicht aufgegeben“ behandelt worden sein. Andernfalls muss an dieser Stelle in das Zollwesen eingeführt werden. Das kann mithilfe der Folie von Material **M 9.1** geschehen.

Thematisch kann dieses Kapitel mit der Unterrichtsreihe „Freude über die Gemeinschaft“, Thema „Essen gemeinsam an einem Tisch (siehe *Bergedorfer® Grundschulpraxis: Religion – 1. Klasse*, S. 101 ff.) vernetzt werden. Dem Gemeinschaftsgedanken Jesu folgend, der in diesem Kapitel entwickelt wird, laden die Kinder dann Levi oder Zachäus in ihre Tischgemeinschaft ein.

Bausteine der Unterrichtsreihe

Baustein 1: So geht das nicht mehr weiter

Unterrichtsmaterial:

- Folie von Material: „Das weiß ich schon über Zöllner“ (S. 127) **M 9.1**
- Erzählung: „Levi denkt über sein Leben nach“ **M 9.2**
- Erzählung: „Levi denkt über sein Leben nach“ **M 9.2.1**
- Erzählung: „Jesus sieht Levi“ **M 9.3**
- Levifiguren **M 9.4**
- Levifiguren für OHP (von L vorbereitet) **M 9.4**
- Lied: „Komm mit mir, spricht Jesus“ (Musik-CD ⊙ Track 19/20) **M 9.5**

Unterrichtsschritte:

1. Anhand der *Folie von einer unbesetzten Zollstation* ruft L bereits vorhandene Kenntnisse über Zöllner ab. Die Kinder schreiben ihre Gedanken auf. **M 9.1**

   Differenzierung: Gestalten
   Die Kinder malen einen Zöllner an den Tisch.

2. *Erzählung:* „Levi denkt über sein Leben nach“ **M 9.2**
3. Die Kinder *beschreiben die Gefühle Levis*, von denen sie in der Erzählung erfahren haben.
4. Sie arbeiten mit einem Partner. Sie lesen sich den Text **M 9.2** und **M 9.2.1** gegenseitig vor und überlegen, welche Levifigur **M 9.4** welches Gefühl ausdrückt. Sie zeigen auf die jeweilige Figur und begründen ihre Wahl. **M 9.4**

   Differenzierung: Verstehen
   Für die Textarbeit liegt der Text in zwei Niveaustufen vor. **M 9.2** und **M 9.2.1**

5. Dann *erzählen* sie von Situationen aus dem eigenen Leben, in denen sie sich schon einmal wie Levi gefühlt haben.
6. L *zeigt* die verschiedenen *Levifiguren* **M 9.4** am OHP. Die Kinder suchen die Figur aus, die dem unglücklichen Levi aus der Erzählung entspricht. Diese wird in die unbesetzte Zollstation „gesetzt“.
7. *Erzählung:* „Jesus sieht Levi“ **M 9.3**
8. Im anschließenden *Gespräch* wird herausgearbeitet, dass sich durch Jesus Zuwendung Levis Gefühle und somit auch seine Haltung verändert haben. Die Kinder suchen die der neuen Haltung entsprechende Levifigur aus und *tauschen* die *Figur* auf der Folie aus.

   Differenzierung: Wahrnehmen
   Die Kinder führen eine Körperübung durch, um die Veränderung in der Haltung von Levi zu verdeutlichen.

9. *Lied:* „Komm mit mir, spricht Jesus“, Str. 1 **M 9.5**

Baustein 2: Levi lädt zu einem Fest ein

Unterrichtsmaterial:

- festes Papier für Einladungskarten
- Farbstifte
- Lied: „Komm mit mir, spricht Jesus“ (Musik-CD ⊙ Track 19/20) **M 9.5**

Unterrichtsschritte:

1. Levi beschließt, ein Fest zu feiern. Die Kinder *führen Gründe* auf, die Levi dazu veranlassen. Dann nennen die Kinder Anlässe für verschiedene Feste aus ihrer eigenen Lebenswelt *(Hochzeit, Weihnachten, Ostern, Schulsommerfest, Taufe etc.).*

   Beispiel:
   Wir feiern meinen Geburtstag, weil sich die Familie darüber freut, dass es mich gibt. Und sie erinnert sich an die Zeit, als ich noch klein war.

2. Die Kinder *überlegen*, welche Vorbereitungen für ein Fest zu treffen sind: *Gästeliste, Einladungen, Aufräumen, Essensvorbereitungen etc.*

3. Jedes Kind *entwirft* und *verziert* eine *Einladungskarte*, mit der Levi seine Zöllnerkollegen, Jesus und seine Jünger zu dem Fest einlädt und auch den Grund für die Einladung nennt.

> **Beachte!**
>
> Die Einladungskarten werden noch einmal in Baustein 3 benötigt!

4. *Lied:* „Komm mit mir, spricht Jesus“, Str. 2 **M 9.5**

Baustein 3: Ein Fest und ein Rätsel

Unterrichtsmaterial:

- Einladungen der Kinder (aus Baustein 2)
- runde kleine Plättchen in drei Farben für Zöllner, Pharisäer und Jesus-Gruppe
- jeweils ein großes Plättchen (in entsprechender Farbe) für Levi, den Anführer der Pharisäer und Jesus
- ein farbiges Blatt Papier als Tisch
- ein Kärtchen mit der Aufschrift *Arzt* und mehrere mit der Aufschrift *Kranke* und *Gesunde*
- Erzählung: „Ein Fest und ein Rätsel“ **M 9.6**
- Lied: „Komm mit mir, spricht Jesus“ (Musik-CD ⊙ Track 19/20) **M 9.5**

Unterrichtsschritte:

1. Aus den *Einladungskarten* (aus Baustein 2), die den passenden Rahmen für Levis Fest geben, legen die Kinder den *Grundriss von Levis Haus* auf Boden oder Tischen aus. Für Tür und Fenster bleiben Lücken. Das farbige Blatt stellt den Esstisch dar.

2. *Erzählung:* „Ein Fest und ein Rätsel“ **M 9.6**
   Mithilfe der *Figurenplättchen* entwickelt L beim Erzählen die Festszene und das Gespräch zwischen Jesus und den Pharisäern. Die Kinder wirken daran mit, indem sie die Plättchen inner- bzw. außerhalb des Hausgrundrisses *bewegen*.

3. Das *Jesuswort* vom Arzt, den Kranken und Gesunden ist für die Kinder ein Rätselwort, das sie *deuten* müssen. Im Unterrichtsgespräch überlegen sie, wer die in dem Jesuswort genannten Kranken und Gesunden sind und wer der Arzt ist.

4. Die Kinder legen die Kärtchen *Arzt, Kranke* und *Gesunde* zu den Personen und begründen ihre Zuordnung.

   Differenzierung: Verstehen und Deuten
   In einem *weiterführenden Unterrichtsgespräch* kann überlegt werden, zu welcher Gruppe Levi und die Jünger gehören. Sind sie schon gesund? Vielleicht kommen die Kinder sogar darauf, dass die Leute, die sich für gesund halten, es in Wirklichkeit nicht sind.

5. *Lied:* „Komm mit mir, spricht Jesus“, Str. 1–3 **M 9.5**

Das weiß ich schon über Zöllner

KOPIERVORLAGE

Levi denkt über sein Leben nach — M 9.2

Damals war ich froh, dass ich die Arbeit als Zöllner bekommen hatte. Wenn ich morgens zum Stadttor ging, hatte ich vor mich hin gepfiffen und mich gefreut. Ja, damals.

Heute jedoch bin ich mir nicht mehr so sicher.
Von dem, was ich verdiene, kann ich leben.
Es ist nicht zu wenig und auch nicht zu viel.
Das ist in Ordnung.
Aber etwas hat sich verändert.
Heute macht mich diese Arbeit ***krank***.
Wenn die Leute mich am Zoll sehen,
weiß ich, was sie denken: *verdammter Zöllner, Betrüger!*
Manche behandeln mich wie Luft.
Das tut mir ***weh***.

Ich muss die Waren anschauen: Tiere, Früchte, Sklaven, Gemüse, Schmuck, Olivenöl und ... und ... und. Dann muss ich den Zoll ausrechnen und mehr kassieren, als ich darf. Manchmal bin ich ***unsicher***, ob ich das tun soll. Wenn ich es aber nicht mache, werde ich hinausgeworfen und habe keine Arbeit mehr.

Und da ist noch etwas, das mich ***unglücklich*** macht. Bei den Freunden von meinem Chef soll ich nicht so genau nachschauen.
Sie bezahlen fast gar nichts. Und das macht mich richtig ***wütend***. Bei anderen dagegen ist mein Chef so geldgierig, dass er am liebsten für ihren Atem Geld kassieren würde.

Ich kenne zwar viele Leute, aber ich fühle mich trotzdem ***einsam***. Wer will schon einen Zöllner zum Freund haben!

Wenn abends das Stadttor geschlossen wird, gehe ich ***traurig*** nach Hause. Was soll ich denn tun? Ich muss doch leben, essen und trinken.

Zum Glück ist der Tag für heute vorbei!

Levi denkt über sein Leben nach — M 9.2.1

Damals war ich **froh**.
Ich hatte Arbeit als Zöllner.

Heute hat sich etwas verändert.
Meine Arbeit macht mich **krank.**
Die Menschen denken über mich:
Betrüger!
Ich bin wie Luft für sie.
Das tut mir **weh**!
Ich bin **einsam**.

Ich muss die Ware ansehen.
Dann muss ich Zoll nehmen.
Ich nehme mehr Geld, als ich muss.
Darf ich das?
Ich bin **unsicher**.

Mein Chef hat Freunde.
Bei ihnen soll ich nicht so genau hinsehen.

Sie bezahlen fast kein Geld.
Ich bin **wütend**.

Keiner will mein Freund sein.
Ich bin **einsam**.

Abends gehe ich **traurig** nach Hause.
Was soll ich tun?
Ich muss doch Geld verdienen.
Ich muss leben, essen und trinken.

Jesus sieht Levi

M 9.3

Jesus geht an einer Zollstation vorbei.
Er sieht einen Zöllner, der nachdenklich an seinem Tisch sitzt.
Glücklich sieht dieser Mann nicht aus.
Irgendetwas muss ihm auf der Seele liegen.
Jesus bleibt stehen und sieht den Zöllner an. Der bewegt sich nicht. Er hängt mehr auf seinem Tisch, als dass er daran sitzt.

Langsam hebt er seinen Kopf.
Ist das nicht Jesus, den er schon einmal gesehen hat?

Jesus sieht ihn an.
Die Leute, denen er Geld abnimmt, schauen ihn nicht so an. Was sagen Jesus Augen?
Sie sagen etwas anderes als die Augen der anderen Leute an der Zollstation.
Bloß was sagen sie? Kopf hoch, Levi?
Oder fragen sie?
Fragen sie: Was bedrückt dich?

Jesus sagt nichts.
Seine Augen sprechen und fragen weiter:
Was machst du hier noch, Levi?

Levi denkt: *Der schaut mich aber lange an.*
Mitten in seinen Gedanken hört er Jesus sagen: „Steh auf und komm mit mir!“

Ganz langsam erhebt sich Levi. Noch stützt er sich auf den Tisch. Dann steht er aufrecht.
Er fühlt sich sogar ein bisschen stark.
Jesus ist schon ein paar Schritte vorausgegangen. Dann wartet er.

Und Levi folgt ihm.

Levifiguren

M 9.4

KOPIERVORLAGE

Komm mit mir, spricht Jesus

M 9.5

ursprünglicher Text:	Britt G. Hallquist
ursprünglicher Titel:	Folge mir, sagt Jesus
Textbearbeitung und -änderung:	Christian Gauer
Melodie:	Per Erik Styf (leicht geändert)
Übertragung:	Hein Meurer

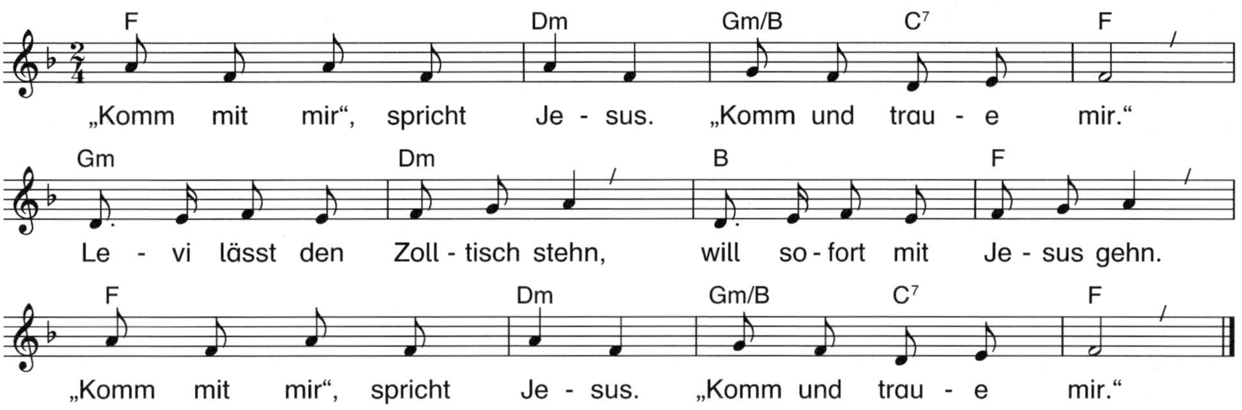

(Musik-CD ⦿ Track 19/20)

2. *„Kommt zu mir", spricht Levi.*
   „Ich lade euch ein."
   Vor Glück bin ich fast ganz verrückt.
   Es gibt nichts mehr, was mich bedrückt.
   „Kommt zu mir", spricht Levi.
   „Ich lade euch ein."

3. *„Heute will ich feiern*
   mit euch allen hier."
   Einen guten Freund ich fand.
   Jesus reicht mir seine Hand.
   „Heute will ich feiern
   mit euch allen hier."

Ein Fest und ein Rätsel (1)

M 9.6

Levi steht an seiner Haustür.

Levi steht vor der Tür.

Alles ist angerichtet: Oliven, Datteln, Brot, Bohnen, Mandeln und noch mehr. Er will seinen Gästen etwas Gutes tun. Er will ihnen zeigen: *Seht, ich bin ein neuer Levi. Ich muss kein Zöllner mehr sein. Jesus hat mich mitgenommen. Das will ich mit euch feiern.*

Vor Erwartung ist er ganz aufgeregt. Ungeduldig läuft er hin und her.

Levi läuft vor der Tür auf und ab.

Warum kommt denn keiner? Die sollen sich ein bisschen beeilen.
Na endlich! Da kommen zwei von meinen Kollegen.
Levi führt sie ins Haus.

Levi begleitet sie ins Haus.

„Ich freue mich, dass ihr gekommen seid! Nehmt Platz!
Ich gehe nur noch schauen, wo die anderen bleiben."

Levi tritt wieder vor die Tür.

„Ah, da seid ihr ja." Levi winkt vier Männern zu.
Es sind auch Zöllner. Freudig läuft er ihnen entgegen.

Levi eilt ihnen entgegen und geht dann mit ihnen zum Haus zurück.

Alle Gäste schauen schon erwartungsvoll auf das Essen.
„Ihr müsst noch etwas warten, denn es kommen noch mehr Gäste", sagt Levi.

Jesus und zwei Jünger nähern sich dem Haus.

„Sag schon, wen erwartest du noch?"
„Sei doch nicht so neugierig. Du wirst es schon sehen.
Hab noch ein bisschen Geduld."

Jesus und die Jünger treten ins Haus ein.

Levi dreht sich um, schaut Jesus an und sagt laut:
„Jesus ist da. Kommt zu Tisch. Ihr wisst ja, warum ich euch eingeladen habe: …

Die Kinder antworten.

… Richtig! Einfach, weil ich froh bin, kein Zöllner mehr zu sein, und deshalb, weil ich ein neues Leben anfangen will.
Danke, Jesus."
Jesus spricht das Tischgebet und dann fangen sie an zu essen.
Draußen stehen ein paar Leute. Es sind Pharisäer.

Etwas vom Haus entfernt stehen die Pharisäer.

Ein Fest und ein Rätsel (2)

M 9.6

Sie kennen die Gesetze. Und sie befolgen alle Gesetze.
Von Leuten, die das nicht tun, halten sie sich fern.

Zöllner sind ihnen besonders verdächtig. Misstrauisch verfolgen sie, was in Levis Haus geschieht.

Sie rücken näher an Levis Haus heran.

Sie hören zu, was drinnen gesprochen wird. Sie schütteln die Köpfe und einer sagt: „Dass Jesus mit den Zöllnern am Tisch sitzt, finde ich unmöglich. Das sind doch alles Betrüger. Von einem Zöllner würde *ich* kein Stück Brot annehmen."

Obwohl die Tür zu Levis Haus offen ist, kommen sie nicht herein. Aber einer von ihnen ruft: „Warum isst und trinkst du mit Zöllnern und anderem Volk?"

Jesus antwortet ihnen mit einem Satz, den sie nicht gleich verstehen. Es ist ein richtiges Rätselwort: „Die *Gesunden* brauchen keinen *Arzt*. Den brauchen nur die Kranken. Und ich bin zu den *Kranken* gekommen."

Die Pharisäer überlegen: *Wen meint er damit?*
Die Zöllner schauen sich an: *Wohin gehören wir denn?*
Draußen sagt einer: *„Was soll das heißen?"*

Levi lächelt. Er hat verstanden.

Die Kinder überlegen, was Levi verstanden hat.

10 Weihnachten: Gott kommt zu den Menschen

Thema: Die Weisen folgen dem Stern (Mt 2,1-12)

Intention der Reihe

In der Geburtsgeschichte des Matthäus-Evangeliums von Menschen erfahren, die – von Gott angestoßen – Jesus suchen.

4 Std.

Kompetenzerwartung: Die Schülerinnen und Schüler deuten die Weihnachtsgeschichten aus dem NT unter dem Gesichtspunkt der Menschwerdung Gottes.

Theologisch-didaktischer Kommentar

Text (Mt 2,1-12):

1 *Als Jesus geboren war in Bethlehem in Judäa zur Zeit von*
König Herodes, siehe, da kamen Weise aus dem Morgenland
nach Jerusalem und sprachen: 2 *Wo ist der neugeborene Kö-*
nig der Juden? Wir haben einen Stern gesehen im Morgen-
land und sind gekommen, ihn anzubeten.
3 *Als das der König Herodes hörte, erschrak er und mit ihm*
ganz Jerusalem, 4 *und er ließ zusammenkommen alle Ho-*
henpriester und Schriftgelehrten des Volkes und erforschte
von ihnen, wo der Christus geboren werden sollte. 5 *Und sie*
sagten ihm: In Bethlehem in Judäa; denn so steht geschrie-
ben durch den Propheten (Micha 5,1): 6 *„Und du, Bethlehem*
im jüdischen Lande, bist keineswegs die kleinste unter den
Städten in Juda; denn aus dir wird kommen der Fürst, der
mein Volk Israel weiden soll."
7 *Da rief Herodes die Weisen heimlich zu sich und erkun-*
dete genau von ihnen, wann der Stern erschienen wäre,
8 *und schickte sie nach Bethlehem und sprach: Zieht hin und*
forscht fleißig nach dem Kindlein; und wenn ihr's findet, so
sagt mir's wieder, dass auch ich komme und es anbete. 9 *Als*
sie nun den König gehört hatten, zogen sie hin. Und siehe,
der Stern, den sie im Morgenland gesehen hatten, ging vor
ihnen her, bis er über dem Ort stand, wo das Kindlein war.
10 *Als sie den Stern sahen, wurden sie hocherfreut* 11 *und gin-*
gen in das Haus und fanden das Kindlein mit Maria, seiner
Mutter, und fielen nieder und beteten es an und taten ihre
Schätze auf und schenkten ihm Gold, Weihrauch und Myrrhe.
12 *Und Gott befahl ihnen im Traum, nicht wieder zu Herodes*
zurückzukehren; und sie zogen auf einem andern Weg wie-
der in ihr Land.

Die vorliegende Geschichte entstammt dem Matthäus-Evangelium. Sie ist höchstwahrscheinlich erst um 70 n. Chr. entstanden. Der Verfasser des Evangeliums scheint aus einer judenchristlich geprägten Gemeinde zu kommen und auch für eine solche zu schreiben. Er vertritt das Interesse, Jesus als den Messias, als den Israel angekündigten Retter, darzustellen. Diesem Ziel dienen auch die Schriftzitate aus dem Alten Testament.

Der Verfasser des Evangeliums berichtet: Obwohl sich Jesus ausschließlich zu Israel gesandt wusste (Mt 10,5 f., 15,24), wurde er von seinem Volk nicht anerkannt. Vertrauen wurde Jesus hingegen von Nichtjuden entgegengebracht. Dieses Verhalten, das im Matthäus-Evangelium immer wieder geschildert wird, zeigt, dass der Verfasser in Auseinandersetzung mit dem Judentum seiner Zeit steht, wobei er allerdings trotz aller Polemik von leidenschaftlicher Liebe zu Israel erfüllt ist.

Ebenso wie Lukas (Kap. 1 und 2) erzählt Matthäus eine Geburtsgeschichte Jesu. Er verwendet dazu allerdings andere Bilder. Die „Geschichte ist eine knapp und nüchtern erzählte Legende, die nicht nach den Gesetzen historischer Wahrscheinlichkeit fragt" (LUZ 1985, S. 115).

Die Geburtsgeschichte des Matthäus zeigt Jesus als den Herrn (griech. *Kyrios*), den Retter und Heiland, den universalen König, den neuen und wahren König Israels. Das Matthäus-Evangelium nutzt dazu Elemente aus der Vorstellungswelt des jüdischen Kulturkreises.

Die Geschichte gliedert sich in vier Szenen:

a) Weise kommen aus dem Morgenland nach Jerusalem und fragen nach dem neugeborenen König der Juden. Sie sind seinem Stern gefolgt und wollen ihn nun anbeten.

b) Herodes lässt seine Schriftgelehrten forschen, wo Christus geboren werden soll. Sie finden heraus, dass es in Bethlehem passieren wird. Herodes schickt die Weisen nach Bethlehem und bittet sie um einen Bericht, wenn sie das Kind gefunden haben.

c) Die Weisen ziehen nach Bethlehem, der Stern zieht vor ihnen her. Sie finden das Kind, beten es an und machen ihm Geschenke.

d) Im Traum befiehlt ihnen Gott, Herodes nicht zu informieren, und sie ziehen auf einem anderen Weg in ihr Land zurück, um ihm auszuweichen.

Das Wort, das Luther mit *Weise* übersetzt, heißt im griechischen Urtext *magoi.* Magoi meint zunächst Angehörige der persischen Priesterkaste, bezeichnet aber seit dem Hellenismus auch andere Vertreter östlicher Theologie, Philosophie und Naturwissenschaft. Ihnen allen ist gemeinsam, dass sie ein besonderes Wissen besitzen. Die Leser zur Zeit des Matthäus wissen, dass Magier Heiden sind. Das Einzige, was Matthäus über sie angibt, ist, dass sie aus dem Osten kommen (Luther übersetzt hier das griechische Wort, welches „Sonnenaufgang" bedeutet, mit „Morgenland" und greift damit eine aus der Antike bekannte Praxis auf, Himmelsrichtungen entsprechend den Tageszeiten und dem dazugehörigen Sonnenstand zu bezeichnen. In dieser Perspektive charakterisiert Morgenland ein geografisches Gebiet im Osten des Betrachters).

10 Weihnachten: Gott kommt zu den Menschen

Nach der Geschichte des Matthäus kommen nun also die Weisen, Vertreter fremder Völker, um Jesus als König zu huldigen. Herodes und das jüdische Volk hingegen „erschrecken“ nur und verfolgen Jesus später sogar. Hierin zeigt sich wieder eines der Hauptthemen des Evangeliums: Die Heiden glauben und kommen zu Jesus, die Juden glauben nicht an Jesus, sie verwerfen ihn (siehe oben).

Die Weisen folgen dem Stern, den sie im Osten gesehen haben, um zum neugeborenen König zu kommen. Wie sie die Bedeutung des Sternes erkennen, schildert Matthäus nicht. Entscheidend ist für ihn Gottes Führung. Er sieht den Stern als einen Wunderstern, als eine besondere Himmelserscheinung, „wie sie nach antiker Überlieferung bei der Geburt eines großen Menschen oft geschah“ (LUZ 1985, 119). Der Stern ist Mittel göttlicher Führung.

Über den Stern wurde viel gerätselt. Es ist nicht auszuschließen, dass hier „die Erinnerung an irgendeine auffällige astronomische Erscheinung um die Zeit der Geburt Jesu in den Erinnerungen der Gemeinden weitergelebt haben könnte“ (LUZ 1985, 116). Der Stern gilt als Symbol der Fürsten bzw. der Herrschaft schlechthin und so im übertragenen Sinne auch für die messianische Herrschaft.

Exkurs

Bei der auffallenden astronomischen Erscheinung könnte es sich um eine Sternenkonstellation besonderer Art handeln: eine dreifache Nah- und Engstellung der Planeten Jupiter und Saturn im Sternbild der Fische (perspektivische Erscheinung). Das passiert nur alle zwanzig Jahre einmal in dieser Form.

Die größte Konjunktion tritt dann ein, wenn die beiden Planeten dann auch noch der Sonne gegenüberstehen. Das passiert im Schnitt nur alle 135 Jahre. Schon Kepler glaubte daran, dass dies die Form des Sterns von Bethlehem ist. Im Jahr 7 vor unserer Zeitrechnung gab es solch eine Konstellation. („Das Jahr Null oder Eins als Christi Geburtsjahr ist eine Rechenkonstruktion in Relation zum Jahr der Gründung Roms (753 v. Chr.); nimmt man Kalenderreformen hinzu, müsste Jesus, so paradox das klingt, im Jahre 7 oder gar 6 vor Christus geboren sein“ (QUADFLIEG 1998, S. 30))

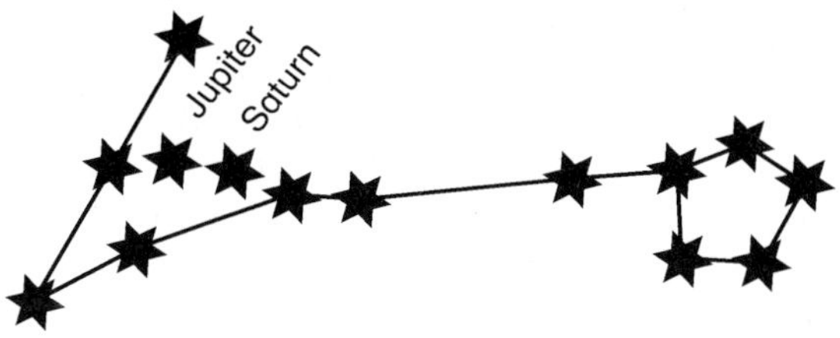

Falls die Weisen wirklich sternkundige Menschen waren, hätten sie aus dieser Sternenkonstellation noch etwas anderes herauslesen können: Der Saturn galt als Volks- und Schutzgestirn Israels, der Jupiter als Königsstern, das Sternbild der Fische ist dem Westland zugeordnet, dem Ende der Weltreiche. In diesem Sinne würde die Sternkonstellation bedeuten: „In Palästina wird in diesem Jahr der Herrscher der Endzeit erscheinen.“

Herodes beunruhigten die Fragen der Weisen sehr. Er herrschte als König der Juden, als Vasallenkönig Roms von 37–4 v. Chr. Herodes war ein großer Bauherr und eigentlich kein schlechter Landesfürst. Er herrschte 33 Jahre, davon 30 Jahre in Frieden. Doch er war maßlos in seiner Leidenschaft und in seinem Hass. Sein Bangen um den Thron, das sich in der Geburtsgeschichte des Matthäus-Evangeliums spiegelt, ist historisch belegt.

Bethlehem (zu Bethlehem siehe auch Kapitel 5: „Gott begleitet Rut“, S. 59 ff.) als Geburtsort von König David gilt auch als Geburtsort des Messias. Der Verfasser des Matthäus-Evangeliums unterstreicht dies durch die Anführung des Zitats aus Micha 5,1.

Als die Weisen das Kind finden, knien sie nieder und beten es an. Die Verehrung durch Sich-zu-Boden-Werfen kam nach griechischem Verständnis den Göttern zu und nach orientalischem auch höher gestellten Menschen, vor allem Königen. Danach öffnen die Weisen ihre Schatzkästen und geben dem Kind ihre Geschenke: Weihrauch und Myrrhe (Harze des Weihrauch- bzw. Myrrhebaumes). Beides wurde im Kultus, für kosmetische Zwecke, als Gewürz oder als Heilmittel verwendet und galt als Luxusartikel. Zusammen mit Gold könnte am ehesten gemeint sein, dass die Weisen dem Kind die „allerkostbarsten Geschenke darbringen“ (vgl. LUZ 1985, 121).

Die Geschenke wurden christologisch auch folgendermaßen interpretiert:

- *Gold* galt als Tribut für den *König* Jesus,
- *Weihrauch*, aufsteigend zum Herrn, wird dem *Gott* Christus dargebracht und
- *Myrrhe*, u. a. zur Salbung von Toten dienend, ist Symbol für das *Leiden*, das Jesus bevorsteht.

In der vorliegenden Unterrichtsreihe wird den Kindern die Geburtsgeschichte des Matthäus-Evangeliums aus der Lutherbibel vermittelt. Dies geschieht, um die Kinder einerseits an den Gebrauch der Bibel heranzuführen und ihnen andererseits die Geschichte „so wie sie in der Bibel steht“ zu präsentieren, da es eine Vielzahl den Ursprung verdeckende Erzählungen und Legenden gibt.

10 Weihnachten: Gott kommt zu den Menschen

Exkurs

Die Matthäus-Geschichte über die Weisen hat die christliche Frömmigkeit stark geprägt und zu einer fortschreitenden Legendenbildung geführt. Die Zahl der Weisen (die Matthäus nicht angibt) ist durch die Zahl der Geschenke bestimmt. (Die Dreizahl setzte sich bald in der westlichen Kirche durch. Die syrische Kirche hatte noch lange die Vorstellung von zwölf Weisen.) Die Weisen galten als Vertreter der drei „Menschheits-Rassen", die man von den Söhnen Noahs Sem, Ham und Jafed ableitete. Oft wurden sie auch als Vertreter der drei Lebensalter Jüngling, Mann, Greis oder der drei damals bekannten Erdteile dargestellt. Dann wurden sie zu den drei Königen, aufgrund der alttestamentlichen Textstellen Jes 60,3 und Ps 72,10 f., die man auf die neutestamentliche Erzählung bezog. Schließlich bezeichnete man sie mit Namen: Kaspar, Melchior, Balthasar (dunkelhäutig dargestellt).

Im reliquienfreudigen Mittelalter verehrte man ihre Gebeine. Im Jahr 1164 fand eine feierliche Translation der Gebeine der „Heiligen Drei Könige" von Mailand nach Köln statt. Heute noch kann der Dreikönigsschrein, einer der kostbarsten Reliquienschreine der Welt, im Kölner Dom besichtigt werden.

Die Erarbeitung der biblischen Geschichte wird durch die Herstellung von Stabfiguren und individuellen Bilderbüchern unterstützt. Im Laufe der Unterrichtseinheit arbeitet jedes Kind einmal an einer Stabfigur und in der übrigen Zeit an seinem Bilderbuch.

Stabfiguren

Die Kinder stellen in Gruppen, die je nach Größe der Lerngruppe festgelegt werden, neben dem großen Stern die Weisen, König Herodes, die Berater, Maria, Josef und die Krippe mit Kind her (siehe Arbeitsstationen 4, 5 und 6).
Der große Stern wird später von allen Kindern gemeinsam mit verschiedenen glitzernden Materialien (z. B. Verpackungsmaterialien, Geschenkpapier etc.) verziert.
Die Größe der Stabfiguren ergibt sich durch die Größe der Pappen. Eventuell muss L beim Zeichnen der Figurenumrisse etwas helfen.
Die Ausgestaltung der Figuren bleibt der Fantasie der Kinder überlassen. Sie kann fächerübergreifend im Kunstunterricht geschehen, dann können die Figuren nicht nur mit Wachsmal- und Buntstiften bemalt, sondern auch mit Stoffen „bekleidet" werden.
Die fertigen Figuren werden auf flache Holzleisten getackert.

Bilderbuch

Während in Gruppen an den Stabfiguren gearbeitet wird, basteln und gestalten die anderen Kinder Bilderbücher in Einzelarbeit (siehe Bastelanleitung). **M 10.3**

Dazu illustrieren sie die vorgegebenen Abschnitte des Bibeltextes (Mt 2,1-12, siehe **M 10.4/M 10.4.1**).
Auch die Materialien für die Bücher werden bereitgestellt (siehe Arbeitsstationen 1–3).

Bausteine der Unterrichtsreihe

Baustein 1: Bethlehem und Morgenland

Unterrichtsmaterial:

- Tuch, LED-Kerze, Bibel
- verschiedene Weihnachtsutensilien (z. B. Weihnachtsbild, Stern, Schaf o. Ä.)
- Lupe
- Israelkarte **M 10.1**
- Magnete
- Arbeitsblatt: „Bibeltext in Abschnitten" **M 10.4/M 10.4.1**
- Lied: „Wir folgen dem Stern" (Musik-CD ⦿ Track 21/22) **M 10.5**
- Materialien für die Arbeitsstationen 1–4 (siehe dort)

Unterrichtsschritte:

1. Die Kinder *sitzen* mit L *um* eine *gestaltete Mitte*. Auf dem Tuch steht die LED-Kerze. Daneben liegen eine Bibel, verschiedene Weihnachtsutensilien und eine Lupe. An der Tafel hängt die Israelkarte. **M 10.1**
   Die Kinder *äußern sich* zu den *Gegenständen*, die sie mit der Weihnachtsgeschichte in Verbindung bringen. Vielleicht kommt ihnen die Lupe merkwürdig vor.

2. L *lenkt* den Blick der Kinder auf die *Israelkarte*. Die Kinder bringen ihr Vorwissen zur Karte ein. Dann überlegt L mit ihnen, wozu eine Lupe nützlich ist *(etwas genauer in den Blick nehmen/vergrößern)* und erklärt:
   Wir wollen jetzt einige Orte auf der Karte „unter die Lupe" nehmen.
   L hält die Lupe über Bethlehem. Die Kinder wiederholen, was sie mit *Bethlehem* verbinden (siehe dazu Kapitel 5: „Gott begleitet Rut" in diesem Band und Kapitel 3: „Weihnachten" in der *Bergedorfer® Grundschulpraxis: Religion – 1. Klasse*).

3. L berichtet den Kindern über die Weisen aus dem Osten, Sterndeuter ... (siehe *theologisch-didaktischen Kommentar*).

4. Einführung in den Bibeltext:
   Bethlehem und das Morgenland spielen in der Geschichte, mit der wir uns in den nächsten Stunden beschäftigen wollen, eine besondere Rolle. Die Geschichte steht in einem Buch der Bibel. Sie erzählt uns von der Geburt Jesu.
   Im letzten Jahr haben wir aus einem anderen Buch der Bibel von den Hirten gehört. Die Geschichte, die dieses Jahr erzählt wird, berichtet von den Weisen, die sich auf den Weg machen, um den neugeborenen König zu finden.

5. Ein Kind *liest* die Verse Mt 2,1-2 vor. **M 10.4/M 10.4.1**

Differenzierung: *Verstehen*
Der Bibeltext liegt in zwei Niveaustufen vor.
M 10.4 und **M 10.4.1**

6. Die Kinder *suchen Jerusalem* auf der Israelkarte. Jedoch wird erst in Baustein 2 genauer auf Jerusalem eingegangen. **M 10.1**

7. *Lied:* „Wir folgen dem Stern" **M 10.5**

8. L *erklärt*, dass jedes Kind zur Geschichte von den Weisen im Laufe der Unterrichtseinheit ein eigenes *Bilderbuch* gestaltet. Außerdem basteln die Kinder in kleinen Gruppen *Stabfiguren*, mit denen die Geschichte gespielt und ein Weihnachtsstück aufgeführt werden kann (siehe Kommentar, S. 142). Dazu sind Arbeitsstationen aufgebaut (siehe unten).

Arbeitsstation 1:

Gestaltung des Bilderbuchumschlags

Material:

- Bastelanleitung zum Bilderbuch (1) **M 10.3**
- Tonpapier (DIN A4) in verschiedenen Farben (1 Blatt je Kind)
- 1 weißes DIN-A5-Blatt je Kind
- Sterne aus Karton (von L vorbereitet) **M 10.2**
- Bunt- und Wachsmalstifte

Arbeitsstation 2:

Bibeltext für die Bilderbuchseiten

Material:

- Arbeitsblatt: „Bibeltext in Abschnitten" **M 10.4 / M 10.4.1**
- Scheren, Kleber

Arbeitsstation 3:

Gestaltung der Innenseiten des Buches

Material:

- Bastelanleitung zum Bilderbuch (2) **M 10.3**
- 3 weiße DIN-A4-Blätter je Kind
- 1 Wollfaden je Kind
- Buntstifte

Arbeitsstation 4:

Stabfigur Stern

Material:

- Pappe
- verschiedene Glitzermaterialien
- Holzlatte
- Tacker
- Scheren, Kleber

---

9. Nachdem L die *Arbeitsstationen* erklärt hat, beginnen die Kinder mit ihren Aufgaben. Der *große Stern* wird von der Gruppe aus Pappe hergestellt (siehe Arbeitsstation 4). Später wird er von allen Kindern nacheinander mit den Glitzermaterialien verziert.
Die übrigen Kinder fertigen mit den Materialien der Arbeitsstation 1 den *Umschlag* des Bilderbuches an. Das Deckblatt wird mittels Durchreibetechnik gestaltet.
Danach binden die Kinder Hülle und Blätter zu einem Buch (siehe Arbeitsstation 3) und *gestalten* die *erste Seite* mit dem ersten Bibelabschnitt (siehe Arbeitsstation 2) und einer passenden Zeichnung (siehe Arbeitsstation 3). **M 10.4/M 10.4.1**

Baustein 2: Im Palast von König Herodes

Unterrichtsmaterial:

- Bibel
- Lupe
- Israelkarte **M 10.1**
- Lied: „Wir folgen dem Stern" (Musik-CD ⦿ Track 21/22) **M 10.5**
- Stabstern (siehe Baustein 1)
- Arbeitsblatt: „Bibeltext in Abschnitten" **M 10.4 / M 10.4.1**
- Arbeitsblatt: „Gedanken von Herodes" **M 10.6**
- Magnete
- Materialien für die Arbeitstationen 1–3 und 5 (siehe dort)

Unterrichtsschritte:

1. Die Israelkarte hängt an der Tafel. **M 10.1**
L *führt* in den zweiten Baustein *ein*:
Weit sind die Weisen durch die Wüste gezogen, bis sie in Jerusalem ankamen.

Die Kinder *legen* die *Lupe* zunächst auf die Wüste, dann auf Jerusalem. Sie *erzählen* vielleicht vom Einzug Jesu in Jerusalem (Ostern) und Abrahams und Saras Wanderung durch die Wüste (siehe *Bergedorfer® Grundschulpraxis: Religion – 1. Klasse,* Kap. 8 und 10).

2. Lied: „Wir folgen dem Stern“ **M 10.5**
   Die Kinder gehen mit ihrem „Stabstern“ durch die Klasse.

3. Ein Kind *liest* den nächsten Bibelabschnitt (Mt 2,3-6) vor. Fragen zum Text werden geklärt. **M 10.4/M 10.4.1**

4. Um diese Szene spielen zu können, werden folgende *Stabfiguren* hergestellt: die Weisen (wobei die Zahl nicht auf drei Personen festgelegt ist) sowie König Herodes und die Berater. Während die Gruppe diese Figuren mit den Materialien von Arbeitsstation 5 bastelt, arbeiten die anderen Kinder weiter an ihren Büchern (Arbeitsstationen 1–3, siehe Baustein 1).

Arbeitsstation 5:
Stabfiguren: die Weisen, König Herodes, die Berater

Material:
- Pappen je nach Anzahl und Größe der Figuren
- 1 flache Holzlatte je Figur
- Tacker
- Wachsmalstifte
- ggf. Stoffe

---

5. Die Kinder *spielen die Szene* zwischen Herodes und den Beratern nach. Dazu wird der Bibelabschnitt Mt 2,3-6 noch einmal vorgelesen. **M 10.4/M 10.4.1**

6. L befestigt die Figur des Herodes mit Magneten an der Tafel. Daneben wird eine Denkblase gemalt. Im Gespräch überlegt L mit den Kindern:
   - *Was geht in Herodes vor?*
   - *Was überlegt er?*
   - *Was denkt er sich wohl aus?*

   L trägt die Äußerungen der Kinder in die Denkblase ein.

   Differenzierung: Verstehen und Kommunizieren
   Die Kinder bearbeiten das Platzdeckchen „Gedanken von Herodes“ in Vierergruppen. **M 10.6**
   Die Arbeitsblätter werden für Arbeitsschritt 8 an die Tafel geheftet.

   Placemat-Methode: Jede Gruppe erhält einen großen Bogen Papier und teilt den Bogen so auf, dass jeder Schüler dann ein eigenes Feld vor sich hat und in der Mitte ein Feld für die Gruppenergebnisse frei bleibt.

   1. Phase: Denken
   Die Kinder notieren ihre Gedanken, Ergebnisse oder Fragen, die sie in der Einzelarbeit entwickelt haben, in ihr Individualfeld.

   2. Phase: Austauschen
   Die individuellen Ergebnisse werden ausgetauscht und verglichen. Ein gemeinsames Gruppenergebnis wird in das Gruppenfeld (Mitte) eingetragen.

   3. Phase: Vorstellen
   Die Kinder stellen ihre Gruppenergebnisse in der Klasse vor. Dazu können sie auf die Aufzeichnungen im Gruppenfeld des Bogens zurückgreifen.

7. Ein Kind liest den Bibelabschnitt Mt 2,7-8 vor. **M 10.4/M 10.4.1**
   Das Gespräch zwischen König Herodes und den Weisen wird nachgespielt.

8. Die Kinder *vergleichen* die Aussagen des Bibelabschnitts mit ihren Vermutungen in der Denkblase:
   - *König Herodes ist unheimlich, dass da ein anderer König geboren wird.*
   - *Er will nähere Informationen haben.*
   - *Er benutzt die Weisen für seine Zwecke.*
   - *Er fürchtet um seine Macht ...*

9. Die Kinder *gestalten* die nächste Bilderbuchseite.

Baustein 3: In Bethlehem im Stall

Unterrichtsmaterial:
- Lied: „Wir folgen dem Stern ...“ (Musik-CD Track 21/22) **M 10.5**
- Stabstern (siehe vorherige Bausteine)
- Stabfiguren: die Weisen (siehe Baustein 2)
- Bibel
- Arbeitsblatt: „Bibeltext in Abschnitten“ **M 10.4 / M 10.4.1**
- Lied: „Die drei Weisen kommen“ (Musik-CD Track 23/24) **M 10.7**
- Materialien für die Arbeitsstationen 1–3 und 6 (siehe dort)
- ggf. „Geschenke“ der Weisen (zur Demonstration)

Unterrichtsschritte:
1. *Lied:* „Wir folgen dem Stern“ **M 10.5**
   Die Kinder singen das Lied und ziehen mit den Weisen hinter dem Stern her.

2. Ein Kind liest den Bibelabschnitt Mt 2,9-11 vor. **M 10.4/M 10.4.1**

3. Die Kinder stellen mit den Materialien von Arbeitsstation 6 folgende Stabfiguren her: Maria, Josef und die Krippe mit Kind. Die anderen Kinder arbeiten an ihren Bilderbüchern (Arbeitsstationen 1–3, siehe Baustein 1).

Arbeitsstation 6:
Stabfiguren: Maria, Josef, Krippe mit Kind

Material:
- 1 Pappe je Figur
- 1 flache Holzlatte je Figur
- Wachsmalstifte
- ggf. Stoffe

4. Lied: „Die drei Weisen kommen" **M 10.7**

5. L *leitet* mit folgenden Worten zum Spiel der Szene an der Krippe (Mt 2,9-11) *über:*

   Als der Stern über dem Ort stehen blieb, wo das neugeborene Kind lag, wussten die Weisen: Hier sind wir richtig, das ist der neugeborene König. Sie sahen das Kind an und erkannten die Liebe in seinen Augen.
   Und sie packten ihre Schätze aus und schenkten sie dem Kind. Es waren besondere Geschenke, Kostbarkeiten, von denen es heißt, dass sie eines Königs würdig sind: Gold, Weihrauch und Myrrhe.

   Besonders eindrucksvoll ist es, wenn L die *„Geschenke"* zur *Demonstration* mit in die Klasse bringt.

6. Wiederholung des *Liedes* „Die drei Weisen kommen". **M 10.7**

7. Die Kinder *arbeiten* an der nächsten Bilderbuchseite.

Baustein 4: Rückkehr ins Morgenland

Unterrichtsmaterial:
- Bibel
- Arbeitsblatt: „Bibeltext in Abschnitten" **M 10.4 / M 10.4.1**
- Israelkarte **M 10.1**
- Interviewkarten **M 10.8**
- Magnete
- alle Stabfiguren (aus den vorherigen Bausteinen)

Unterrichtsschritte:
1. L *erinnert* die Kinder noch einmal an die *Denkblase* des Herodes (Wiederholung der Gedanken aus Baustein 2). Alternativ werden noch einmal die Arbeitsblätter mit den Ergebnissen der Kinder an die Tafel geheftet.

2. Ein Kind *liest* den *Textabschnitt* Mt 2,12 vor. **M 10.4/10.4.1**

3. Mithilfe der Israelkarte *überlegen* die Kinder, *wie die Weisen zurückgekehrt sind.* **M 10.1**

   Sie versetzen sich noch einmal in die Lage von König Herodes:
   Was geht in ihm vor, als er merkt, dass die Weisen nicht zurückkommen?

   Differenzierung: Handeln
   Die Kinder lassen die Stabfigur des Herodes „sprechen".

4. Bevor *die Weisen* ins Morgenland zurückkehren, werden sie von den Kindern zu ihrem aufregenden Erlebnis befragt.
   L heftet die Stabfiguren der Weisen mit Magneten nebeneinander an die Tafel (**M 10.9**). Jeweils ein Kind setzt sich darunter und „leiht" einem Weisen seine Stimme. Die anderen Kinder stellen mithilfe der Interviewkarten Fragen. **M 10.8**
   Die wichtigsten Aspekte der Geschichte aus der Sicht der Weisen sind:
   - *Gott hat uns geführt. Wir haben seine Nähe gespürt.*
   - *Das Kind strahlte etwas ganz Besonderes aus.*
   - *Der Traum hat uns gezeigt: Wir müssen dieses Kind beschützen.*
   - *Wir wollen allen Menschen in unserem Land erzählen, was wir erlebt haben.*
   - *Ob Gott uns deshalb von so weit hergeholt hat?*

   Bei der Beantwortung der Fragen dürfen alle Kinder helfen, wenn ein Interviewpartner nicht mehr weiterweiß.

5. Die *Bilderbücher* werden *zu Ende bearbeitet* und dann ausgestellt.

6. Das *Stabfigurenspiel* wird vollständig vorgeführt. Dazu wird der Bibeltext noch einmal vorgelesen.

Tipp:
Es bietet sich an, die Unterrichtseinheit mit einer weihnachtlichen Feier abzuschließen.
Auf der Feier können …
- der Bibeltext vorgelesen, **M 10.4 / M 10.4.1**
- die Geschichte mit den Stabfiguren vorgeführt (Vorschläge für Bühnen siehe **M 10.9**),
- die beiden Lieder gesungen, **M 10.5 + M 10.7**
- die Bilderbücher ausgestellt werden.

Differenzierung: Deuten und Gestalten
Auf der letzten freien Seite im Bilderbuch können die Kinder schreiben oder malen, welche Nachricht(en) die Weisen in die Welt getragen haben. Die Ergebnisse können ebenfalls bei der weihnachtlichen Feier vorgetragen werden.

Israelkarte

M 10.1

KOPIERVORLAGE

Sternenschablonen

M 10.2

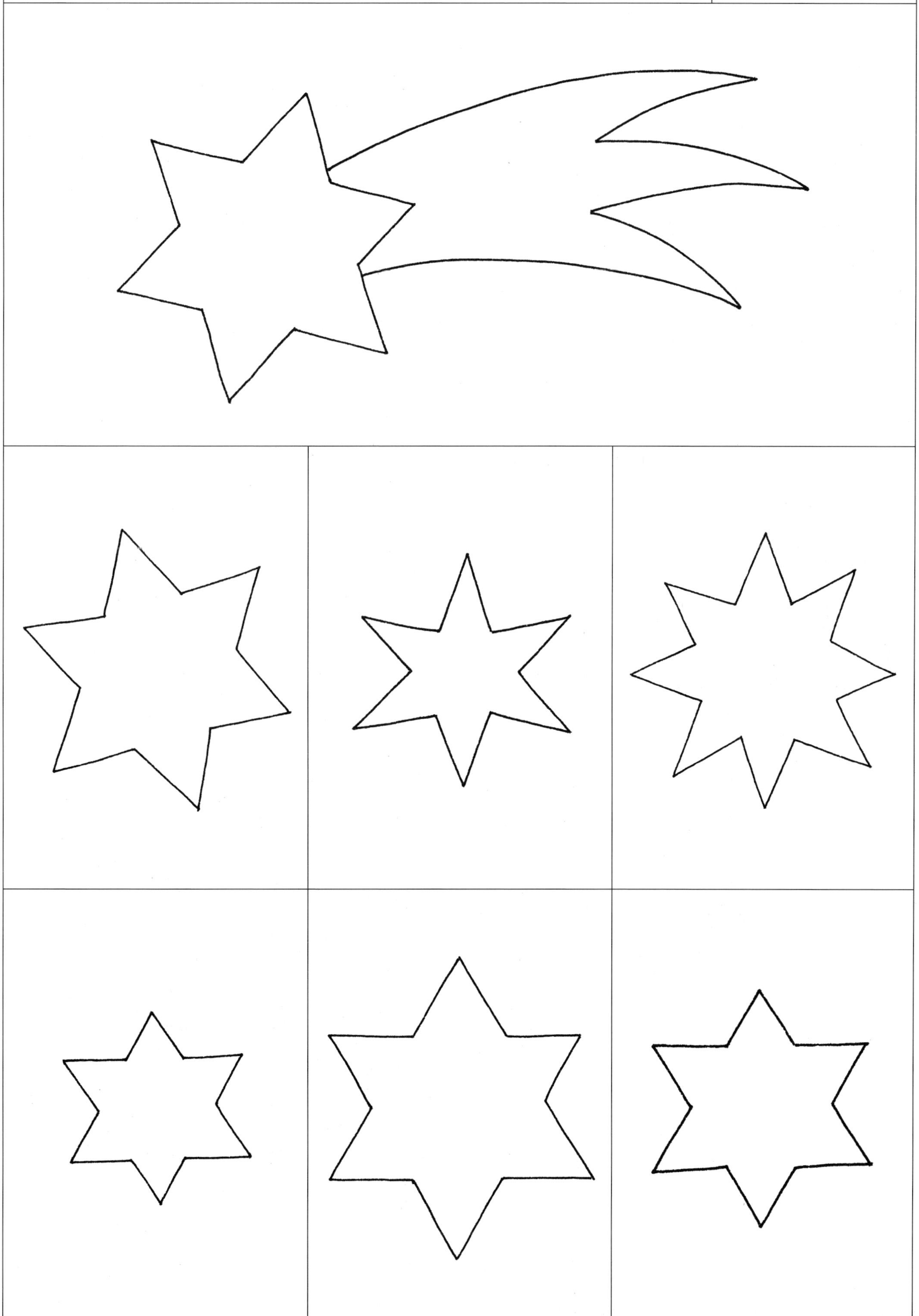

Bastelanleitung zum Bilderbuch (1) — M 10.3

Bastelmaterial

- 1 Blatt Tonpapier (DIN A4)
- 1 weißes DIN-A5-Blatt
- Sterne aus Karton
- Bunt- oder Wachsmalstifte

Bastelanleitung

1. Falte das Tonpapier in der Mitte zum Buchumschlag.

2. Lege einige Sterne auf den Tisch und darüber das weiße DIN-A5-Blatt. Rubbel mit Bunt- oder Wachsmalstiften darüber, sodass ein Sternenbild entsteht.

3. Klebe das Sternenbild auf das Deckblatt. Fertig ist der Buchumschlag!

Bastelanleitung zum Bilderbuch (2) — M 10.3

Bastelmaterial

- 3 weiße DIN-A4-Blätter
- 1 Wollfaden
- Buntstifte
- Textabschnitt (von Arbeitsstation 2)

Bastelanleitung

1. Falte die drei weißen DIN-A4-Blätter in der Mitte und lege sie in die Buchhülle ein.

2. Binde das Buch in der Mitte mit dem Wollfaden zusammen. So kann es nicht auseinanderfallen.

3. Schneide jeweils den benötigten Textabschnitt aus dem Arbeitsblatt (siehe Arbeitsstation 2) aus, klebe ihn oben auf die entsprechende Buchseite und male ein passendes Bild darunter.

KOPIERVORLAGE

Bibeltext in Abschnitten

M 10.4

Als Jesus geboren war in Bethlehem in Judäa zur Zeit des Königs Herodes, siehe, da kamen Weise aus dem Morgenland nach Jerusalem und sprachen: Wo ist der neugeborene König der Juden?
Wir haben einen Stern gesehen im Morgenland und sind gekommen, ihn anzubeten.

Matthäus 2,1-2

Als das der König Herodes hörte, erschrak er und mit ihm ganz Jerusalem, und er ließ zusammenkommen alle Hohepriester und Schriftgelehrten des Volkes und erforschte von ihnen, wo der Christus geboren werden sollte.
Und sie sagten ihm: In Bethlehem in Judäa; denn so steht geschrieben durch den Propheten (Micha 5,1):
„Und du, Bethlehem im jüdischen Lande, bist keineswegs die kleinste unter den Städten in Juda; denn aus dir wird kommen der Fürst, der mein Volk Israel weiden soll."

Matthäus 2,3-6

Da rief Herodes die Weisen heimlich zu sich und erkundete genau von ihnen, wann der Stern erschienen wäre, und schickte sie nach Bethlehem und sprach: Zieht hin und forscht fleißig nach dem Kindlein;
und wenn ihr's findet, so sagt mir's wieder, dass auch ich komme und es anbete.

Matthäus 2,7-8

Als sie nun den König gehört hatten, zogen sie hin. Und siehe, der Stern, den sie im Morgenland gesehen hatten, ging vor ihnen her, bis er über dem Ort stand, wo das Kindlein war. Als sie den Stern sahen, wurden sie hocherfreut und gingen in das Haus und fanden das Kindlein mit Maria, seiner Mutter, und fielen nieder und beteten es an und taten ihre Schätze auf und schenkten ihm Gold, Weihrauch und Myrrhe.

Matthäus 2,9-11

Und Gott befahl ihnen im Traum, nicht wieder zu Herodes zurückzukehren; und sie zogen auf einem andern Weg wieder in ihr Land.

Matthäus 2,12

Jesus wurde in Bethlehem geboren.
Zu der Zeit folgten drei weise Männer aus dem Morgenland einem Stern.
Sie suchten den neugeborenen König der Juden.
Sie kamen zu König Herodes.
Der herrschte über das Land.

König Herodes erschrak, als er die Nachricht hörte.
Er ließ nachforschen, wo das Kind geboren sein sollte.
Die Schriftgelehrten berichteten ihm: in Bethlehem.

Herodes schickte die Weisen nach Bethlehem.
Sie sollten ihn benachrichtigen, wenn sie das Kind gefunden hätten.
Auch er wollte es anbeten.

Der Stern führte die Weisen zu dem Kind.
Sie fielen nieder und beteten es an.
Sie gaben ihm ihre Geschenke:
Gold, Weihrauch und Myrrhe.

Gott befahl ihnen im Traum, nicht zu Herodes zurückzukehren.
So zogen die Weisen auf einem anderen Weg in ihr Land zurück.

Wir folgen dem Stern

M 10.5

Text: Rolf Krenzer
Melodie: Siegfried Fietz

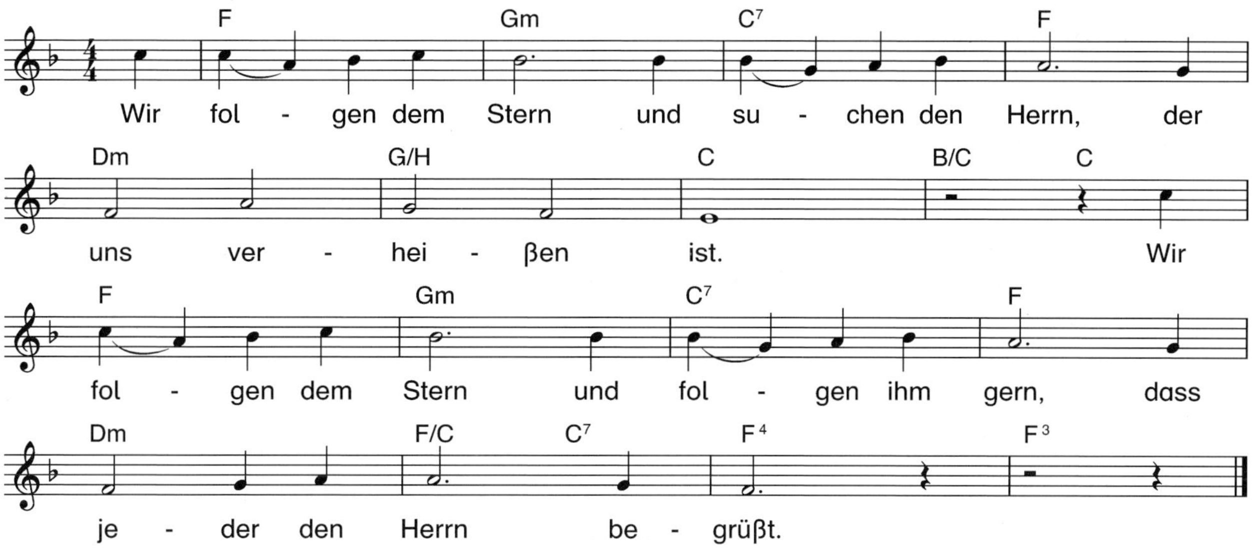

(Musik-CD ⊙ Track 21/22)

Die drei Weisen* kommen

M 10.7

Text: Rolf Krenzer
Melodie: Paul G. Walter

(Musik-CD ⊙ Track 23/24)

* ursprünglicher Text „Könige"

Gedanken von Herodes

M 10.6

1. Notiert eure Gedanken oder auch Fragen zum Thema in eurem Feld.
2. Tauscht euch über eure Ergebnisse aus.
3. Schreibt ein gemeinsames Gruppenergebnis in das Feld in der Mitte.
4. Stellt euch eure Gruppenergebnisse vor.

Interviewkarten

M 10.8

Woher wussten Sie, dass Sie sich auf die Reise begeben sollten?	War es unterwegs auf fremden Wegen nicht manchmal unheimlich?
Haben Sie etwas auf die Reise mitgenommen?	Wie war es im Palast von König Herodes? Hat er Sie gut behandelt?
Was haben Sie in Bethlehem gefunden?	Woher wussten Sie, dass dieses Kind ein „König“ ist?
Wer hat Ihnen gesagt, wie Sie zurückreisen sollen?	Haben Sie sich etwas für Ihre Rückkehr vorgenommen?
Warum sind Sie auf Ihrem Rückweg nicht bei König Herodes vorbeigegangen?	

Bühne für Stabpuppenspiel | M 10.9

Bühne mit Tafel & Decke

Material:

- Wandtafel
- Holzlatte
- Decke
- Schraubzwingen

Anleitung:

1. Klappt die Wandtafel auf.
2. Befestigt die Holzlatte mit Schraubzwingen an den beiden unteren Ecken der aufgeklappten Tafel.
3. Legt die Decke über die Holzlatte.
4. Schiebt die Tafel hoch, bis die Latte auf Stirnhöhe des Puppenspielers ist.

Bühne mit Kartenständer & Besenstiel

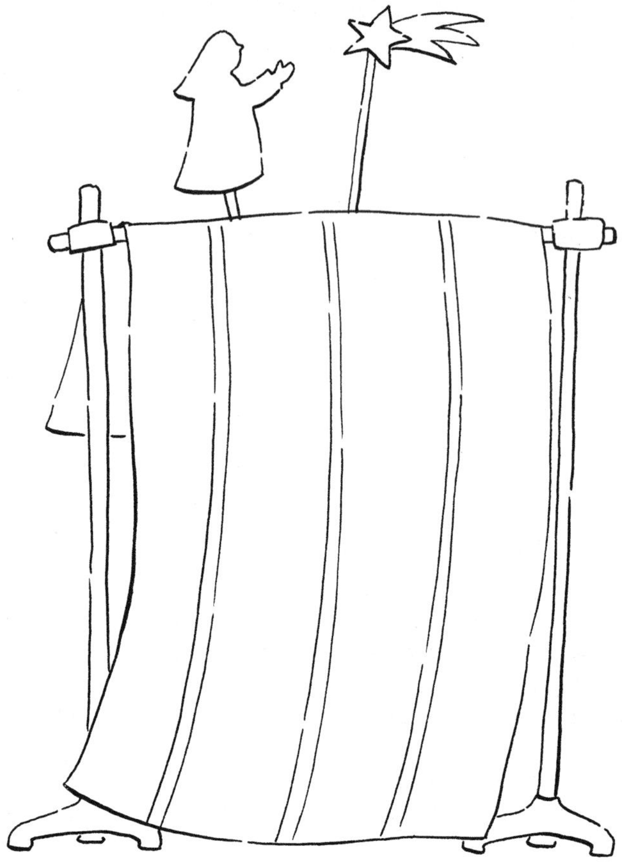

Material:

- 2 Kartenständer
- Besenstiel
- Tuch

Anleitung:

1. Stellt die beiden Kartenständer nebeneinander auf.
2. Klemmt den Besenstiel dazwischen.
3. Legt das Tuch über den Besenstiel.

Thema: Vertrauens-/Psalmworte in der Bibel (Ps 91,1; Jes 66,13a)

Intention der Reihe

In den Bildern aus Vertrauensworten der Bibel Gott als liebendes, schützendes und tröstendes Gegenüber für das eigene Leben erkennen.

4 Std.

Kompetenzerwartung: Die Schülerinnen und Schüler deuten Gebete als Ausdruck einer auf Gott vertrauenden Kommunikation mit ihm.

Theologisch-didaktischer Kommentar

Seit Jahrtausenden bringen Menschen mit den Worten der Psalmen ihre Ängste und Sorgen, aber auch ihre Freude und ihren Dank zum Ausdruck. Psalmen sind Basistexte der Bibel, die elementar von Gott sprechen und den Leserinnen und Lesern einen selbstständigen Zugang zu biblischen Texten ermöglichen. Der Umgang mit der Sprache der Psalmen befähigt die Kinder, Erfahrungen aus ihrem Leben und die damit verbundenen Emotionen zu versprachlichen (vgl. Kap. 4 diesen Bandes und Kap. 12: „Gott begleitet mich" der *Bergedorfer® Grundschulpraxis: Religion – 1. Klasse*). Über die Worte der Psalmen treten die Kinder in Beziehung zu Gott und nehmen den Dialog mit ihm auf, ähnlich dem Beter des AT, für den Gott Ursprung und Ziel seines Lebens war.

Text (Ps 91,1):
Wer unter dem ***Schirm*** *des Höchsten sitzt und unter dem Schatten des Allmächtigen bleibt ...*

Psalm 91 ist inhaltlich bestimmt von der Angst vor Gefahren, die plötzlich in das Leben einbrechen können. Diese Ängste sind immer vorhanden und können die Lebensqualität eines Menschen sehr beeinträchtigen.
Dagegen setzt Vers 1 die Aussage, dass es einen Ort gibt, der rettende Zuflucht inmitten des Gefahrenstrudels bietet – und dieser Ort ist Gott (Jahwe) (vgl. ZENGER 2003, S. 136).

Text (Jes 66,13a):
Ich will euch trösten, wie einen seine ***Mutter*** *tröstet ...*

Dieser Text ergänzt die Psalmworte des Vertrauens, da auch hier in einem Bild von Gott geredet wird: im Bild der tröstenden Mutter, das den Kindern wohl vertraut ist, wenn sie in einer intakten Mutter-Kind-Beziehung leben. Vielleicht ist es den Kindern eher fremd, Gott mit weiblichen Zügen zu belegen. Doch im Buch Jesaja finden sich einige Beispiele dafür, dass Gott (Jahwe) sich nicht nur im Bild eines Mannes, sondern auch in dem einer Frau beschreiben lässt.

Die Metaphernsprache für Gott kann und muss gerade deswegen weibliche und männliche Bilder benutzen, um sicherzustellen, dass JHWH jegliche menschliche Erfahrung und Verfasstheit, ja sämtliche innerweltliche Realität, die einer Gottesmetapher zum Vergleichspunkt werden kann, transzendiert
(FISCHER 1998, S. 255).

Aussagen, die Gott im Bild einer Frau erscheinen lassen, befinden sich im Jesaja-Buch nur in Gottesreden. Also hält Gott (Jahwe), nach dem Zeugnis des Jesaja, weibliche Rede von sich selbst nicht für unangebracht oder gar unmöglich (vgl. ebd.).

Was drückt der Zuspruch „wie eine Mutter tröstet" aus?

Da ist eine Person, der ich erzählen kann, was ich auf dem Herzen habe. Dort kann ich mich ausweinen, bis der Schmerz gelindert ist. Sie vermittelt mir das Gefühl, bedingungslos geliebt zu werden.

Die beiden Bibelstellen stehen hier beispielhaft für viele andere, die Bilder des Vertrauens, des Schutzes, des Trostes und der Hoffnung widerspiegeln. Darum werden sie in der Unterrichtseinheit im Zusammenhang mit anderen Vertrauensworten der Bibel behandelt. Nur dann ist es möglich, die Vielfalt der Bilder aufzuzeigen, in denen von Gott gesprochen wird. Die in der Unterrichtseinheit verwendeten Psalm-/Vertrauensworte sind:

- *Du bist mein* ***Licht*** *und mein Heil; vor wem sollte ich mich fürchten?* (Ps 27,1a)
- *Du hältst mich liebevoll an der* ***Hand****.* (Ps 73,23)
- *Du bist* ***Sonne*** *und wärmst uns.* (Ps 84,12)
- *Du umgibst mich von allen Seiten und hältst deine* ***Hand*** *über mir.* (Ps 139,5)
- *Du tröstest uns wie eine* ***Mutter****.* (Jes 66,13a)
- *Du schützt mich wie ein* ***Schirm****. Das gibt mir Sicherheit.* (Ps 91,1)

Damit den Kindern die inhaltliche Auseinandersetzung erleichtert wird, sind die Vertrauensworte in eine gleiche und kindgerechte Sprachform gebracht worden. Die Bilder stammen aus ihrer Erfahrungswelt und können als Vertrauensbilder nachvollzogen werden. Die gestalterische Arbeit vertieft die ganzheitliche Erschließung der Vertrauensworte.

In der Unterrichtseinheit bietet sich die Vernetzung mit den Kapiteln „Gott begleitet mich" zu Ps 18,30b (S. 50 ff. in diesem Band) und „Gott begleitet mich" zu Ps 139,3.5 (vgl. *Bergedorfer® Grundschulpraxis: Religion – 1. Klasse*, S. 176 ff.) an.

11 Reden von Gott

Bausteine der Unterrichtsreihe

Ritual

L knüpft in seiner Einführung (s. u.) an die Unterrichtseinheit „Gott begleitet mich" an. Es kann ergänzend das Bild „Bleib sein Kind" (Band 1, S. 182 ff.) gezeigt werden.
In der mit einem *Tuch* gestalteten Mitte liegt neben einer leuchtenden *LED-Kerze* eine *Bibel*. Wahrscheinlich äußern sich die Kinder spontan dazu. Dann leitet L die Stunde mit den folgenden Worten ein:

Wir haben schon mehrmals von Gebeten und Liedern gehört, die Menschen an Gott gerichtet haben. Diese Gebete und Lieder stehen in der Bibel und werden Psalmen genannt. Sie erzählen von Erfahrungen, die Menschen mit Gott gemacht haben.

Baustein 1: Wir reden in Bildern

Unterrichtsmaterial:

- Tuch, LED-Kerze, Bibel
- Material: „Bildkarten" als laminierte Kärtchen und als Arbeitsblätter für die Kinder **M 11.1**

Unterrichtsschritte:

1. *Wenn das Kapitel „Gott begleitet mich" des vorherigen Bandes (siehe ebd.) behandelt worden ist, …*

   … legt L zunächst nur die *Bildkarte* mit der Hand auf das Tuch zu Kerze und Bibel. Möglicherweise erinnern sich die Kinder an ihre Hände aus der bereits erarbeiteten Unterrichtseinheit. Dann erst werden die Bilder von Schirm, Haus, Sonne und weiblicher Person (Mutter) hinzugefügt und die Kinder äußern sich auch dazu.

   Falls man nicht auf das genannte Kapitel zurückgreifen kann, legt L alle vier Bildkarten gleichzeitig aus.

2. L und die Kinder überlegen im *Gespräch*, welche Assoziationen die Bilder auslösen.

   - *eine **Hand**, die mir hilft/die mich hält/schlägt/bedroht …*
   - *ein **Schirm**, der mich schützt …*
   - *eine **Sonne**, die mir Licht gibt/die mich wärmt/verbrennt …*
   - *eine **Mutter**, die mich liebt/die mich tröstet/mit mir schimpft …*

   Alle Äußerungen bleiben ohne Wertung nebeneinander stehen.

3. Das *Gespräch* wird unter folgenden Fragestellungen fortgesetzt:

   - *In welcher Situation habt ihr schon einmal eine Hand, einen Schirm, die Sonne, die Mutter gebraucht?*
   - *Wann und warum haben sie euch gut getan?*

   Differenzierung: Wahrnehmen
   Es werden Erfahrungsräume für die Kinder geschaffen „Wie fühlt es sich an, wenn man …" (tröstet, getröstet wird/ jemanden wärmt, gewärmt wird/ jemanden festhält, festgehalten wird/ beschützt, beschützt wird/beschirmt, beschirmt wird).

4. Die Kinder formulieren Aussagesätze, wie z. B.:

   - *Ich konnte das allein nicht festhalten, da hat mir … geholfen.*
   - *Mir war kalt, aber die Sonne hat mich wieder gewärmt.*
   - *Ich habe mir wehgetan, da hat mich meine Mutter getröstet.*

5. Die Kinder *schreiben* diese *Sätze* in die entsprechenden Umrisse des Arbeitsblattes. **M 11.1**
   Die Arbeitsblätter können dann in der Klasse aufgehängt werden. In Baustein 2 werden sie erneut benötigt.

   Differenzierung: Verstehen
   Die Kinder wählen ein Bildwort vom Arbeitsblatt **M 11.1** aus und schreiben dazu.

   Tipp:
   Bei einer großen Lerngruppe kann die Erarbeitung der Unterrichtsschritte 4 und 5 auch in Gruppenarbeit erfolgen.

Baustein 2: In Bildern von Gott reden

Unterrichtsmaterial:

- Tuch, LED-Kerze, Bibel
- Bildkarten (aus Baustein 1) **M 11.1**
- Arbeitsblätter mit Sätzen der Kinder (aus Baustein 1) **M 11.1**
- Streifen mit Vertrauensworten (zur besseren Haltbarkeit laminiert) **M 11.3**
- abwaschbare Folienstifte
- Papierstreifen für die Vertrauensworte der Kinder **M 11.4**
- Raufasertapete
- Deckfarben
- Schwämme und Pinsel
- Lied: „Du bist ein Licht" (Musik-CD ⊙ Track 25/26) **M 11.2**

11 Reden von Gott

Unterrichtsschritte:

1. Die Kinder sitzen im Kreis. Die Mitte ist mit Tuch, LED-Kerze, Bibel und Bildkarten gestaltet. **M 11.1**
   Die Streifen mit den Psalm-/Vertrauensworten liegen verdeckt daneben. **M 11.3**
   Jeweils ein Streifen wird von einem Kind umgedreht, vorgelesen und wahllos neben die Bilder gelegt. Wenn es eine Beziehung erkennt, wird es den Vers vermutlich zum entsprechenden Bild legen. Möglicherweise erübrigt sich dann die Zuordnung in Schritt 2.

2. Die Kinder lesen die Psalm-/Vertrauensworte noch einmal vor und ordnen sie den entsprechenden Bildern zu. Danach kreisen sie die Bildwörter auf den Streifen mit Folienstift ein. **M 11.3**

3. L erinnert die Kinder noch einmal daran, dass Menschen auch schon vor Tausenden von Jahren diese Psalmworte gesprochen haben.

   - *In welcher **Lebenssituation** könnten sie gewesen sein?*
   - *Auf welchem Stück **Lebensweg** könnte ein Mensch einen solchen Satz sprechen?*
   - *Wer ist das „**Du**" in den Versen?*
   - *In welchen **Bildern** wird von diesem „Du" geredet?*
   - *Was haben alle diese Bilder **gemeinsam**?*

4. Die Kinder formulieren *eigene Vertrauensverse.* Dabei können ihnen die auf dem Umrissbild **M 11.1** (aus Baustein 1) vermerkten Sätze eine Hilfe sein. **M 11.4**

   Diese werden so aufgebaut, dass der erste Satz jeweils die Situation des Beters beschreibt und der zweite im Vertrauen von Gott redet, ...

   - *der die Situation verändern kann.*
   - *der tröstet und schützt.*

   Beispiele:

   - *Ich war traurig. Bei dir finde ich Trost wie bei einer Mutter. Oder: Bei Gott finde ich Trost wie bei einer Mutter.*
   - *Mir war kalt. Du wärmst mich wie die Sonne. Oder: Gott ist wie ...*
   - *In mir war es dunkel. Du bist das Licht und machst es wieder hell. Oder: ...*
   - *Ich fühlte mich ganz allein. Du beschützt mich wie ein Schirm. Oder: ...*

5. Die *Verse werden vorgelesen* und mit Abstand voneinander in die Mitte gelegt.

6. *Lied:* „Du bist ein Licht" **M 11.2**

   Differenzierung: Verstehen und Deuten
   Die Kinder vergleichen die Aussagen des Vertrauensliedes mit ihren selbst geschriebenen Versen. Sie stellen z. B. einen anderen Satzaufbau fest.

7. Die Kinder *überlegen*, welche Farben den ersten bzw. zweiten Sätzen entsprechen. *Dunkle Farben* (Schwarz, mit Schwarz gemischte Farbtöne) entsprechen der Stimmung des Beters im ersten Teil.
   Helle, fröhliche Farben (Rot, Gelb, Orange, Hellblau ...) spiegeln die Zuversicht des zweiten Teils.
   Wenn das Kapitel 5 „Gott begleitet Rut" bekannt ist, kann L daran anknüpfen, da es dort ebenfalls um die symbolische Wirkung von Farben geht.

8. Anschließend wässern die Kinder in Gruppen *Raufasertapete* mit einem Schwamm und *färben* sie auf einer Hälfte schwarz und auf der anderen Hälfte in fröhlichen Farben ein. Dabei darf der Übergang ruhig ineinander verlaufen. Nachdem die Tapete getrocknet ist, kleben die Kinder die Satzstreifen auf die entsprechenden Hälften, sodass die passenden Sätze jeweils nebeneinanderstehen.

   Differenzierung: Deuten
   Die Kinder schreiben Aussagen des Liedes auf Satzstreifen und kleben sie entsprechend auf farbige Tapetenstreifen.

   Differenzierung: Deuten
   Die Kinder lesen die Sätze zum Schluss noch über Kreuz. Dabei werden sie feststellen, dass sich auch bei anderen Satzkombinationen ein Sinnzusammenhang ergibt.

   Tipp:
   Wenn die Kinder eine Dokumentation für ihr Portfolio haben möchten, können sie ihren Vertrauensvers noch einmal auf einen Papierstreifen schreiben und auf einen kleinen Streifen Tapete kleben. (Bei der Materialbeschaffung bedenken!)

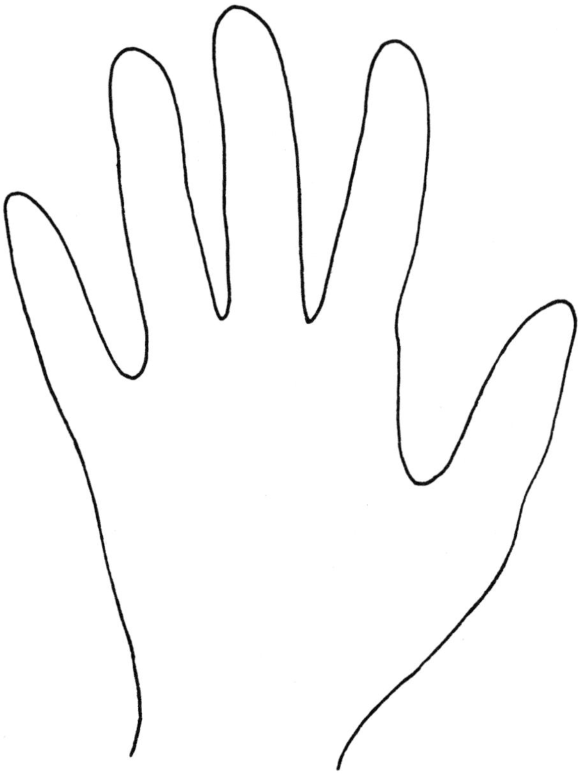

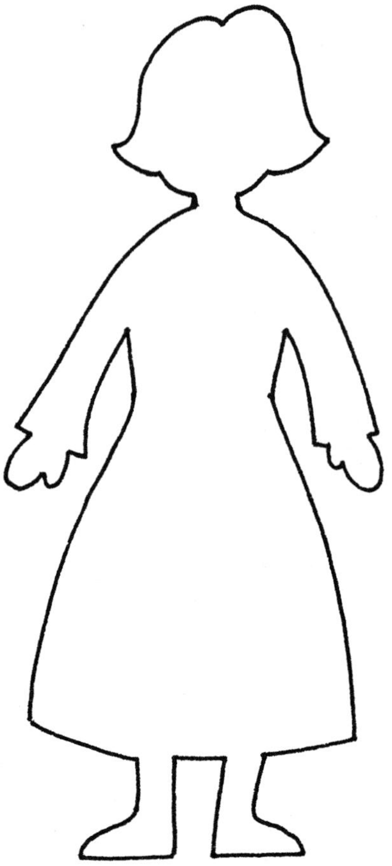

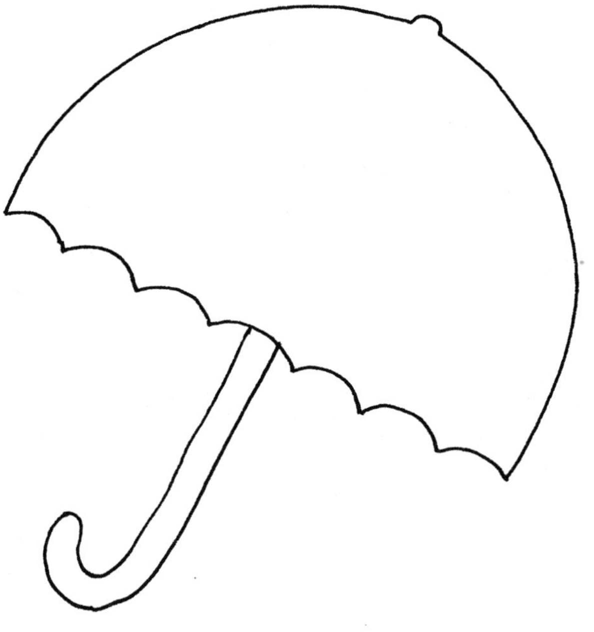

Du bist ein Licht

Text und Melodie: Sebastian Schade

(Musik-CD ⊙ Track 25/26)

Vertrauensworte

M 11.3

Du bist mein Licht und mein Heil;
vor wem sollte ich mich fürchten?

Psalm 27,1a

Du hältst mich liebevoll an der Hand.

Psalm 73,23

Du bist Sonne und wärmst uns.

Psalm 84,12

Du umgibst mich von allen Seiten
und hältst deine Hand über mir.

Psalm 139,5

Du tröstest uns wie eine Mutter.

Jes 66,13 a

Du schützt mich wie ein Schirm.
Das gibt mir Sicherheit.

Psalm 91,1

Vertrauensworte der Kinder

M 11.4

KOPIERVORLAGE

12 Gott ermöglicht Umkehr

Thema: Gott gibt Menschen immer wieder eine Chance (Jona 1-4 in Auszügen)

Intention der Reihe

Die Jonaerzählung kennenlernen und erfahren, dass Menschen, die ihr Leben ändern wollen, mit Gott neu anfangen können.

4–5 Std.

Kompetenzerwartung: Die Schülerinnen und Schüler nehmen alttestamentliche Geschichten von der Nähe und Begleitung Gottes wahr und stellen Bezüge zur eigenen Lebenswirklichkeit her.

Theologisch-didaktischer Kommentar

Das Buch Jona mit seinen 48 Versen fällt völlig aus dem Rahmen alttestamentlicher Prophetenliteratur. Es ist keine Sammlung von Prophetensprüchen, sondern eine kleine, didaktisch klug aufgebaute Erzählung mit einer genau durchdachten Wortwahl. Es ist eine Geschichte von einem Menschen, der wegläuft, gerettet wird, scheitert, umdenkt, das Gesicht wahren will, vor Wut platzen möchte, den Sprung in den Glauben wagt und Gott inkonsequent findet. In ihr konzentriert sich das, was Gott den Menschen immer wieder anbietet:
Ich gebe euch eine Chance, wenn ihr bereit seid, euer Leben zu ändern.

Für den Unterricht sollte diese Erzählung nicht gekürzt werden, weil jeder Erzählschritt inhaltlich auf einen anderen abgestimmt ist. Der Kommentar folgt der Erzählung. Deshalb wird auf den Abdruck des Jonabuchs verzichtet.
Als Autor wird Jona ben Amittai genannt – ein Prophet des vorchristlichen Jahrhunderts (Jona 1,1). Da die Jonaerzählung eine nicht ins 8. Jahrhundert passende theologische und geschichtliche Situation reflektiert, kann er die Erzählung nicht geschrieben haben.

Die Rückkehrer aus dem babylonischen Exil (nach 537 v. Chr.) hatten sich um den Tempel geschart und sich auf die Einhaltung der Tora konzentriert. Man blieb unter sich und wehrte alle Einflüsse von außen ab. Ehen mit nicht jüdischen Frauen wurden verboten. Man konzentrierte sich auf die Einhaltung des Sabbats und der Speisegebote. Der Verfasser des Jonabuchs schreibt gegen diese Abkapselungsmentalität eine theologische Satire und sagt: „Jahwe überschreitet die völkischen und religiösen Grenzen, die ihr gesetzt habt. Er ist kein Provinzgott, sondern universal und nicht allein für euch Partikularisten da."
Um den Unterschied zwischen dem Gott des Alten Testaments und den „anderen" Gottheiten der Erzählung sprachlich zu verdeutlichen, wird im Kommentar der hebräische Gottesname Jahwe gebraucht (vgl. dazu die Anmerkungen in Kap. 4, S. 50).
Das Jonabuch benutzt mehrere wiederkehrende Sprachfiguren. Einige werden im Kommentar und in den Lehrererzählungen *kursiv* hervorgehoben.

Jona flieht hinab (Jona 1,1-16)

Die Erzählung beginnt damit, dass Jona von Gott beauftragt wird, gegen die Bosheit der Stadt Ninive zu predigen. Er fordert ihn auf: *„Steh auf, geh in die große Stadt Ninive und rufe gegen sie."*
Jona ist nicht bereit, sich mit Gott über diesen Auftrag auseinanderzusetzen. Er will nur weg. Sein Fluchtmotiv wird nicht genannt. Sein Ziel ist die Stadt Tarsis in Südspanien am Golf von Cadiz, ein Ort am Ende der damals bekannten Welt.
Er *geht hinab* nach Jafo, wenige Kilometer südlich vom heutigen Tel Aviv. Er zahlt den Fahrpreis und *steigt hinab* in das Schiff. Jahwe schickt einen gefährlichen Sturm und die Seeleute rufen die für sie zuständigen Götter an. Offensichtlich handelt es sich hier um eine internationale und auch multireligiöse Crew. Jona *geht unter Deck*, legt sich hin und schläft. Er tut so, als ginge ihn das alles nichts an. Dass er als Einziger in dieser Situation nicht betet, macht ihn verdächtig. Deshalb nimmt sich der Kapitän der Sache an: *„Steh auf, rufe* deinen Gott an. Vielleicht denkt er an uns und lässt uns nicht zugrunde gehen."

Jona scheint nicht zu bemerken, dass der Kapitän ähnliche Aufforderungsworte wie Jahwe benutzt hat. Er rührt sich nicht und schläft weiter, um Jahwe auf keinen Fall wahrnehmen zu müssen. Die ums Überleben kämpfende Mannschaft ist ihm völlig gleichgültig.
Das Los soll klären, wer am Sturm schuld ist. Es fällt auf Jona und er wird verhört. Die Fragen nach seiner Herkunft kann er leicht beantworten. Seinen Beruf nennt er nicht. Denn sonst wäre die nächste Frage der betenden Mannschaft gewesen: „Du bist ein Mann Gottes und betest nicht? Stimmt etwas in deiner Beziehung zu deinem Gott nicht?", Jona wäre als ein Mann entlarvt, der zwar seine Religion kennt, aber ihre Praxis nicht lebt. Sie dagegen, die Heiden, wissen was zu tun ist.
Jona bekennt sich zum Gott des Himmels, der das Meer und das Trockene gemacht hat. Und er schießt damit ein Eigentor, denn er zitiert religiös Angelerntes, das mit seinem Handeln nicht übereinstimmt. Wie kann er von Jahwe als dem Schöpfer der Erde und des Meeres reden und dann glauben, er könne in Spanien oder in einem Schiffsbauch unentdeckt bleiben?
Das Meer stürmt immer heftiger und endlich gesteht Jona, dass er der Grund für den Sturm ist. Um das Problem zu lösen, schlägt er den Seeleuten vor, dass sie ihn über Bord werfen. Sie geben aber nicht auf und versuchen, alle zusammen an Land zu kommen. Diese Heiden rufen jetzt sogar Jahwe an und bitten ihn, sie nicht untergehen zu lassen. Sie tun das, was sie eigentlich von Jona erwartet hatten.
Da der sich noch immer nicht rührt, werfen sie ihn ins Meer mit den Worten: „Entschuldigung Jahwe! Hast du es nicht so gewollt?" (1,14). Sofort beruhigen sich die Wellen. *Die Seeleute fürchten eine Furcht, opfern Opfer und geloben Gelöbnisse* (genaue Übersetzung des hebräischen Textes). Im feierlichen Stil endet das erste Kapitel.

Fazit:

Jona ist zwar der Auslöser für die Rettungsgebete, betet aber nicht wie die Andersgläubigen zu Jahwe, sondern verkriecht sich.

Ein Fisch auf Bestellung (Jona 2,1-11)

Jona trifft keine eigenen Entscheidungen. Die Seeleute werfen ihn ins Meer und ein Fisch schluckt ihn. Der Fisch wird nicht beschrieben, jeder kann ihn sich selbst ausmalen. Er ist kein Seeungeheuer, sondern Jahwes Servicefisch, der Jona schluckt und weiterbefördert.

Da sitzt Jona nun und hat Zeit, seine Situation mit einem Psalm zu analysieren.

Er ist wirklich *ganz unten* angekommen. Jahwe hat ihn ins Herz des Meeres geworfen (2,4) und Jona *stieg hinab* zu den Wurzeln der Berge (2,7). Hier endet der Weg, den er in Jafo begonnen hatte.

Da besinnt er sich auf die Psalmen mit ihrer geprägten Gebetssprache. Er spricht von seinen Schreien aus der Unterwelt, von dem Gefühl, von Jahwe verstoßen zu sein (2,5) und vom Rachen des Todes (2,3), aus dem Jahwe ihn errettet hat. Er benutzt die aus den Psalmen bekannten Bilder, aber seinen Anteil an dieser Situation erwähnt Jona mit keiner Silbe. Nicht Jahwe hat ihn verlassen. Es ist Jona, der weggelaufen ist und sich versteckt hat.

Aufhorchen lässt der Vers: „Die sich an das Nichtige halten, verlassen den, der ihnen gnädig ist" (2,9). Übt Jona hier Selbstkritik?

Obwohl er bisher versagt hat, bekommt Jona eine neue Chance. Der Fisch spuckt ihn ans Land.

Warum nicht gleich so? (Jona 3,1-10)

Jahwe wiederholt den Auftrag. Diesmal nimmt ihn Jona an. Die Verkündigung beschränkt sich auf einen Satz: „Noch vierzig Tage bis zum Untergang Ninives!"

Der Leser weiß, was diese Zahl bedeutet: Vierzig ist die biblische Symbolzahl für die innere Vorbereitung und Wandlung. Die Bewohner Ninives schätzen den Ernst der Lage richtig ein: Sofort glauben sie an Jahwe, obwohl sie ihn noch nicht kennen.

Sie fasten und ziehen Sackkleider als Zeichen der Umkehr an. Und der König, ausgerechnet ein Heide, stellt sich an die Spitze der Bußbewegung. Selbst das Vieh soll fasten und die Sackmode tragen. Alle sollen die Finger von der Bosheit lassen und Jahwe anrufen. Ninive soll umkehren, damit auch Jahwe seine Drohung widerruft.

Jonas Einsatz hat Erfolg. Darauf könnte er stolz sein, wenn Jahwe es sich nicht anders überlegen würde. Er sagt den Untergang Ninives ab.

Schatten spendender Rizinus und therapeutischer Wurm (Jona 4,1-11)

Wie steht Jona nun da? Ein Prophet, dessen Wort nicht eintrifft, ist erledigt. Deshalb muss Jona auf dem Untergang Ninives bestehen.

Aber genauso wie der Kapitän am Anfang der Erzählung zeigen ihm nun das Volk und der König, dass Umkehr möglich ist. Davon will Jona natürlich nichts wissen. Er reagiert zornig und offenbart sein Fluchtmotiv. Es handelte sich nicht um eine Panikreaktion. Die Flucht war geplant und Jona begründet sie theologisch:

Von Anfang an habe ich gewusst, dass du zu gutmütig bist. Und ich konnte mir ausrechnen, dass du im Fall Ninive wie immer handeln würdest. Ich unterstütze doch deine Inkonsequenz nicht! Denk doch auch mal an mich! Wer glaubt denn einem bloßgestellten Propheten?

Wie soll ich vor mir selbst bestehen, wenn du mir in den Rücken fällst? Unter diesen Umständen möchte ich lieber sterben als weiterleben.

Jahwe bittet ihn, seinen Standpunkt noch einmal zu überprüfen: *Bist du zu Recht zornig?*

Aber Jona antwortet nicht.

Jona verlässt die Stadt, baut sich eine Hütte und sitzt im Schatten. Jahwe macht ihm das Leben noch angenehmer und *bestellt* einen schnell wachsenden Rizinus, der Jona zusätzlich den Kopf kühlt. Jona ist angenehm überrascht und freut sich darüber.

Für den nächsten Morgen *bestellt* Jahwe einen Wurm, der am Strauch nagt, sodass er verdorrt. Und außerdem *bestellt* er einen heißen Ostwind. Jona bekommt einen Sonnenstich und wünscht sich den Tod.

Jahwe kümmert sich nicht weiter um seinen Zustand, sondern greift die Frage vom Vortag noch einmal auf und erweitert sie: „Meinst du, dass du zu Recht wegen des Rizinusstrauchs zornig bist?"

Für Jona, der sich gerade den Tod gewünscht hat, gibt es nur eine Antwort: „Zu Recht zürne ich bis zum Tod."

Er bemerkt nicht, dass Jahwe das Gespräch geschickt auf einen Vergleich zwischen Ninive und dem Rizinusstrauch gelenkt hat: „Dich jammert der Rizinus, den du nicht gepflanzt und gepflegt hast. Vergleiche das bitte mal mit Ninive, das zu meiner Schöpfung gehört."

Jahwe will weder die Vernichtung Ninives noch Jonas Tod. Er will ihre Umkehr. Weil er der Schöpfer ist, beschränkt sich seine Gnade auch nicht nur auf ein Volk, sondern gilt allem Leben. Mit diesem gnädigen Jahwe kommt Jona nicht zurecht.

Er versteht nicht „seine alte Krankheit, alle Menschen gleich zu lieben, seine Nachsicht, seine fassungslose Milde, seine gottverdammte Art, alles zu verzeihen und zu helfen, ... seine Vorliebe für die, die gar nicht an ihn glauben, ... auch sein Harmoniekonzept bis zur Meinungslosigkeit, seine unberechenbare Größe und vor allem seine Anarchie des Herzens."

(HÜSCH 1994, S. 28)

Bausteine der Unterrichtsreihe

Die Unterrichtsreihe arbeitet mit Tisch- bzw. Bodenbildern, die schnell auf- und abzubauen sind. Die Kinder stellen einen Teil des Unterrichtsmaterials her, spielen beim Verändern des Bodenbildes mit und bewegen die handelnden Figuren. Dazu sind Rollenverteilungen und Zeichen zu Anfang und Ende jeder Aktion nötig (vgl. dazu Kap. 8 der *Bergedorfer® Grundschulpraxis: Religion – 1. Klasse*, S. 108 ff.).
Besonders in Baustein 1 unterstützen die Kinder die Lehrererzählung mit Bewegungen.
Auf einem großen, farbigen Tuch entsteht in jedem Baustein ein neues Bild.

Die Handlungsorte der Bausteine sind:

- **Baustein 1:**
  Jona am Hafen und auf dem Meer (blaues Tuch)
- **Baustein 2:**
  Jona in der Tiefe des Meeres und im Bauch des Fisches (blaues Tuch)
- **Baustein 3:**
  Jona in Ninive (schwarzes Tuch)
- **Baustein 4:**
  Jona unter einem Rizinusstrauch (rotes Tuch)

Differenzierung: Wahrnehmen und Handeln
Die Erzählung wird mit Magnetbildern, die die Geschichte darstellen, an der Tafel begleitet. **M 12.1**

1. Jona am Hafen. Er will auf das Schiff.
2. Jona auf dem Schiff (stürmische See).
3. Jona schwimmt im Meer. Der Fisch will ihn verschlingen.
4. Jona kauert in einer dunklen „Höhle".
5. Jona ist auf dem Weg. Die Stadt Ninive ist im Hintergrund zu sehen.
6. Jona redet zu den Menschen in Ninive.
7. Jona sitzt in seiner Hütte unter einem üppigen Strauch.
8. Jona hockt unter der verdorrten Pflanze.

L knüpft an Kapitel 11 an und führt mit den Kindern ein Gespräch über deren Gottesbilder.
L macht transparent, dass am Ende der Unterrichtseinheit noch einmal besonders Gottes Handeln in dieser biblischen Geschichte untersucht werden soll.

Tipp: Die persönlichen Gottesbilder der Kinder sollten an dieser Stelle bildlich/schriftlich festgehalten werden, da sie zum Vergleich am Ende der Reihe hilfreich sein können.

Differenzierung: Theologisieren
Die Kinder sitzen im Theaterkreis vor der Tafel. Die Bilder **M 12.1** hängen gut sichtbar untereinander. Die persönlichen Gottesbilder liegenvor jedem einzelnen Kind als Erinnerungshilfe.

Impuls zum Theologisieren:
Erzähle davon, wie Gott an den einzelnen Stationen gehandelt hat.
In der biblischen Geschichte hat Jona viel über Gott erfahren. Und damit wir auch. Was weißt du jetzt mehr über Gott? Wie denkst du jetzt über Gott?

Baustein 1: Jona flieht hinab

Unterrichtsmaterial:

- Bilder zur Geschichte (von L vorbereitet) **M 12.1**
- Erzählung: „Jona flieht hinab" **M 12.2**
- Lied: „Auf Jona, geh nach Ninive!", Str. 1–5 (Musik-CD ⦿ Track 27/28) **M 12.3**

für das Bodenbild (von L vorzubereiten):

- schmale Papierstreifen zum Beschriften
- großes blaues Tuch
- Ausschneidefiguren 1 und 2: „fliehender Jona" und „Kapitän" **M 12.4**
- Schiff ohne Segel (auf DIN A3 kopiert) **M 12.5**
- Segel für das Schiff (auf DIN A3 kopiert) **M 12.6**
- roter Punkt für die Stadt Tarsis

Unterrichtsschritte:

1. *Tafelimpuls: Da bin ich weggelaufen.*
   Die Erfahrung des Weglaufens ist Kindern nicht fremd. Die Kinder berichten von Situationen aus dem eigenen Leben, um sich in Jonas Lage einzufühlen.

   Differenzierung: Wahrnehmen
   Der Tafelimpuls wird durch das erste Bild von **M 12.1** oder Bilder von **M 12.4** unterstützt.

2. Die Kinder tragen *Ausdrücke* für *„weglaufen"* zusammen, die von L ergänzt werden können. Aus den gefundenen und dazugelernten „Weglauf-Wörtern" suchen die Kinder in Partnerarbeit jeweils eines aus und schreiben es auf einen Papierstreifen. Die *Papierstreifen kleben* die Kinder auf *das Segel*, das für das Bodenbild gebraucht wird. **M 12.6**

   Beispiele für „Weglaufwörter":
   wegrennen, abhauen, verduften, verschwinden, türmen, Leine ziehen, sich verkrümeln, sich verdrücken, ausreißen, fliehen, sich dünn machen, sich davonmachen, sich aus dem Staub machen …

3. L *legt das blaue Tuch* auf Tisch oder Boden und die Kinder bilden einen großen Halbkreis.

4. Um die Begleitung der Erzählung mit Gesten und Geräuschen vorzubereiten, *suchen* die Kinder *Handbewegungen* für die Aufforderung aufzustehen sowie das Hinabgehen Jonas und *üben Sturmgeräusche.*

5. *Lehrererzählung:* „Jona flieht hinab“ **M 12.2**
Anweisungen für das Bewegen der Figuren sind in die Erzählung eingearbeitet. Vor Beginn der Erzählung legt L fest, welches Kind welche Figur bewegt. Ein sichtbares Zeichen für Beginn und Ende der Aktion wird vereinbart.

Differenzierung: Wahrnehmen und Handeln
L oder die Kinder unterstützen die Erzählung durch die Bilder von **M 12.1**, die mit Magneten versehen an die Tafel geheftet werden können.

Differenzierung: Verstehen
Die Materialien **M 12.1** eignen sich auch für den Einsatz bei UK-Materialien (Unterstützte Kommunikation).

6. *Lied:* „Auf Jona, geh nach Ninive!“, Str. 1–5 **M 12.3**

Baustein 2: Verschluckt oder gerettet?

Unterrichtsmaterial:
- Gebet des Jona **M 12.7**
- Lied: „Kehret um“ (Musik-CD ⊙ Track 29/30) **M 12.8**
- Erzählung: „Verschluckt oder gerettet?“ **M 12.9**

für das Bodenbild:
- großes blaues Tuch
- Schiff (siehe Baustein 1) **M 12.5 + M 12.6**
- Bastelvorlage: „Fisch“ (Fisch vorher vorbereiten) **M 12.10**
- Transparentpapier und Papier in dunkler Farbe
- Ausschneidefiguren 3 und 4: „sinkender Jona“ und „im Fisch sitzender Jona“ **M 12.4**
- Zeichenpapier für die Fische der Kinder
- kleine Zettel

Unterrichtsschritte:
1. L *legt das blaue Tuch* auf Tisch oder Boden und die Kinder bilden einen großen Halbkreis.

2. *Erzählung:* „Verschluckt oder gerettet?“ (Teil 1) **M 12.9**

3. Die Kinder überlegen, wie es Jona im Fisch ergeht. Ihre Gedanken formulieren sie in Aussagesätzen, die an die Tafel geschrieben werden.

   Beispiele:
   - *Er hatte Hunger./Ich habe Hunger.*
   - *Hier ist es dunkel./Ich kann nichts sehen.*

   Differenzierung: Wahrnehmen
   Die Kinder „erfahren“, wie es Jona im Bauch des Fisches ergeht, indem sie in ein dunkles Tuch gewickelt werden oder sich in einen großen Karton setzen.

4. Jedes Kind *schneidet* nach seiner Vorstellung einen *Fisch* aus dem Zeichenpapier *aus*, malt Jona hinein, schreibt die Aussagesätze darauf und legt ihn auf das Tuch.

5. *Erzählung:* „Verschluckt oder gerettet?“ (Teil 2) **M 12.9**
Szenenwechsel: Im Transparentfisch wird der sinkende Jona gegen den sitzenden Jona ausgetauscht. **M 12.10 + M 12.4**
(Weitere Regieanweisungen siehe Erzähltext.)
L *spricht* das Gebet des Jona. **M 12.7**
Die Kinder wiederholen jeden Zweizeiler, den L ihnen vorspricht, dabei nehmen sie eine stehende Gebetshaltung ein (siehe dazu Kapitel: „Mit Gott reden wie mit einer Freundin/einem Freund“, *Bergedorfer® Grundschulpraxis: Religion – 1. Klasse, S. 80 und S. 84.).*

6. L erinnert an die Unterrichtsreihe: „Mit Gott reden wie mit einer Freundin/einem Freund“ (siehe ebd. S. 78 ff.).
Die Kinder *formulieren* eigene *Gebetssätze* für Jona, schreiben sie auf kleine Zettel und stecken sie in den Transparentfisch.

7. Die Kinder lernen das *Lied*: „Kehret um“. **M 12.8**
Anschließend sprechen sie zusammen das *Gebet* des Jona. **M 12.7**
Dann wird jeweils ein Zweizeiler gelesen und es folgt ein „Kehret um“.

   Differenzierung: Gestalten
   Die Kinder werden in zwei Gruppen aufgeteilt. Die eine Gruppe singt, die andere spricht.

   Differenzierung: Gestalten
   Jeder Zweizeiler wird von einem anderen Kind gesprochen. Dazwischen singen alle zusammen das „Kehret um“.

Baustein 3: Warum nicht gleich so?

Unterrichtsmaterial:
- Erzählung: „Ninive kehrt um“ **M 12.11**
- Lied: „Kehret um“ (Musik-CD ⊙ Track 27/28) **M 12.8**

für das Bodenbild:
- großes schwarzes Tuch
- Fotokarton in verschiedenen Farben (auch Reste)
- rechteckige Pappschablonen für Häuser
- Pappe für ein Stadttor und ein Mauerteil
- Kleber, Scheren
- Ausschneidefiguren 5 und 6: „gehender Jona“ und „predigender Jona“ **M 12.4**

Unterrichtsschritte:
1. L erklärt den Kindern, dass in der nächsten Erzählung die Stadt Ninive vorkommt. Deshalb müssen *Häuser gebastelt* werden. Mithilfe der von L vorbereiteten Pappschablonen schneiden die Kinder aus dem farbigen Karton große

Rechtecke aus. Kleine Rechtecke kleben sie als Fenster und Türen auf die großen. Ein Stadttor wird benötigt. Die Größe der Häuser richtet sich nach der Größe des Tuchs.

Differenzierung: *Handeln*
Die Kinder erstellen die Stadt Ninive mit Holzbausteinen.

2. L *legt das schwarze Tuch* auf Tisch oder Boden und die Kinder bilden einen großen Halbkreis.
   Die Kinder bemerken die veränderte Farbe des Tuchs. L ruft den Kindern in Erinnerung, was sie in Baustein 1 bereits über Ninive erfahren haben. Die Kinder überlegen, warum Ninive einen dunklen Untergrund bekommen hat.

3. Die *lang gestreckte Stadt entsteht* am oberen Rand des Tuchs, sodass Jona von unten auf sie zugehen kann. Die Stadt wächst von hinten nach vorn. Die Kinder beginnen mit der hintersten Häuserreihe.
   Die nächste Reihe wird so gelegt, dass sie die vorige überlappt, deren Unterkante also nicht mehr zu sehen ist. Das Stadttor wird in die vorderste Reihe gelegt. Durch die Anordnung der Häuser wirkt Ninive geschlossen und vermittelt den Eindruck räumlicher Tiefe. Das Mauerteil wird in die vorderste Reihe gelegt und mit Ninive beschriftet.

4. *Erzählung:* „Ninive kehrt um" **M 12.11**
   Nachdem Jona die Stadt betreten hat, tritt ein *Szenenwechsel* ein.
   Die Kinder legen die Häuser *kreisförmig* um Jona, sodass ein großer Platz entsteht.

5. *Lied:* „Kehret um" **M 12.8**

Differenzierung: Handeln
Das Lied wird mit Umkehrbewegungen gesungen.

Baustein 4: Schatten spendender Rizinus und therapeutischer Wurm

Unterrichtsmaterial:

- Erzählung: „Jona trauert und lernt etwas über Gott" **M 12.12**
- Lied: „Auf Jona, geh nach Ninive!", Str. 6–8 (Musik-CD ⦿ Track 25/26) **M 12.3**

für das Bodenbild:

- großes rotes Tuch
- gelbes Papier (für die Sonne), grünes und braunes (für Strauch und Wurm)
- einige Häuser (aus Baustein 3)
- Ausschneidefiguren 7 und 8: „wütender" und „sitzender Jona" **M 12.4**
- schmale, farbige Papierstreifen

Unterrichtsschritte:

1. Auch für die Erzählung „Jona trauert und lernt etwas über Gott" (**M 12.12**) *stellen* die Kinder vorher *Material* her:
   - drei Papierstreifen für Jonas Hütte,
   - Sonnenball und Strahlen,
   - grüne Blätter und Äste für den Rizinusstrauch,
   - braune Blätter für den verwelkten Strauch, die so groß sein müssen, dass sie die grünen überdecken,
   - einen Wurm.

2. L *legt* das *rote Tuch* auf Tisch oder Boden und die Kinder bilden einen großen Halbkreis.

3. Die *Kinder überlegen*, warum nun ein rotes Tuch ausgewählt worden ist.
   Geht es um die Farbe der Liebe? Ist es ein Gegensatz zum traurigen Schwarz? Hebt es das traurige Schwarz auf? Bedeutet es rot vor Wut? (Zur Symbolik der Farben Rot und Schwarz siehe Kap. 5: „Gott begleitet Rut", S. 59.)

4. Der *wütende Jona* wird auf das Tuch gelegt. **M 12.4**

5. *Erzählung:* „Jona trauert und lernt etwas über Gott" bis: „Aber Jona antwortete nicht". **M 12.12**

6. *Szenenwechsel:* Aus den schmalen, farbigen Papierstreifen bauen die Kinder eine Hütte für Jona. Sie setzen ihn so hinein, dass er auf einige Häuser von Ninive schaut, die in der Ferne liegen. Die Sonne strahlt auf Jonas Hütte.

7. *Fortsetzung der Erzählung:* „Jona trauert und lernt etwas über Gott". **M 12.12**
   Unterbrechung nach dem Satz „Ich will dir sagen, warum ich Ninive nicht zerstört habe." Die Kinder tragen Gründe zusammen.
   L setzt einen *Schlussakzent* in der Erzählung, indem er die Überlegungen der Kinder zusammenfasst und sie deutlich als Worte Gottes formuliert.

   Beispiel:
   Ich kann doch keine Stadt zerstören, in der so viele Kinder wohnen.

8. *Lied:* „Auf, Jona, geh nach Ninive!", Str. 6–8 **M 12.3**

Differenzierung: Verstehen und Deuten
Die Kinder gehen noch einmal gedanklich den Weg von Jona. Sie reflektieren mithilfe der Gefühle-Uhr (Kapitel 15) die Gefühle von Jona an einigen Lebensstationen.

Differenzierung: Deuten und Gestalten
Die Kinder berichten von Situationen im Leben von Jona und stellen sie mit Klängen dar.

KOPIERVORLAGE

Jona flieht hinab (1)

M 12.2

Bote Gottes zu sein, ist nicht leicht. Denn man weiß nie genau, was Gott vorhat. Seine Aufträge können ganz plötzlich kommen. Und er fragt nicht, ob sie einem gefallen.

L erzählt mit deutlichen Sprechpausen.

Das hat auch Jona erlebt, als Gott zu ihm sagte:
„***Steh auf***, Jona! Steh auf und geh und lauf sofort nach Ninive!
Viel Bosheit gibt's in dieser Stadt. Ich will, dass das ein Ende hat."

Die Kinder machen die zum Aufstehen auffordernde Handbewegung nach.

Jona überlegte einen Moment. *Nach Ninive?*
Nein, dachte er, *ohne mich, Gott! Ich zieh Leine.*
Schnell packte er seine Reisesachen zusammen und lief ***hinab*** zum Hafen.

Der fliehende Jona **M 12.4** (Nr. 1) befindet sich oben links außerhalb des Tuchs, sodass er hinablaufen kann. L und die Kinder begleiten das Hinablaufen mit nach unten weisenden Handbewegungen.
Jona trifft den Kapitän **M 12.4** (Nr. 2) am linken Rand des Tuchs.

„Kapitän, wohin fährt dein Schiff?"
„Nach Tarsis."
„Tarsis hab ich noch nie gehört. Wo liegt das?"
„Ganz weit weg, fast am Ende der Welt. Das wird eine lange Reise."

Die Kinder suchen für den roten Punkt, der das Ziel symbolisiert, eine weit entfernte Stelle im Klassenraum.

Prima, dachte Jona, *das ist genau das, was ich brauche:*
die entgegengesetzte Richtung von Ninive und weit weg von Gott.
In Tarsis findet er mich nie.
„Wenn du mit willst, musst du dich schnell entscheiden.
Wir lichten bald die Anker und ziehen die Leinen an Bord."

Das Schiff **M 12.5** wird neben Jona und den Kapitän auf das Tuch gelegt.

„Geschafft!", freute sich Jona und bezahlte das Fahrgeld.

Jona und der Kapitän gehen an Bord.

Der Kapitän ließ die Segel setzen und
dann stach das Schiff in See.

Das Segel **M 12.6** mit den Ausdrücken des Weglaufens wird am Mast befestigt. L liest die Ausdrücke des Weglaufens in der Ich-Form vor. Die Kinder wiederholen sie mit Nachdruck.

Der Wind fuhr in die Segel und vom Land war nichts mehr zu sehen.
„Gott, ich verdufte!", jubelte Jona.
Da schickte Gott einen gewaltigen Sturm.
Riesige Wellen schleuderten das Schiff hin und her.
Die Matrosen kämpften tapfer gegen den Sturm.

L macht nach unten weisende Handbewegung.
Die Kinder unterstützen die Erzählung mit an- und abschwellenden Sturmgeräuschen.

Jona flieht hinab (2)

M 12.2

Nur Jona war nicht zu sehen. Er war ***hinab*** in das Schiff gestiegen und hatte sich schlafen gelegt.

nach unten weisende Handbewegung; Jona wird ins Schiff gelegt

Solch einen Sturm hatten die Matrosen noch nicht erlebt. Voller Angst betete jeder von ihnen zu seinem Gott: „Rette uns! Lass das Schiff nicht zerbrechen."

auffordernde Handbewegung

Als der Sturm nicht abflaute, ging der Kapitän ***hinab*** zu Jona. „Warum schläfst du? ***Steh auf*** und bete zu deinem Gott! Vielleicht kann er uns helfen."

Da der Sturm aber immer noch nicht nachließ, gingen die Matrosen ***hinab*** zu Jona und fragten: „Warum hast du nicht zu deinem Gott gebetet?"

nach unten weisende Handbewegung

„Ich bin vor meinem Gott weggelaufen. Wie kann ich da zu ihm beten? Ich will nichts mit ihm zu tun haben. Ich bin an allem schuld."

Immer noch tobte das Meer. Da riefen die Matrosen Jonas Gott an: „Du hast den Sturm wegen Jona geschickt. Lass uns seinetwegen nicht ertrinken."
Kurz entschlossen packten sie Jona und warfen ihn über Bord.

nach unten weisende Handbewegung; Jona wird ins Meer geworfen

Sofort war das Meer wieder ruhig und die Matrosen bedankten sich bei Gott.

KOPIERVORLAGE

Auf, Jona, geh nach Ninive!

Text: Christian Gauer
Melodie: Sebastian Schade

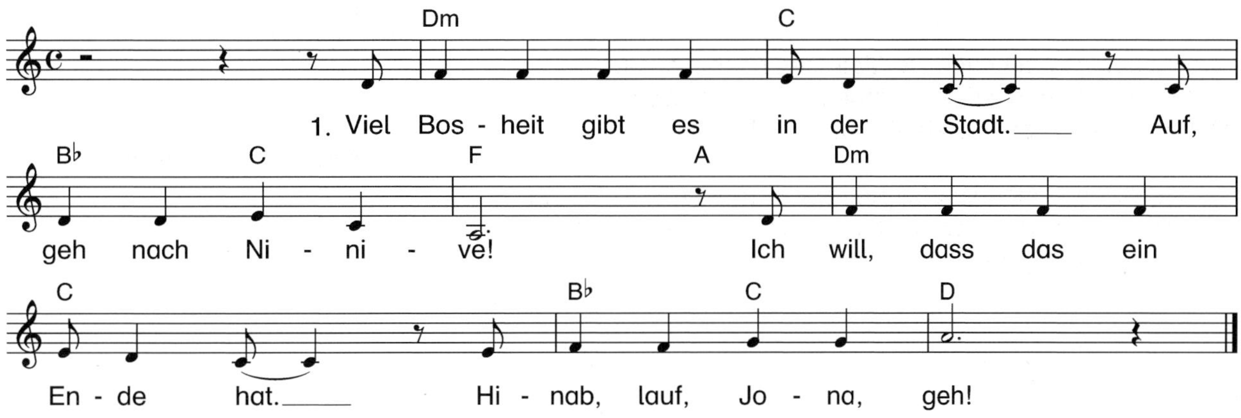

(Musik-CD ⊙ Track 27/28)

2. Was soll ich denn in Ninive?
Da will ich gar nicht hin.
Ach, hör doch auf mit Ninive!
Nein, Gott, das ist nicht drin.

3. Zum Hafen runter Jona läuft
und spricht zum Kapitän:
„Ich muss ganz dringend fort von hier.
Wo geht die Reise hin?“

4. Ganz weit weg, in ein fernes Land,
ganz dicht am Rand der Welt.
Das ist genau, was Jona braucht.
Das ist, was ihm gefällt.

5. Da schickt Gott einen großen Sturm.
Warum ist das geschehn?
Jona schläft unten in dem Schiff,
er will von Gott nichts sehn.

6. „Warum, Gott, hast du das getan?“,
spricht Jona voller Wut.
„Warum vergibst du jedem gleich,
wenn er nur Buße tut?“

7. Gott schickt ihm einen grünen Strauch,
der Jona Schatten gibt,
und gleich danach dann einen Wurm.
Der grüne Strauch stirbt ab.

8. Ganz traurig sitzt der Jona da
und er hat Wut im Bauch:
„Warum lebt denn nur Ninive
und nicht mein grüner Strauch?“

①

②

③

④

Figuren zum Ausschneiden (2)

M 12.4

⑤

⑥

⑦

⑧

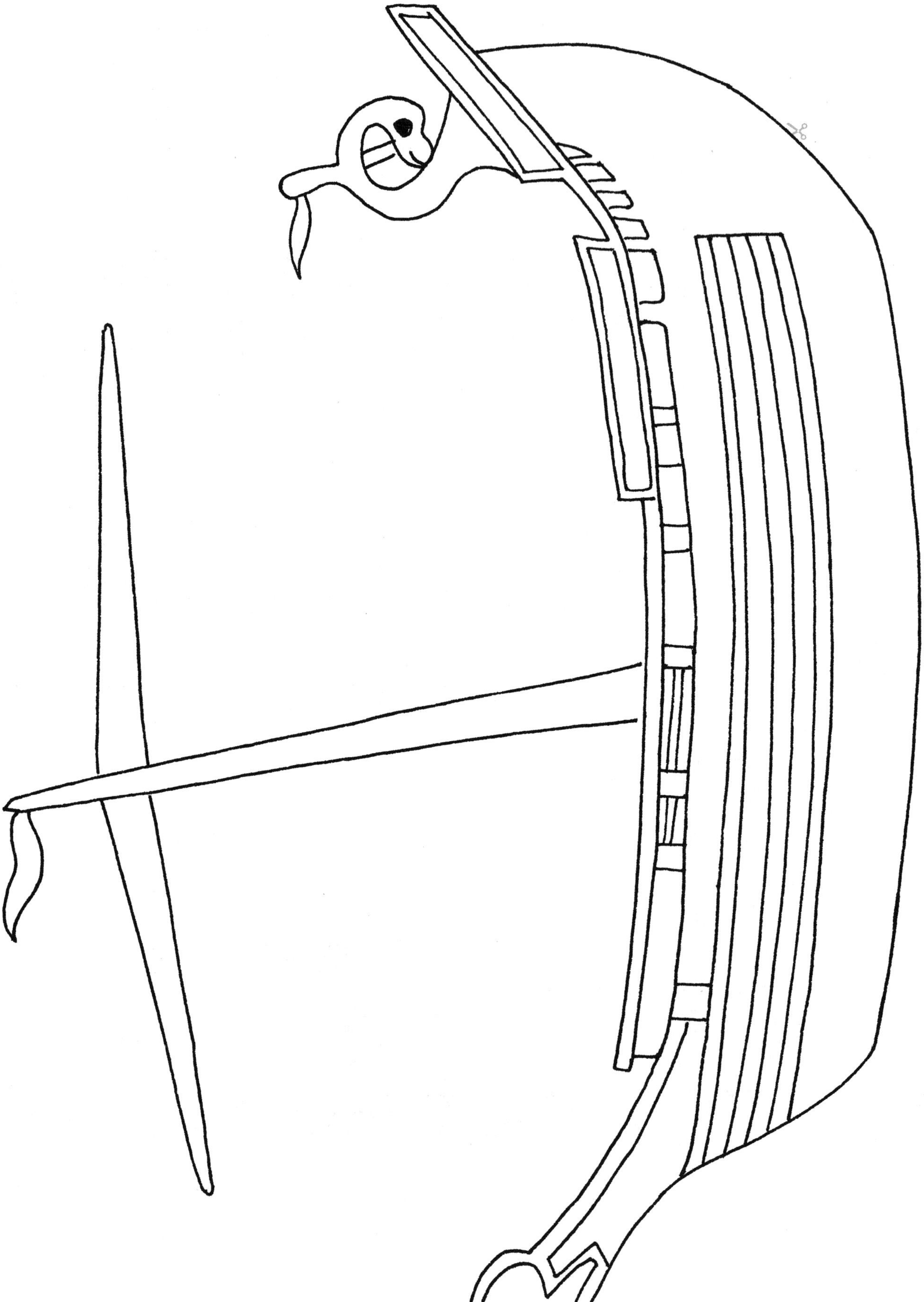

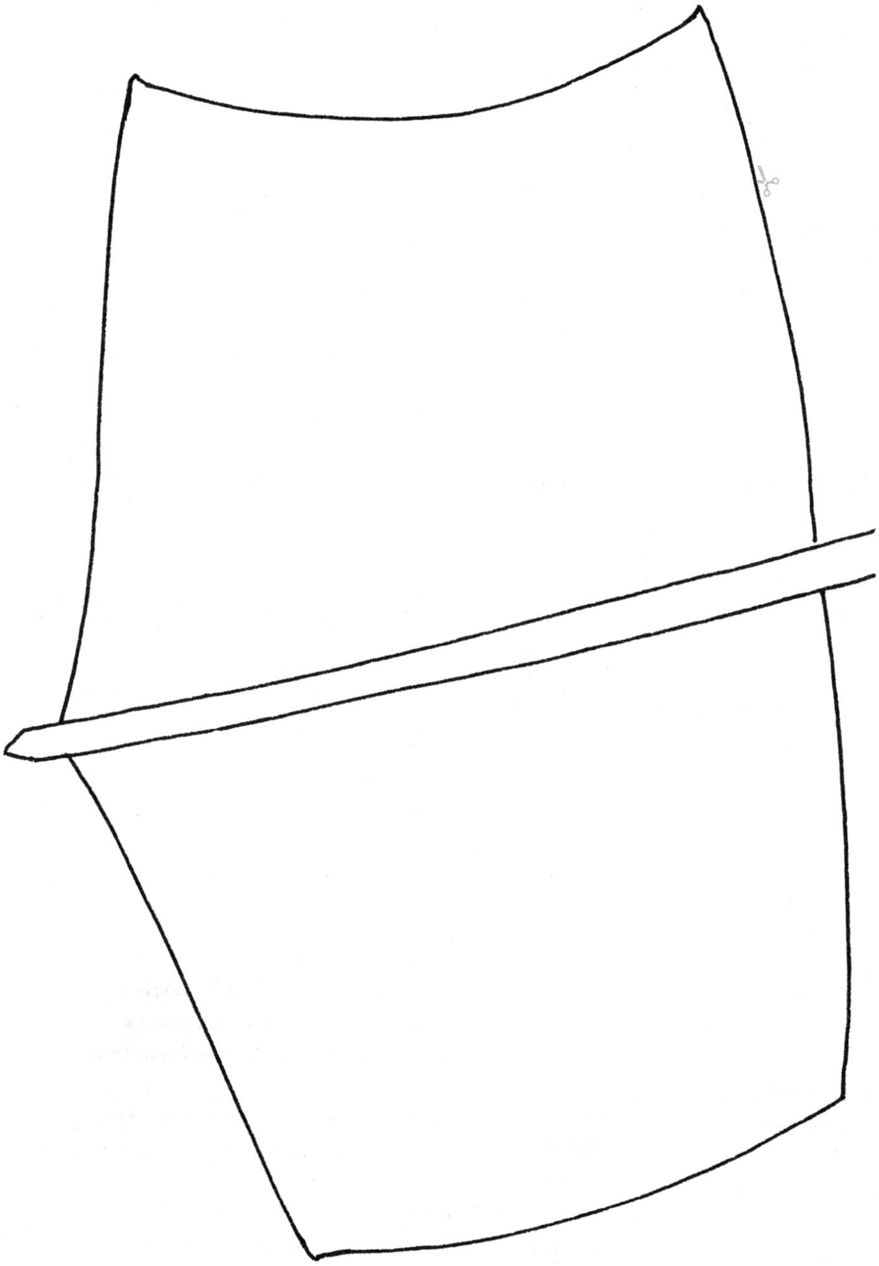

Gebet des Jona

M 12.7

Umsonst geflohen
ans Ende der Welt.

Da warfst du mich ins Meer,
in die tobenden Fluten.

Den Atem verlor ich
und all meine Hoffnung.

Ich sank tief hinab
zu den Wurzeln der Berge.

Du hast mich gehört,
als ich zu dir schrie.

Vom Boden des Meeres
zogst du mich herauf.

Zu dir kehr ich um,
denn du bist mein Retter.

Christian Gauer

Kehret um, kehret um

M 12.8

Text: Hesekiel 18,32
Melodie: Christian Kröning

(Musik-CD ⦿ Track 29/30)

Verschluckt oder gerettet?

M 12.9

Teil 1

Das Schiff **M 12.5** verlässt das Tuch.

Wo war das Schiff? Das Schiff war weg. Jona war allein auf dem Meer. Er rief um Hilfe, aber niemand hörte ihn.
Würde er in den Meeresfluten umkommen? Er wollte nicht untergehen. Aber er hatte keine Kraft mehr. Die Luft ging ihm aus.
Er konnte sich kaum noch über Wasser halten.
Und langsam begann er zu sinken:

L spricht mit deutlichen Sprechpausen.

Der sinkende Jona **M 12.4** (Nr. 3) wird langsam zum unteren Rand des Tuchs bewegt.

tiefer, immer tiefer, noch tiefer,

bis auf den Grund des Meeres.

Da bestellte Gott einen großen Fisch.

Der Fisch **M 12.10** folgt dem sinkenden Jona.

Er öffnete sein Maul und verschlang Jona.
Jona wusste nicht, wie ihm geschah.
Und dann war alles dunkel um ihn.

Der sinkende Jona wird in das Maul des Fischs geschoben.

Teil 2

Szenenwechsel:
Der sinkende Jona wird gegen den sitzenden Jona **M 12.4** (Nr. 4) ausgetauscht. Letzterer wird weiter in den Bauch des Fisches geschoben.

Schon drei Tage war Jona im Bauch des Fisches.
Er wusste nicht mehr weiter. Konnte ihm jemand helfen?

Klar, der Fisch hatte ihn gerettet. Aber hier wollte er nicht bleiben. Er wollte aus dem Fisch, aus der Dunkelheit, heraus.
Da dachte er an Gott, vor dem er sich verdrückt hatte und betete:

L spricht jeden Zweizeiler vor und die Kinder sprechen ihn nach.

Umsonst geflohen
ans Ende der Welt.

Da warfst du mich ins Meer,
in die tobenden Fluten.

Den Atem verlor ich
und all meine Hoffnung.

Ich sank tief hinab
zu den Wurzeln der Berge.

Du hast mich gehört,
als ich zu dir schrie.

Vom Boden des Meeres
zogst du mich herauf.

Zu dir kehr ich um,
denn du bist mein Retter.

Da sprach Gott zu dem Fisch,
und der spuckte Jona wieder ans Land.

Jona wird aus dem Fisch genommen und außerhalb des Tuchs an Land gelegt.

Bastelvorlage: Fisch

M 12.10

Bastelmaterial:

- Karton, farbiges und transparentes Papier
- Schere, Kleber

Bastelanleitung:

1. Fischschablone ausschneiden.
2. Fisch aus farbigem und aus transparentem Papier ausschneiden.
3. Beide Fischhälften aufeinanderlegen und an der Unterseite zusammenkleben.
4. So kann Jona in den Bauch des Fisches gesteckt werden.

Ninive kehrt um

M 12.11

Jona war froh, dass er wieder festen Boden unter den Füßen fühlte. Aber Gott ließ ihm keine Zeit zum Ausruhen. Und zum zweiten Mal sprach er zu ihm:
„Steh auf, Jona. Steh auf und geh!
Zerstört wird die Stadt Ninive.
Viel Bosheit gibt's in dieser Stadt.
Ich will, dass das ein Ende hat."

aufforderndes Handbewegung

Und diesmal türmte Jona nicht. Er machte sich auf den Weg.

Jona **M 12.4** (Nr. 5) geht los und wird in Kurven langsam über das Tuch bewegt.

Drei Tage dauerte es, bis er Ninive von fern sehen konnte.

Jona bleibt stehen.

Er blieb stehen und schaute nach rechts: Ninive. Er schaute weit nach links: immer noch Ninive. Was für eine Riesenstadt! Noch nie hatte Jona eine so große Stadt gesehen.
Nun musste er ein Stadttor finden. Jona ließ seinen Blick noch einmal über die Häuser wandern. Das da hinten musste es sein. Jona steuerte auf das Stadttor zu. Er betrat die Stadt, schaute sich um und kam dann auf einen großen Platz.

Szenenwechsel:
Die Kinder legen die Häuser so hin, dass sich der predigende Jona **M 12.4** (Nr. 6) auf einem Platz befindet.

Viele Leute blieben stehen, als er zu rufen begann:
„Nur noch vierzig Tage und dann ist Ninive zerstört!
Denkt daran, ihr habt nur noch vierzig Tage!
Nur noch vierzig Tage bleiben euch!"

Was nun geschah, hatte Jona nicht erwartet. Die Leute nahmen ernst, was er sagte. Sie glaubten ihm. Und genau wie die Matrosen im Sturm glaubten sie an Gott. Sie wollten nicht, dass Ninive zerstört wurde. Zum Zeichen, dass sie nichts Böses mehr tun wollten, zogen sie ganz einfache Sackkleider an. Sie sagten zueinander: „Wir müssen uns bessern. Dann passiert vielleicht nichts."
Und sie fingen an zu fasten.

Auch der König wollte sich bessern. Er stieg von seinem Thron und tauschte seinen Königsmantel mit einem Sackgewand. Er ließ in der ganzen Stadt verkünden: „Alle sollen die Finger vom Bösen lassen. Alle sollen zu Gott rufen, damit er Ninive verschont. Vielleicht hat er Mitleid mit uns."

Als Gott sah, dass alle umgekehrt waren und sich bessern wollten, hatte er Mitleid mit den Menschen und zerstörte Ninive nicht.

Jona trauert und lernt etwas über Gott

M 12.12

Als Jona von Gottes Nachsicht hörte, explodierte er:
„Ich hab es ja schon immer gewusst, schon damals, als ich mich verkrümelt habe. Du hast wieder nachgegeben.
Du hast ein zu gutes Herz.
Ich an deiner Stelle hätte kein Mitleid gehabt. Ich hätte Ninive bestraft und zerstört. Mich hast du nach Ninive geschickt, damit ich allen die Zerstörung ankündige. Und dann tust du es nicht.
Ich will nicht mehr!"
Da fragte Gott Jona: „Glaubst du, dass du mit Recht so wütend auf mich bist, weil ich Ninive nicht zerstört habe?"
Aber Jona antwortete nicht.

Wütenden Jona **M 12.4** (Nr. 7) ins Bild legen.

Szenenwechsel:
Wütenden Jona aus dem Bild nehmen.

Er ging aus der Stadt und baute sich eine Hütte.

Hütte aus Pappstreifen bauen.
Jona **M 12.4** (Nr. 8) in die Hütte setzen.
Häuser von Ninive hinlegen.
Die Sonne scheint auf die Hütte.

Er setzte sich in den Schatten seiner Hütte und beobachtete die Stadt. Er hatte sich etwas beruhigt.
Da ***bestellte*** Gott einen Rizinusstrauch, der ganz schnell wuchs und Jona noch mehr Schatten gab. Jona freute sich wahnsinnig über den Rizinus.

Der grüne Strauch wird so hingelegt, dass er Jona zusätzlichen Schatten gibt.

Doch ganz früh am Morgen ***bestellte*** Gott einen Wurm.
Der nagte an dem Rizinusstrauch, der davon ganz schnell verwelkte.

Der Strauch sinkt zusammen und die grünen Blätter werden mit braunen überdeckt.

Jona war sehr traurig, als er den verdorrten Strauch sah.
Dann ***bestellte*** Gott einen heißen Ostwind und Jona bekam einen Sonnenstich. Er wurde ohnmächtig und wünschte sich, tot zu sein.
Da sprach Gott zu Jona: „Ist es richtig von dir, dass du dich wegen des Rizinusstrauchs so aufregst?"

Jona antwortete aufgebracht: „Natürlich! Er hat mir Schatten gegeben. Bis ich sterbe, bleibe ich wütend auf dich."

Jona **M 12.4** (Nr. 8) gegen wütenden Jona (Nr. 7) tauschen.

„Ich will dir mal was sagen. Du bist wegen des Strauches wütend.
Aber du hast nichts für ihn getan.
Hast du den Strauch gepflanzt? Nein!
Hast du den Strauch gegossen? Nein!
Hast du dich um den Strauch gekümmert? Nein!
Aber dir tut der Strauch leid.
Und mir soll Ninive nicht leidtun?

Ich will dir sagen, warum ich Ninive nicht zerstört habe.

Lange Sprechpause
Die Kinder überlegen die Gründe Gottes und vermuten, was die Bewohner Ninives anders gemacht haben.

Die Menschen haben gefastet.
Die Menschen haben sich gebessert.
Und die Menschen sind umgekehrt.
Deshalb habe ich Ninive nicht zerstört."

Thema: Von Jerusalem nach Emmaus – und zurück (Lk 24,13-36)

Intention der Reihe

Die Kinder erkennen anhand der Emmausgeschichte, dass das beispielhafte Handeln Jesu durch seinen Tod nicht ungültig und unwirksam geworden ist, sondern durch die Jünger und uns weitergeführt wird.

4–5 Std.

Kompetenzerwartung: Die Schülerinnen und Schüler deuten Ostern als Begegnungserfahrung auf dem Weg aus Trauer, Angst und Tod zu Mut und neuem Leben.

Theologisch-didaktischer Kommentar

Text (Lk 24,13-36):

13 Und siehe, zwei von ihnen gingen an demselben Tage in ein Dorf, das war von Jerusalem etwa zwei Wegstunden entfernt; dessen Name ist Emmaus. 14 Und sie redeten miteinander von allen diesen Geschichten. 15 Und es geschah, als sie so redeten und sich miteinander besprachen, da nahte sich Jesus selbst und ging mit ihnen. 16 Aber ihre Augen wurden gehalten, dass sie ihn nicht erkannten.

17 Er sprach aber zu ihnen: Was sind das für Dinge, die ihr miteinander verhandelt unterwegs? Da blieben sie traurig stehen. 18 Und der eine, mit Namen Kleopas, antwortete und sprach zu ihm: Bist du der Einzige unter den Fremden in Jerusalem, der nicht weiß, was in diesen Tagen dort geschehen ist? 19 Und er sprach zu ihnen: Was denn? Sie aber sprachen zu ihm: das mit Jesus von Nazareth, der ein Prophet war, mächtig in Taten und Worten vor Gott und allem Volk; 20 wie ihn unsre Hohepriester und Oberen zur Todesstrafe überantwortet und gekreuzigt haben. 21 Wir aber hofften, er sei es, der Israel erlösen werde. Und über das alles ist heute der dritte Tag, dass dies geschehen ist. 22 Auch haben uns erschreckt einige Frauen aus unserer Mitte, die sind früh bei dem Grab gewesen, 23 haben seinen Leib nicht gefunden, kommen und sagen, sie haben eine Erscheinung von Engeln gesehen, die sagen, er lebe. 24 Und einige von uns gingen hin zum Grab und fanden's so, wie die Frauen sagten; aber ihn sahen sie nicht.

25 Und er sprach zu ihnen: O ihr Toren, zu trägen Herzens, all dem zu glauben, was die Propheten geredet haben! 26 ***Musste nicht Christus dies erleiden und in seine Herrlichkeit eingehen?*** *27 Und er fing an bei Mose und allen Propheten und legte ihnen aus, was in der ganzen Schrift von ihm gesagt war.*

28 Und sie kamen nahe an das Dorf, wo sie hingingen. Und er stellte sich, als wollte er weitergehen. 29 Und sie nötigten ihn und sprachen: ***Bleibe bei uns; denn es will Abend werden und der Tag hat sich geneigt.*** *Und er ging hinein, bei ihnen zu bleiben.*

30 Und es geschah, als er mit ihnen zu Tisch saß, nahm er das Brot, dankte, brach's und gab's ihnen. 31 Da wurden ihre Augen geöffnet und sie erkannten ihn. Und er verschwand vor ihnen. 32 Und sie sprachen untereinander: Brannte nicht unser Herz in uns, als er mit uns redete auf dem Wege und uns die Schrift öffnete?

33 Und sie standen auf zu derselben Stunde, kehrten zurück nach Jerusalem und fanden die Elf versammelt und die bei ihnen waren; 34 die sprachen: ***Der Herr ist wahrhaftig auferstanden*** *und Simon erschienen. 35 Und sie erzählten ihnen, was auf dem Wege geschehen war und wie er von ihnen erkannt wurde, als er das Brot brach.*

36 Als sie aber davon redeten, trat er selbst, Jesus, mitten unter sie und sprach zu ihnen: Friede sei mit euch!

Was sucht ihr den Lebenden bei den Toten? (Lk 24,5)

Die drei Frauen, Maria Magdalena, Johanna und Maria, haben entdeckt, dass Jesus Grab leer ist. Die Jünger, die sie darüber informieren, halten den Bericht für ein Produkt ihrer überspannten Fantasie. Nur Petrus geht zum Grab, schaut hinein, geht aber weg, ohne zu verstehen, was geschehen ist. Er kann das theologische Puzzle nicht zusammenfügen.

Brannte nicht unser Herz, als er mit uns redete …? (vgl. Lk 24,32)

Die Verständnisprobleme, die Lukas bei den Jüngern beschreibt, kennt er aus seiner Gemeinde. Deshalb erzählt er die Emmausgeschichte.

Zwei Jünger, Identifikationsfiguren für die Leser, halten es in Jerusalem nicht mehr aus. Sie sind auf dem Weg nach Emmaus und rufen sich noch einmal alles, was sie in den letzten Tagen erlebt haben, ins Gedächtnis:

Jesus, der Mann des Wortes und der Tat (vgl. Lk 24,19), der gepredigt und geheilt hat, der Menschen ermutigt hat, im Vertrauen auf Gott ihr Leben in die Hand zu nehmen, der Menschen von ihren Lähmungen befreit hat und der eigentlich einen Orden dafür verdient hätte, ist hingerichtet worden. Was er in Gang gebracht hat, haben die Mächtigen zunichte gemacht. Damit haben sie die Hoffnungen der Anhänger Jesu zerstört.

Und den in ihrem Glauben und Selbstverständnis verunsicherten Jüngern stellen sich viele Fragen:

> *Wie kann mit einem Retter am Kreuz die neue Welt Gottes verwirklicht werden? Ihm hätte man einen ganz anderen letzten Auftritt gewünscht. Er hätte nicht schmählich am Kreuz sterben dürfen. Das alles passt nicht zum Bild von einem Retter. Und dieser Retter soll die Welt verändern? Sein Grab ist leer, sagen die Frauen. Aber bisher ist er nirgendwo aufgetaucht.*

Verwirrt und verunsichert (Lk 24,22) überlegen die beiden Jünger:

Wer kann uns in dieser undurchschaubaren Situation unsere Fragen beantworten? Wer redet jetzt mit uns?

Euch fehlt eben noch der Durchblick (vgl. Lk 24,25)

Das ist genau der richtige Moment für Lukas, um mit einem Erzähltrick in die Erzählung einzugreifen: Der Dialog zwischen den Jüngern und einem sichtbaren Partner, der die Auferstehung schon erfahren hat, ist für Lukas die geeignete Form, um auf die Fragen der Jünger einzugehen. Deshalb schleust er Jesus in Gestalt eines Fremden in die Geschichte ein, der sich als Gesprächspartner an dem Reflexionsprozess der Jünger beteiligt. Lukas schreibt nach dem Motto „Was hätte Jesus dazu gesagt?" Da sich der Fremde unwissend stellt, sprudeln aus den Jüngern alle Fragen munter heraus: *Warum musste Jesus sterben* (vgl. Lk 24, 19-21)? *Wo ist er geblieben* (vgl. Lk 24,23)?

Im Schnelldurchgang und leider auch in theologisch formelhafter Sprache lässt Lukas Jesus erklären, warum sein Tod notwendig war. „Musste nicht Christus dies erleiden und in seine Herrlichkeit eingehen?" (Lk 24,26), wer versteht denn solch einen Satz?
Lukas setzt voraus, dass seine Leser die Verbindung zum Alten Testament herstellen können, und erklärt ihnen, was dort steht. Um Jesus zu verstehen, müssten die Leser in Psalm 22 oder Jesaja 53 nachschauen. Was finden sie da? Den Inhalt von Psalm 22 hat Dietrich Bonhoeffer treffend zusammengefasst: „Der Gott, der mit uns ist, ist der Gott, der uns verlässt." Und beim Propheten Jesaja heißt es: „Er hatte keine Gestalt und Hoheit. Wir sahen ihn, aber da war keine Gestalt, die uns gefallen hätte" (Jes 53,2) und „... durch seine Wunden sind wir geheilt" (Jes 53,5).

Der Fremde ist sich aber nicht sicher, ob er die beiden Jünger mit dem, was er ihnen erklärt hat, schon allein lassen kann. Als sie in Emmaus ankommen, tut er deshalb so, als wolle er weitergehen. Und richtig, die Jünger bitten ihn, sie nicht allein zu lassen. Der sympathische Fremde ist mit großer Sachkenntnis auf ihre Fragen eingegangen. Nur einmal ist er aus der Haut gefahren. Als sie den Aussagen der Propheten nicht glauben wollten, nannte er sie „Unverständige mit schwerfälligen Herzen" (genaue Übersetzung des griech. Textes von Lk 24,25). Dennoch sagen sie:
„Bleibe bei uns; denn es will Abend werden und der Tag hat sich geneigt" (Lk 24,29).
Ohne den Fremden finden sie sich offenbar in der neuen Situation noch nicht zurecht. Darum bleibt Jesus zum Abendbrot. Als er das Brot bricht, geht den Jüngern auf, dass da kein Fremder mit ihnen am Tisch sitzt. Und genau in diesem Augenblick lässt Lukas Jesus verschwinden, denn die Jünger haben theologische Instruktionen bekommen, sie haben ein Zeichen erhalten und sie haben sich gestärkt.

Und sie standen auf ... (Lk 24,33)

Voller Hoffnung kehren die beiden nach Jerusalem zurück und teilen den anderen Jüngern mit: Der Herr ist wirklich auferstanden (vgl. Lk 24,34).

Ihnen ist klar geworden: Jedes neue Leben führt durch einen Tod. Was geschehen ist und welche Konsequenzen es hat, fasst DREWERMANN (1988, S. 700, Anmerkung 6) so zusammen:

> *Auferstehung ist die Hoffnung, die Jesus lehrte, im Vertrauen auf Gott den Tod als Daseinsmacht menschlicher Angst zu besiegen, sodass denjenigen, die an die Wahrheit seines Lebens und seiner Person zu glauben beginnen, das eigene Leben und die eigene Person als etwas Unzerstörbares zurückgeschenkt wird; solche vermögen es, Gräber „leer" zu sehen und in den Höhlen der Verwesung einen „Jüngling" in „Weiß" wahrzunehmen.*

Diese Unterrichtseinheit ist vernetzt mit der Einheit „Menschen erfahren Ostern: Aus dem Tod wächst neues Leben" (siehe *Bergedorfer® Grundschulpraxis: Religion – 1. Klasse*, S. 108 ff.). Nur auf dem Hintergrund der dort geschilderten Ereignisse können sich die Kinder in die Trauer der Jünger hineinversetzen und die Gefühle, die durch die Begegnung mit der „fremden" Person entstehen, verstehen.
Auf dem Weg nach Emmaus wandelt sich die Trauer der Jünger durch die Erkenntnis, dass die „Sache Jesu" weitergeht, in Freude. Die zu Beginn herrschende Lähmung unter den Jüngern verwandelt sich in Handlungsfähigkeit.

Bausteine der Unterrichtsreihe

Ritual

L sitzt mit den Kindern um eine gestaltete Mitte. Auf einem schwarzen Tuch steht eine LED-Kerze. In Anlehnung an die Ostereinheit in der *Bergedorfer® Grundschulpraxis: Religion – 1. Klasse*, S. 108 ff. könnte daneben ein Kreuz mit Steinen liegen.
Wenn den Kindern die Unterrichtseinheit aus der 1. Klasse bekannt ist, werden sie sich sicher zu diesem Tisch-/Bodenbild äußern. Sonst bietet es sich an dieser Stelle an, die Kinder in die Ostergeschichte einzuführen (siehe die Erzählelemente aus Baustein 4 ebenfalls a.a.O.).
Danach leitet L mit folgenden Worten zur Unterrichtseinheit über:

> *Wir haben uns daran erinnert, wie die Mächtigen Jesus mit ihren Anklagen getroffen haben, wie sie sein Herz verwundeten.*
> *Sie hatten ihn verhört, aber nicht verstanden, dass er kein König mit Palast und Soldaten sein wollte.*
> *Sie hatten nicht verstanden, dass er ein König für die Menschen sein wollte.*
> *Deshalb verurteilten sie ihn zum Tod am Kreuz.*
> *Viele Menschen waren darüber sehr traurig. Sie konnten nicht verstehen, dass Jesus nun nicht mehr unter ihnen war.*

Baustein 1: Die Jünger sind traurig

Unterrichtsmaterial:

- dunkles Tuch, LED-Kerze
- ggf. Kreuz, Steine
- Tonpapier für „Tränen"
- Magnete oder Klebeband
- Erzählung: „Die Trauer der Jünger" **M 13.1**

Unterrichtsschritte:

1. Die Kinder und L sitzen nach dem Ritual (s. o.) noch um die mit dunklem Tuch, LED-Kerze, Kreuz und Steinen *gestaltete Mitte.*

   L *erzählt:*
   Auch die Jünger sind sehr traurig.
   Mit gesenkten Köpfen sitzen sie zusammen.
   Sie können sich nicht vorstellen, wie ihr Leben ohne Jesus weitergehen soll.

2. Die Kinder erzählen von *Situationen aus ihrem Leben*, in denen sie selbst sehr traurig waren, und was sie dann gemacht haben:
   z. B. haben sie sich ins Zimmer eingeschlossen, geweint, zu nichts Lust gehabt, sich z. B. durch Spiele abgelenkt oder sie sind einfach so draußen herumgelaufen ...

3. Die Kinder *schreiben ihre Reaktionen auf* die „Tränen" aus Tonpapier. Sie beginnen die Sätze mit:
   Wenn ich sehr traurig bin, ...

   Differenzierung: Verstehen und Gestalten
   Die Kinder finden zum Thema „Traurig-Sein" passende Töne, Farben, Körperhaltungen und Worte.

4. L hängt die Tränen für alle Kinder gut sichtbar an Tafel oder Wand und *erzählt von der Trauer der Jünger.* **M 13.1**

   Differenzierung: Handeln
   Die Kinder schreiben die Reaktionen der Jünger ebenfalls auf Tränen und hängen sie zu ihren eigenen.
   Unterstützend kann den Kindern der Text **M 13.1** zur Verfügung gestellt werden.

Baustein 2: Auf dem Weg nach Emmaus

Unterrichtsmaterial:

- Folie von Material: „Auf dem Weg nach Emmaus" (S. 128) **M 13.2**
- Erzählung: „Auf dem Weg nach Emmaus" **M 13.3**
- Arbeitsblatt: „Auf dem Weg (1)" **M 13.4**
- Arbeitsblatt: „Auf dem Weg (2)" **M 13.5**
- Lied: „Auf dem Weg nach Emmaus" (Musik-CD ⊙ Track 31/32) **M 13.6**

Unterrichtsschritte:

1. L *zeigt die Folie* von Material „Auf dem Weg nach Emmaus". **M 13.2**

2. Nachdem die Kinder sich zu der Folie geäußert haben, folgt die *Erzählung* „Auf dem Weg nach Emmaus", Teil 1. **M 13.3**

3. Im Gespräch erinnern sich die Kinder an *Geschichten über Jesus* und seine Jünger, z. B.:
   - Jesus segnet die Kinder
   - Jesus beruft Mitarbeiterinnen und Mitarbeiter
   - Jesus und Zachäus
   - Jesus und Levi

   Differenzierung: Kommunizieren
   Die Kinder überlegen sich in Gruppenarbeit, was die Jüngerinnen und Jünger mit Jesus erlebt haben. Sie wählen eine Geschichte aus und stellen im Plenum eine Szene dar. Die Mitschüler erraten die Geschichte.

   Die Kinder *gestalten den oberen Teil* des Arbeitsblattes „Auf dem Weg (1)", indem sie auf dem Schild den Ortsnamen eintragen, die Gedanken der Jünger in die Gedankenblasen schreiben und die Zeichnung farbig gestalten. L erinnert die Kinder an die Bedeutung von Farben (s. auch Baustein 1). **M 13.4**

4. *Lehrererzählung:* „Auf dem Weg nach Emmaus", Teil 2 **M 13.3**

5. Im Gespräch füllen die Kinder mit Inhalt, was die Sätze „... wie ihr es mit mir erlebt habt. Ihr sollt weitermachen, was mit mir begonnen hat." bedeuten.

6. Die Kinder *bearbeiten das* Arbeitsblatt „Auf dem Weg (2)". **M 13.5**

   Sie ergänzen den Ortsnamen.
   Sie schreiben in die Sprechblasen, was die Jünger den anderen mitteilen wollen.
   Sie wählen passende Farben aus.
   Sie ergänzen die passenden Gesichtsausdrücke.

   Beachte: Das Arbeitsblatt wird in Baustein 3 noch einmal benötigt!

7. *Lied:* „Auf dem Weg nach Emmaus" **M 13.6**

Baustein 3: Jesus braucht uns

Unterrichtsmaterial:

- helles Tuch, LED-Kerze
- Kreuz, Steine
- Arbeitsblatt: „Auf dem Weg (2)“ (aus Baustein 2) **M 13.5**
- Lied: „Auf dem Weg nach Emmaus“ (Musik-CD ⦿ Track 31/32) **M 13.6**
- Gedicht: „Christus hat keine Hände“ **M 13.7**
- Papier, Scheren, Stifte
- ggf. Lied: „Ich denke an dich ...“ (siehe *Bergedorfer® Grundschulpraxis: Religion – 1. Klasse*, **M 8.6**, S. 120)

Unterrichtsschritte:

1. Die Kinder sitzen mit L um die mit Tuch, LED-Kerze, Kreuz und Steinen *gestaltete Mitte.* Einige Kinder lesen vor: Was wollen die beiden Jünger in Jerusalem den anderen über ihre Erfahrungen in Emmaus berichten? (Siehe Arbeitsblatt aus Baustein 2.) **M 13.5**

2. *Lied:* „Auf dem Weg nach Emmaus“ **M 13.6**

3. L liest das *Gedicht* „Christus hat keine Hände“ vor. **M 13.7**
   Im *Gespräch* wird erarbeitet, was die Jünger wohl zu dem Text aus der heutigen Zeit sagen würden. Die Kinder vergleichen den Inhalt des Gedichtes mit den Erkenntnissen der Jünger (siehe Unterrichtsschritt 1).

4. Dann überlegen die Kinder, welche *Bedeutung* das *Gedicht* für ihr eigenes Leben hat.
   L schreibt einige Aussagen der Kinder in Stichpunkten an die Tafel.

5. Jedes Kind *malt* vergrößerte Lippen, einen Hand- oder einen Fußumriss auf, *schreibt* eine der Aussagen hinein und seinen Namen darunter. Dann *schneidet* es das Bild aus und legt es in die Mitte zu Kreuz und Steinen. Währenddessen kann ggf. das *Lied*: „Ich denke an dich“ gesungen werden.

6. Zum *Abschluss der Einheit* sitzen alle rund um das entstandene Bodenbild. L beendet die Einheit mit folgenden Worten:

Jetzt ist Ostern ganz nahe.
Wir sehen auf die brennende Kerze,
auf das Licht von Jesus.

Wir wissen, dass er sterben musste.
Aber wir wissen auch,
dass er immer bei uns ist.

Das, was er in seinem Leben begonnen hat,
darf nicht aufhören.
Dazu braucht er uns:
unsere Hände, um einander zu helfen,
unsere Füße, um einander zu begleiten,
unsere Liebe, um die Hoffnung zu erhalten,
unsere Worte, um immer wieder von ihm zu erzählen.

Die Trauer der Jünger

M 13.1

L zeigt auf die „Tränen", die an Tafel oder Wand hängen (siehe Baustein 1, S. 185).

Anhand der Beispiele, die ihr auf die Tränen geschrieben habt, könnt ihr sehen, wie verschieden ihr mit Trauer umgeht.

Auch die Jünger trauern ganz unterschiedlich um Jesus: Einige sitzen wie gelähmt am Tisch. Bewegungslos stieren sie vor sich hin. Einige flüstern sogar miteinander, weil sie die anderen nicht mit lauten Worten stören wollen.

Zwei von ihnen halten es in Jerusalem nicht mehr aus. Sie wollen nur noch von dem Ort fliehen, an dem all die grausamen Dinge geschehen sind und Jesus gestorben ist. Mit traurigen Gesichtern verabschieden sie sich von den anderen. Die beiden machen sich auf den Weg in ihr Heimatdorf, das Emmaus heißt.

Auf dem Weg nach Emmaus – Teil 1

M 13.3

Schwer sind die Schritte der beiden Männer, die dort von Jerusalem nach Emmaus gehen. Mutlos sehen sie aus, so wie sie da mit gesenkten Köpfen ihres Weges ziehen.

Doch von Zeit zu Zeit bleiben sie stehen und sprechen miteinander. So viele Erinnerungen sind es, die sie nicht loslassen.

Weißt du noch ...

Alles, was sie mit Jesus erlebt haben, fällt ihnen wieder ein.

Auf dem Weg nach Emmaus – Teil 2

Wie soll es jetzt nur ohne Jesus weitergehen?
Ohne ihn, der allen Menschen Mut gemacht hat?
Ohne ihn, für den alle Menschen gleich wichtig waren?
Für alle hat er stets ein gutes Wort gefunden.

Je mehr die Jünger von ihren Erlebnissen mit Jesus sprechen, desto mehr haben sie das Gefühl, als sei er ganz nahe bei ihnen. Fast scheint es ihnen so, als spräche er selbst mit ihnen. Sie spüren ihn an ihrer Seite.

Und sie fragen sich:

Würde er wollen, dass wir so mutlos und traurig sind?
Er, der allen Menschen Mut und Hoffnung gemacht hat.

Im Dunkeln kommen die Jünger in Emmaus an
und wollen zu Abend essen.
Sie setzen sich an den Tisch und nehmen Brot und Wein.
Einer der Jünger bricht das Brot.
Und da fällt es ihnen wieder ein,
wie Jesus das Brot für sie gebrochen hat.
Wie er gesagt hat:

Eines Tages werde ich
nicht mehr in eurer Mitte sein.
Doch alles muss so weitergehen,
wie ihr es mit mir erlebt
habt. Ihr sollt weitermachen,
was mit mir begonnen hat.

Diese Erkenntnis erfüllt die Jünger
mit solch einer Freude, dass sie
auf dem schnellsten Weg nach
Jerusalem zurückkehren wollen,
um den anderen Jüngern davon
zu erzählen.

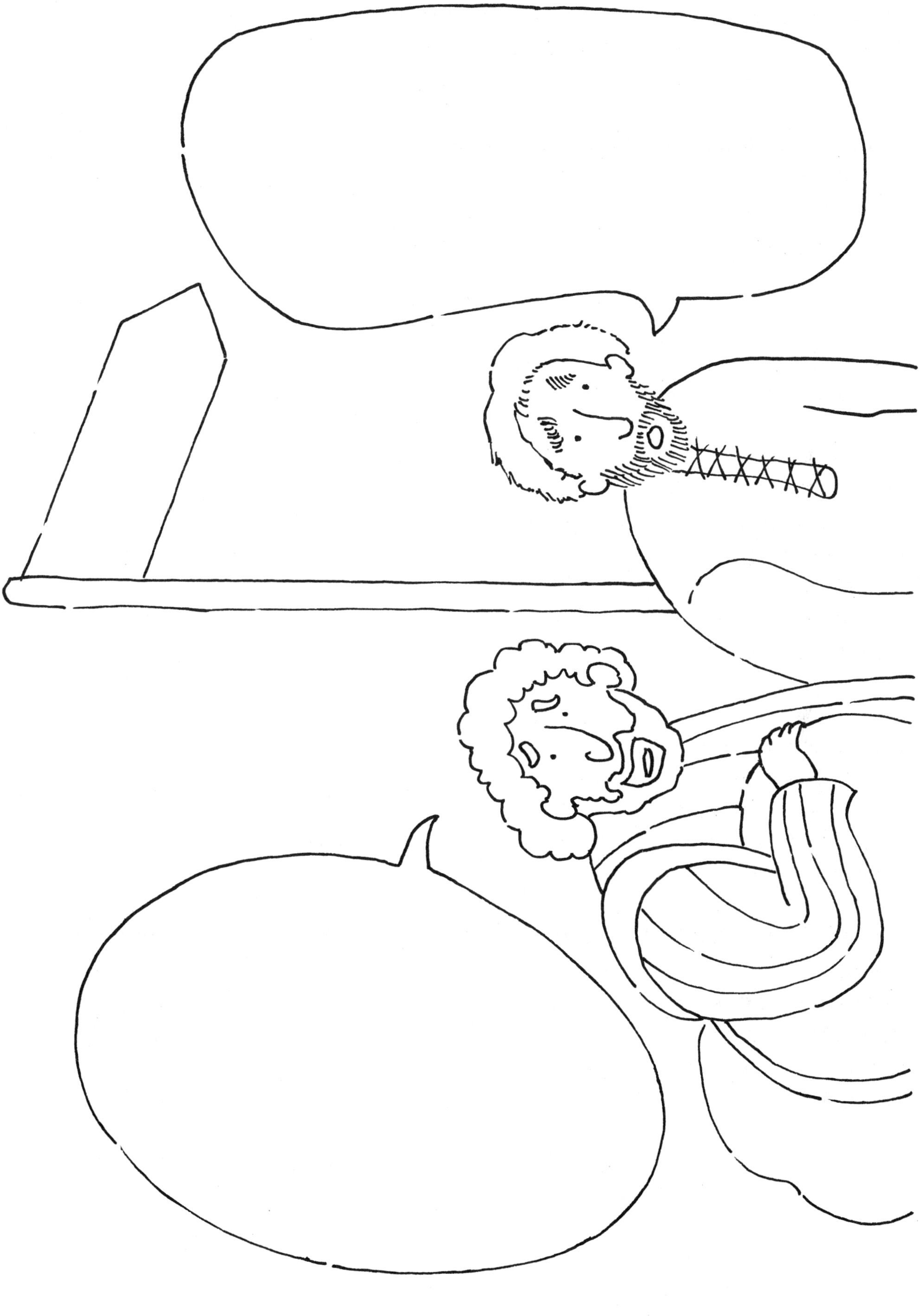

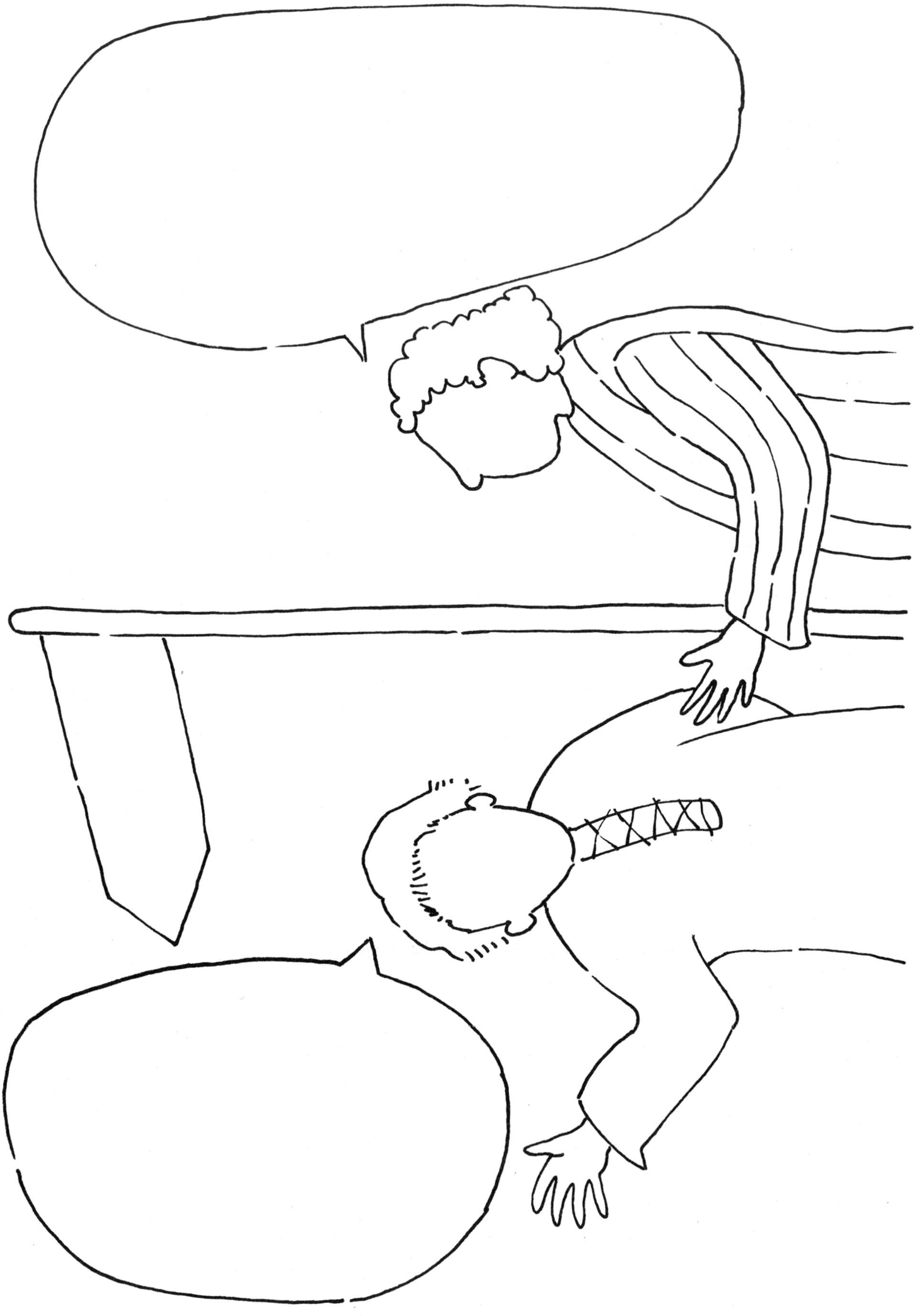

Auf dem Weg nach Emmaus

M 13.6

Text: Barbara Cratzius
Melodie: Detlev Jöcker

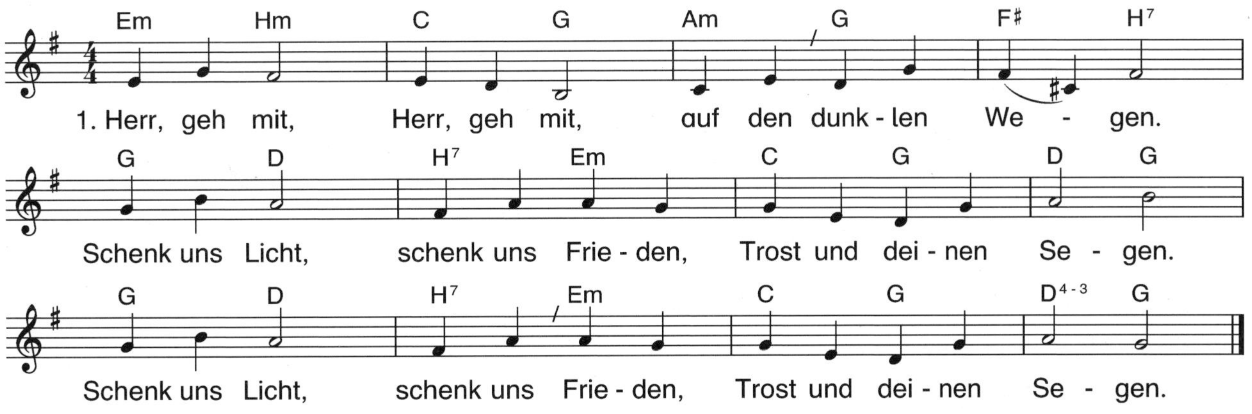

2. Bleib bei uns,
bleib bei uns,
Abend will es werden.
|: Brich das Brot,
sei uns nahe
auf der dunklen Erde. :|

3. Sprich dein Wort,
sprich dein Wort,
lass uns Hoffnung spüren.
|: Mach du hell
unsere Herzen.
Herr, du wirst uns führen. :|

(Musik-CD ⊙ Track 31/32)

Christus hat keine Hände

M 13.7

Christus hat keine Hände, nur unsere Hände,
um seine Arbeit heute zu tun.

Er hat keine Füße, nur unsere Füße,
um Menschen auf seinen Weg zu führen.

Christus hat keine Lippen, nur unsere Lippen,
um Menschen von ihm zu erzählen.

Er hat keine Hilfe, nur unsere Hilfe,
um Menschen an seine Seite zu bringen.

Unbekannter Verfasser

14 Begegnung mit Judentum, Christentum, Islam

14.1 Kinder zur Zeit Jesu: Schule in der Synagoge

Intention der Reihe

Die Synagoge zur Zeit Jesu als religiöse Versammlungsstätte und als Ort des Lernens kennenlernen.

4 Std.

Kompetenzerwartung: Die Schülerinnen und Schüler kennen Ausdrucksformen ihnen fremder Religionen.

Theologisch-didaktischer Kommentar

Synagoge

Was bedeutet das Wort Synagoge?

Synagoge ist ein griechisches Wort, das Versammlung, Versammlungsort und Versammlungshaus bedeutet. Synagoge kann also sowohl eine gesellschaftliche oder kultische Veranstaltung als auch ein Gebäude bezeichnen. Synagoge ist zunächst kein religiöser Spezialbegriff.

Wo entstanden die Synagogen?

Zu dieser Frage gibt es viele Theorien. Als Ursprungsländer kommen Babylonien, Ägypten und Judäa infrage. Nicht alle Synagogen hatten einen unmittelbaren Kontakt zum Tempel in Jerusalem. In fremder Umgebung (Diaspora) brauchten die jüdischen Gemeinden einen Raum, in dem sie die Angelegenheiten ihres Zusammenlebens regeln konnten. Die Synagoge wurde als Gerichtshalle benutzt, in ihr fanden Gastmähler statt und wurden Tote beklagt. Zunächst diente sie also nicht ausschließlich religiösen Zwecken. Sie war kein heiliger Ort wie der Tempel. Aus dem Verbot, das Vieh bei Regen und Kälte nicht in der Synagoge unterzustellen, geht hervor, dass sie zuweilen ganz unkonventionell genutzt wurde.

Wann entstanden die Synagogen?

Auch zu dieser Frage gibt es viele Theorien, da der Forschung zu wenige Quellen mit klaren Aussagen zur Verfügung stehen. Es ist davon auszugehen, dass sie im Zeitraum zwischen dem 6. und 1. Jh. v. Chr. entstanden sind.

Gab es in Palästina zur Zeit Jesu Synagogen?

Ja! In literarischen Quellen werden mehr als ein Dutzend erwähnt. So erzählt zum Beispiel auch der Evangelist Lukas, dass Jesus in der Synagoge von Nazareth gewesen ist und zur Lesung aus der Prophetenrolle aufgerufen wurde (Lk 4,16 f.). Fünf Synagogen aus dem 1. Jh. n. Chr. sind bisher ausgegraben worden. Aus den Grabungen ergibt sich, dass sie öffentliche Gebäude mit einem religiösen Schwerpunkt waren. In ihnen wurde gebetet und gelehrt und auch öffentliche Angelegenheiten wurden beraten.
Diese Synagogen waren keine Prachtbauten, obwohl sie die einfachen Häuser überragten. Sie sollten im Zentrum des Ortes leicht zu erreichen sein. Auch größere umgebaute Häuser konnten als Synagoge benutzt werden. Für den Gottesdienst war nicht der Ort wichtig, sondern die Versammlung der Feiernden.

Wie sah der Innenraum einer Synagoge aus?

Eine Synagoge war ein Zweckbau mit einer neutralen, nicht religiös geprägten, festen Einrichtung. An den Außenwänden befanden sich Sitzbänke aus Holz oder Stein. Wer dort keinen Platz mehr fand, setzte sich auf eine Matte auf den Fußboden des Innenraums.
Ein Tisch war zum Ablegen von Schriftstücken notwendig. Wahrscheinlich gehörte zur Einrichtung auch ein Lesepult. Die religiöse Ausstattung war beweglich. Die in ein Tuch gewickelten Torarollen lagen oft in einem Holzkasten, der wiederum mit einem Tuch bedeckt war. Während des Gottesdienstes wurden die Schriftrollen auf dieses Tuch gelegt, das dann auf dem Tisch ausgebreitet wurde.
Wo die Torarollen in der Synagoge aufbewahrt wurden, ist nicht mehr festzustellen. Toraschreine gab es erst, als sich die Synagogen im 3. und dann besonders im 4. Jh. n. Chr. allmählich zu kultischen Räumen entwickelten.
Der Gebrauch der Menora, des siebenarmigen Leuchters, war dem Tempel in Jerusalem vorbehalten. In den Synagogen waren nur sechs- und achtarmige Leuchter erlaubt. Erst nach der Zerstörung des Tempels durch die Römer im Jahr 70 n. Chr. tauchten siebenarmige Leuchter auch in den Synagogen auf.
Das Verhältnis von Synagoge und Tempel lässt sich so beschreiben: Der Tempel war der heilige Ort des Opfers, die Synagoge war der Ort des Wortes.
Für das Wort stand auch der Stuhl des Mose. Auf ihm saßen torakundige Männer, die Fragen der Synagogenbesucher beantworteten.

Schule

Wer lehrte die Kinder?

Die Lehrenden sollten verheiratete Männer sein, die durch ihren Beruf über ein ausreichendes Einkommen verfügten und finanziell unabhängig waren. Das war die Voraussetzung dafür, dass die Kinder den Unterricht nicht bezahlen mussten. Lehrer zu sein war ein Privileg. Der Unterricht musste nicht unbedingt von einem schriftgelehrten Rabbi (Lehrer) erteilt werden.

Wer durfte lernen?

Ob neben den Jungen auch Mädchen am Unterricht teilnehmen durften, ist nicht zufriedenstellend zu beantworten. Die Teilnahme von Mädchen am Unterricht war nicht ausdrücklich verboten, wurde aber auch nicht ausdrücklich gefordert.
Es lässt sich auch nicht nachprüfen, ob jeder Vater der Verpflichtung nachkam, seine Tochter die Tora zu lehren. Es wird aber von Frauen berichtet, die in der Tora bewandert waren und in der Synagoge zur Toralesung aufgefordert wur-

den. Warum sollten Mädchen also nicht auch in den Genuss des Lernens gekommen sein? Diese These wird dadurch unterstützt, dass es im ersten nachchristlichen Jahrhundert wohl noch keine Geschlechtertrennung in der Synagoge gegeben hat. Die erste wirklich verwertbare Quelle über die Geschlechtertrennung stammt aus dem Babylonien des 4. Jh. n. Chr.
Die religiöse Erziehung der Jungen (und Mädchen?) begann mit fünf und endete mit dreizehn Jahren.

Gab es ein jüdisches Schulsystem in Palästina?

Den Anstoß zu einem breiten Bildungsangebot gab der Pharisäer Simeon ben Shetach in der Mitte des 1. Jh. v. Chr. Er forderte eine religiöse Schulpflicht für alle Kinder. Später setzte sich Joshua ben Gamla, Hohepriester von 63–65 n. Chr., für die Ausweitung der Erziehung ein. Ob in Palästina flächendeckend unterrichtet wurde, wissen wir nicht.
Den Pharisäern, einer theologischen Laienbewegung, lag besonders viel an dieser Bildungsinitiative, weil sie den Alltag des ganzen Volkes durch die Befolgung der Toragebote heiligen wollten. Dazu musste die Tora für die täglichen Lebensvollzüge erklärt und gelernt werden. Da erwünscht war, dass sich jeder auch eigenständig mit den Schriften vertiefend auseinandersetzte, wurde das Lesen besonders gefördert. Die jüdische Schule wurde deshalb „Haus des Buches“ genannt.

Wo lernten die Kinder?

Normalerweise fand der Unterricht in der Synagoge statt. Er konnte aber auch im Haus des Lehrers oder in einem anderen Raum abgehalten werden.

Was lernten die Kinder?

Zuerst lernten die Kinder das hebräische Alphabet, Lesen und Schreiben. Sie wurden zwar nicht zu Schreibkünstlern erzogen, aber ihre Lesefähigkeit sollte so gut ausgebildet sein, dass sie später in der Synagoge flüssig aus der Tora vorlesen konnten.
Unterrichtsinhalte waren die Tora, die Propheten, die Psalmen und Gebete. Um die Geschichte Israels zu verstehen, waren geografische Grundkenntnisse nötig. Die Zahlen standen ebenfalls auf dem Stundenplan.
Da die Umgangssprache in Palästina das Aramäische war, das auch Jesus sprach, lernten die Kinder durch die Beschäftigung mit den Texten ihrer Heiligen Schriften ihre erste Fremdsprache, nämlich Hebräisch.

Wie lernten die Kinder?

Da die Kinder keine eigenen Torarollen besaßen, war das Auswendiglernen durch häufiges Wiederholen die Grundmethode. Die Texte wurden aber nicht nur schematisch auswendig gelernt, sondern auch mit den Kindern inhaltlich besprochen. Zur Erleichterung des Lernens wurden die Texte außerdem gesungen.
Schreibübungen machten die Kinder zunächst in den Sand und dann wahrscheinlich auf Papyrus. Es wird vermutet, dass die Kinder sich auch Toraabschriften anfertigten.

Torarollen

Torarollen durften nicht aus Leder bestehen, das von Raub- oder Wüstentieren stammte, denn diese wurden als unrein angesehen. In den Abschriften der Tora durfte der Wortlaut nicht verändert werden.
Die vorliegende Unterrichtsreihe arbeitet mit einem Jungen namens Teman als Leitfigur. Indem er den Kindern Fragen stellt, lässt er sie in seinen Erzählungen und Berichten an der Unterrichtssituation jüdischer Kinder z. Zt. Jesu teilnehmen.
Der Unterricht der jüdischen Kinder findet in der Synagoge statt. Im vorliegenden Unterrichtsentwurf wird die Synagoge mittels einer Folie in einer Stadt verortet, in der die Kinder zur Wiederholung auf bekannte Orte und Sachverhalte stoßen (siehe bereits behandelte Unterrichtseinheiten aus *Bergedorfer® Grundschulpraxis: Religion – 1. und 2. Klasse*).
Eine Vernetzung zum gleichen Schwerpunkt der 1. Klasse (siehe *Bergedorfer® Grundschulpraxis: Religion – 1. Klasse*, S. 157 ff., insbesondere Baustein 2) ist insofern gegeben, als die Begriffe *Synagoge, siebenarmiger Leuchter, Tora* und das Gebet *„Höre Israel“* dort bereits erwähnt wurden.

Bausteine der Unterrichtsreihe

Baustein 1: Temans Wohnort und die Synagoge

Unterrichtsmaterial:

- Figur: „Teman“ (S. 129) **M 14.1.1**
- Folie von Material: „Wo Teman lebt“ (S. 130) **M 14.1.2**
- Erzählung: „In der Synagoge“ **M 14.1.3**
- Arbeitsblatt: „So sah eine Synagoge aus“ (1-mal auf DIN A3 vergrößert kopieren) **M 14.1.4**
- Namenskärtchen, von L gefertigt
- Magnete

Unterrichtsschritte:

1. L führt in die Unterrichtseinheit ein:
Ich stelle euch heute einen Jungen vor, der euch etwas aus seinem Leben erzählt. L heftet die Figur an die Tafel und schreibt „Teman“ darunter. **M 14.1.1**

2. Dann zeigt L die *Folie* und lässt Teman, die *Leitfigur* der Reihe, sprechen: **M 14.1.2**

Guten Tag, ich heiße Teman. Ich bin etwas älter als ihr. Ein paar Stunden werde ich euch durch den Unterricht begleiten. Heute sollt ihr meine kleine Heimatstadt entdecken. Dazu braucht ihr mich nicht. Das könnt ihr alleine tun. Schaut genau hin! Einiges kommt euch bestimmt bekannt vor.

Die Kinder *benennen*, was sie bereits kennengelernt haben: Berufe (z. B. Fischer, Zöllner ...), Personen (z. B. Maria Magdalena, Petrus ...) und die Zusammenhänge, aus denen sie ihnen bekannt sind.

3. Über das größte Gebäude auf der Folie können die Kinder nur *Vermutungen* anstellen. Die ihnen fehlenden Sachinformationen bekommen sie durch die Erzählung „In der Synagoge". **M 14.1.3**

Differenzierung: Verstehen
Um die Aufmerksamkeit der Kinder zu lenken, bekommen sie einen Hörauftrag: Achtet besonders auf die Einrichtungsgegenstände, die genannt werden.

4. Die Kinder nennen die *Einrichtungsgegenstände*, über die sie etwas in der Erzählung erfahren haben.

5. L befestigt ein vergrößertes Arbeitsblatt mit der Darstellung des *Innenraums einer Synagoge* an der Tafel. **M 14.1.4**
Die Kinder zeigen *und benennen die Einrichtungsgegenstände: sechsarmiger Leuchter, Tisch, Kerzen, Lesepult, Stuhl des Mose (Erklärstuhl), Schriftrolle, Kasten für Schriftrolle, Bänke und Sitzmatten.*
Dann befestigen sie die zugehörigen Namenskärtchen an den entsprechenden Stellen.

Differenzierung: Verstehen und Handeln
Zur Ergebnissicherung kann das Arbeitsblatt **M 14.1.4** zusätzlich im DIN-A4-Format an die Kinder verteilt werden. Die Kinder schneiden dann die Namenskärtchen aus und kleben sie an die richtigen Stellen auf das Blatt.

Baustein 2: Temans Schule

Unterrichtsmaterial:

- Figur: „Teman" **M 14.1.1**
- Erzählung: „In Temans Schule" **M 14.1.5**
- Folie von Material: „So sah Temans Schule aus" (S. 131) **M 14.1.6**
- Psalm 150 **M 14.1.7**
- Magnete

Unterrichtsschritte:

1. L *heftet die Teman-Figur* an die Tafel. **M 14.1.1**
Erzählung „In Temans Schule" **M 14.1.5**
L macht kleine Erzählpausen und die Kinder nehmen die Denkanstöße aus der Erzählung auf.

2. L zeigt die Folie: „So sah Temans Schule aus". **M 14.1.6**
Zuerst sollen sich die Kinder auf die Bildhälfte mit den schreibenden Jungen konzentrieren. Dazu wird die linke Bildhälfte abgedeckt.

Die Kinder …

- *fragen* nach der unbekannten Schrift (Hebräisch).
- *fragen* nach der Bedeutung des hebräischen Wortes („Abraham").
- *stellen* die Schriftrichtung *fest* (von rechts nach links).
- *versuchen*, das hebräische Wort nachzuschreiben.
- *überlegen*, welche Vor- und Nachteile das Schreiben in den Sand hat.
- *bemerken*, dass auf dem Bild kein Mädchen zu sehen ist.

3. L deckt die linke Hälfte der Folie auf.
Die Kinder überlegen, um *was für eine Art von Unterricht* es sich dort handeln könnte, da keine Lernmittel zu sehen sind.

L gibt den Kindern einen Tipp:
In dieser Stunde sagt der Lehrer öfter: „Und nun das Ganze noch einmal!" (Lösung: Die Kinder lernen durch Wiederholung.)

4. Mit den Versen des Psalms 150 üben die Kinder die Methode des gemeinsamen Auswendiglernens. **M 14.1.7**
Durch Wiederholen lernen die Kinder den ersten Vers. Dann wird der zweite dazugenommen. Die Wiederholung beginnt immer mit dem ersten Vers.

5. Die Kinder *vergleichen* diese Methode mit ihren Lernformen.

Baustein 3: Wir basteln eine Schriftrolle

Unterrichtsmaterial:

- Figur: „Teman" **M 14.1.1**
- Erzählung: „Schriftrollen" **M 14.1.8**
- Arbeitsblatt: „Hebräisches Alphabet" **M 14.1.10**

Jeweils im Klassensatz zum Basteln der Schriftrollen:

- Bastelanleitung: „Schriftrollen aus Elefantenhaut" **M 14.1.9**
- Elefantenhaut oder marmoriertes Papier (DIN A4 längs halbiert)
- wasserfeste Filzstifte, Kleber, Scheren
- 2 Rundhölzer à ca. 16 cm Länge
- 4 kleine runde Pappscheiben mit einem kreuzförmigen Einschnitt in der Mitte (von L vorbereitet)
- alternativ: Butterbrotpapier, Schaschlikspieße (Spitzen abschneiden), Tesafilm
- 4 bunte Holzperlen
- Magnete

Unterrichtsschritte:

1. L heftet die Teman-Figur an die Tafel. **M 14.1.1**

2. *Erzählung:* „Schriftrollen" **M 14.1.8**

Differenzierung: Wahrnehmen
Zur visuellen Unterstützung kann **M 14.1.4** an die Tafel gehängt werden.

3. Die Kinder basteln Schriftrollen (siehe Bastelanleitung). **M 14.1.9**

Differenzierung: Gestalten
Die Kinder schreiben ihren eigenen Namen in hebräischer Schrift auf die gefertigte Schriftrolle.
M 14.1.10

Dazu gibt L folgende Informationen:

- Das AT wurde in hebräischer Sprache aufgeschrieben.
- Hebräisch schreibt man von rechts nach links.
  Beispiel: edre ied dnu lemmih ned fuhcs ttog
- In alten hebräischen Texten gibt es keine Vokale.
  Beispiel: dr d dn lmmh nd fhcs ttg
- Zwischen den Wörtern fehlen die Zwischenräume.
  Beispiel: drddnlmmhndfhcsttg

In der Synagoge

M 14.1.3

Guten Tag! Da bin ich wieder.

Heute lernt ihr zuerst ein neues Wort. Nein, eigentlich müsstet ihr das Wort schon kennen. Das Wort heißt Synagoge. Die Synagoge ist ein Versammlungshaus.

Kommt rein und setzt euch auf die Bänke oder auf den Boden. Sitzmatten liegen da hinten.

In der Synagoge passiert fast jeden Tag etwas anderes. Gestern wurde hier ein Dieb verurteilt. Neulich wurde ein Fest gefeiert. Morgen wird darüber beraten, ob die Stadt ein neues Tor bekommt. Am Sabbat kommen die Leute zum Gottesdienst.

Kennt ihr das Wort Sabbat schon?

Der Sabbat ist bei uns ein Feiertag wie euer Sonntag. Bevor der Gottesdienst beginnt, wird der sechsarmige Leuchter aufgestellt und die Kerzen werden angezündet. Dann wird ein bemalter Holzkasten hereingebracht.

Was sich darin befindet?

Schriftrollen, aus denen im Gottesdienst vorgelesen wird.

Ich darf das auch schon tun. Jede Rolle ist in ein kostbares Tuch gehüllt. Eine Rolle wird auf den Tisch gelegt. Zum Vorlesen wird ein Mann aufgerufen. Er nimmt die Rolle, tritt ans Pult und liest laut aus ihr vor.

Vor ein paar Wochen haben wir die Geschichte von Abraham und Sara gehört. Jona und den Fisch kenne ich auch schon.

Nach dem Vorlesen erklärt ein anderer Mann die Geschichte. Wenn ich etwas nicht verstehe, kann ich ihn fragen. Erklären darf jeder, der unsere Heiligen Schriften gut kennt. Er setzt sich dazu auf einen Stuhl, der bei uns „Stuhl des Mose“ heißt. Ich nenne ihn Erklärstuhl.

Natürlich singen und beten wir auch. Am wichtigsten aber ist das Vorlesen aus den Schriftrollen.

Ist der Gottesdienst vorbei, dann räumen wir den Leuchter weg. Wir wickeln die Schriftrollen wieder ein, legen sie in den Kasten und verwahren sie bis zum nächsten Sabbat.

So, das ist alles für heute. Morgen zeige ich euch unsere Schule. Wir treffen uns hier an der Synagoge.

Bis morgen!

So sah eine Synagoge aus

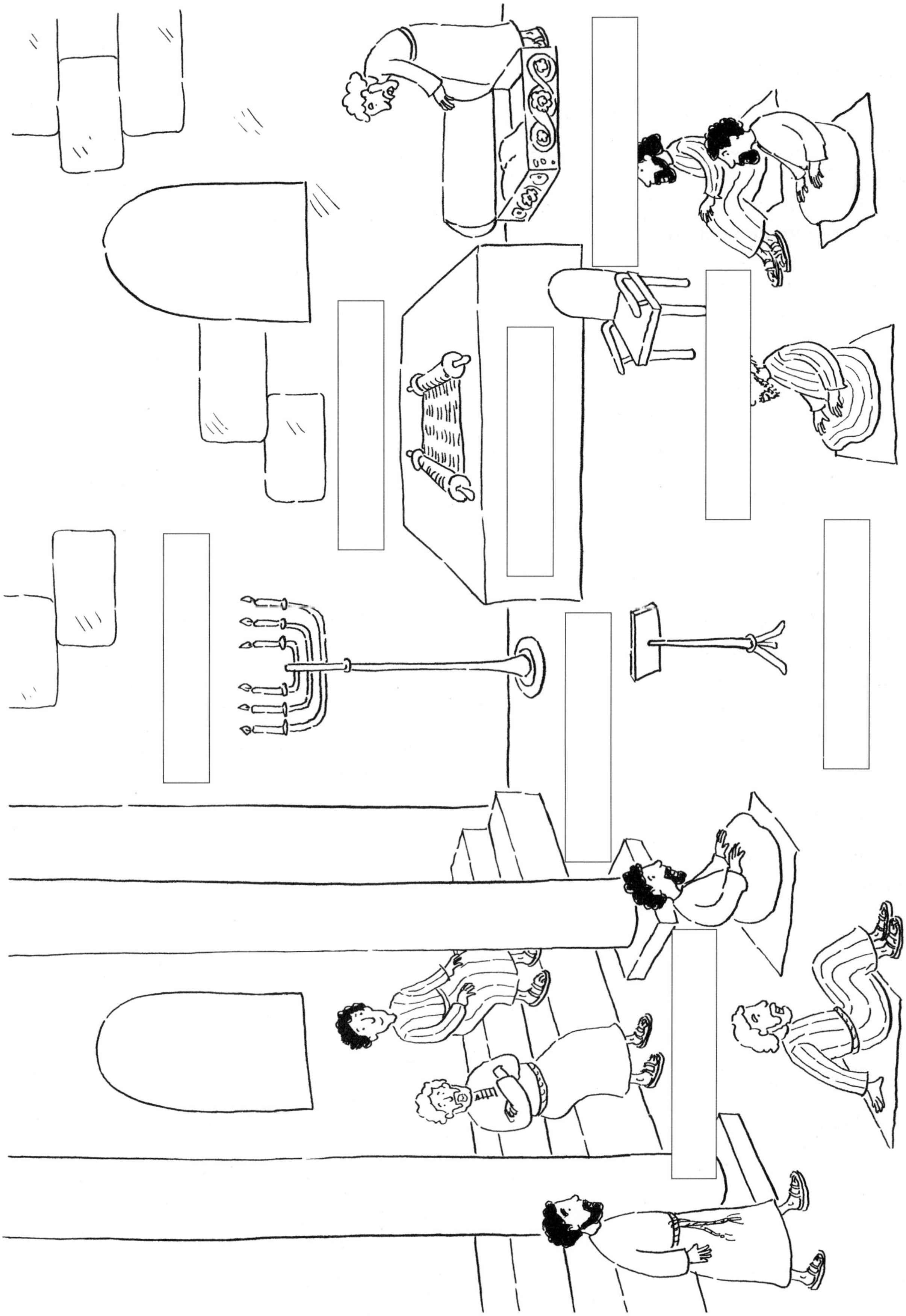

sechsarmiger Leuchter	Tisch	Kerzen	Lesepult
Stuhl des Mose (Erklärstuhl)	Schriftrolle	Kasten für Schriftrollen	Bänke und Sitzmatten

In Temans Schule

M 14.1.5

Ihr sucht meine Schule?
Kommt herein!

Wir sind in meiner Schule.
Ja, die Synagoge ist auch meine Schule. Versteht ihr jetzt, warum es in der Synagoge nur Bänke gibt? Denkt einmal an das, was alles in der Synagoge los ist.

Und nun zeige ich euch die Klassenzimmer. Wir haben noch ein bisschen Zeit, bevor die anderen Kinder kommen.

Wir haben nur zwei Klassenzimmer, aber das reicht. Wir haben ein Sonnenklassenzimmer und ein Regenklassenzimmer.
Könnt ihr euch vorstellen, was ein Sonnenklassenzimmer ist?

Wenn ich in die Schule gehe, muss ich nichts mitnehmen.
Wie ist das bei euch? Müsst ihr viel mitnehmen?
Alles, was ich zum Lernen brauche, habe ich bei mir. Ich brauche nur fünf Dinge: die Ohren, den Mund, die Augen, den Verstand und meinen Zeigefinger.

Dahinten kommt Bina, unser Lehrer. Bina ist nett, aber streng. Eigentlich ist er gar kein Lehrer. Sein richtiger Beruf ist Schreiber. Weil viele Leute nicht schreiben können, brauchen wir ihn. Er verfasst zum Beispiel einen Vertrag, wenn ein Haus verkauft wird. Oder er schreibt eine Nachricht für jemanden, die ein Bote wegbringt.

Für den Unterricht bekommt er kein Geld. Er unterrichtet uns, weil er sich freut, wenn wir etwas auswendig lernen und es auch behalten. Am meisten freut er sich aber, wenn wir keine krakeligen, sondern lesbare Buchstaben schreiben.

So, ich muss jetzt ins Sonnenklassenzimmer. Ihr könnt mitkommen und zugucken.

So sah Temans Schule aus

M 14.1.6

KOPIERVORLAGE

Psalm 150

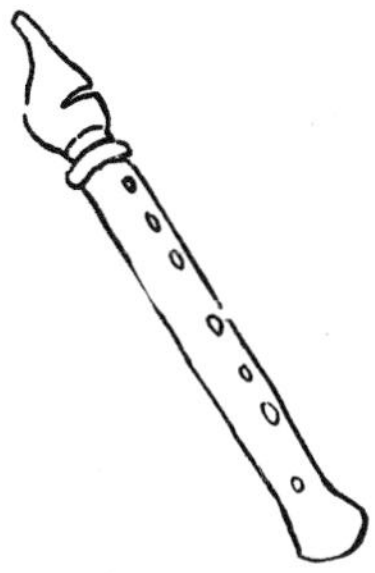

Alles, was atmet, lobe den Herrn.
Lobt ihn mit Liedern.

Alles, was atmet, lobe den Herrn.
Lobt ihn mit Liedern.
Lobt ihn mit Harfen.

Alles, was atmet, lobe den Herrn.
Lobt ihn mit Liedern.
Lobt ihn mit Harfen.
Lobt ihn mit Flöten.

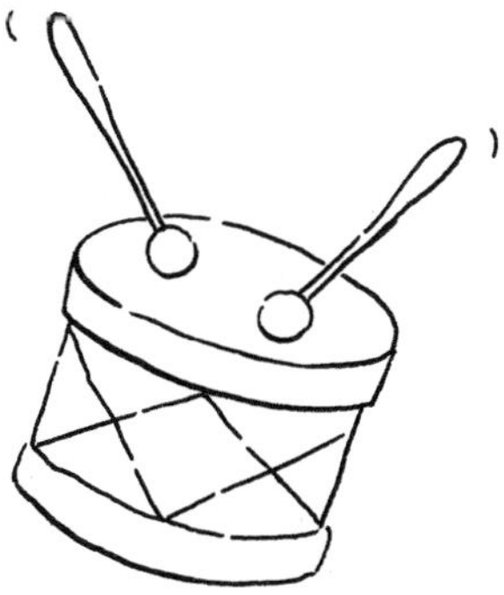

Alles, was atmet, lobe den Herrn.
Lobt ihn mit Liedern.
Lobt ihn mit Harfen.
Lobt ihn mit Flöten.
Lobt ihn mit Tänzen.

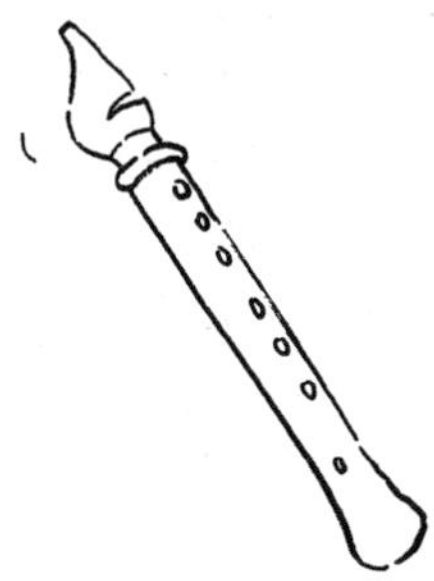

Alles, was atmet, lobe den Herrn.
Lobt ihn mit Liedern.
Lobt ihn mit Harfen.
Lobt ihn mit Flöten.
Lobt ihn mit Tänzen.
Lobt ihn mit Pauken.

Alles, was atmet, lobe den Herrn.

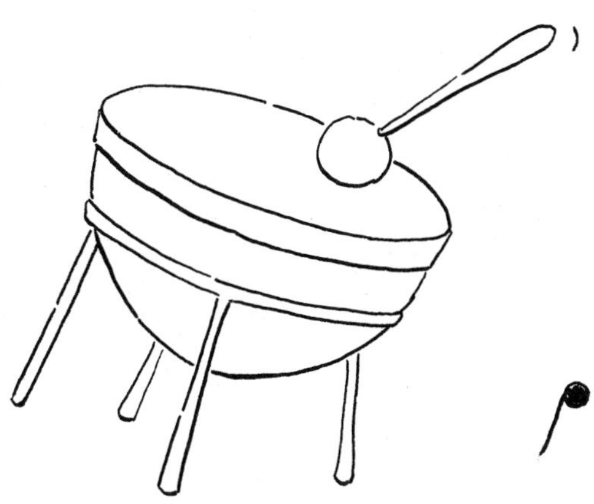

Schriftrollen

Ich habe Bina, unseren Lehrer, gefragt, ob er euch etwas über die Schriftrollen erzählen kann. Bina kennt ihr ja schon. Mit Schriftrollen kennt er sich aus.

Und dann hat Bina mir erzählt:

Schriftrollen gibt es bei uns schon lange. Schriftrollen habt ihr in der Synagoge gesehen. Erzählt mir, was ihr da gesehen habt!

Im letzten Jahr brauchte eine Synagoge eine neue Schriftrolle. Ich bekam den Auftrag dafür.

Zuerst habe ich Pergament gekauft. Das ist dünnes Leder von Ziegen, Schafen oder Kühen. Leder von Raubtieren oder Wüstentieren darf ich nicht benutzen. Beim Einkaufen passe ich genau auf, dass das Leder nicht hart ist.

Zu Hause schneide ich daraus viele gleich große Lederteile zu. Dann rühre ich meine Spezialtinte nach meinem Geheimrezept an, das ich euch nicht verrate. Mit einem Messer spitze ich schließlich Gänsefedern an, mit denen ich später die Pergamentseiten beschrifte.

Viele Geschichten aus unseren Heiligen Schriften kenne ich auswendig. Aber ich darf kein Wort verändern. Deshalb schreibe ich sie lieber von einer alten Rolle ab. Beim Abschreiben muss ich ungeheuer aufpassen. Keiner darf mich dabei stören. Wenn nur ein Buchstabe falsch ist, muss ich die ganze Seite von vorn beginnen. Besonders ärgere ich mich, wenn die Vorderseite fehlerlos ist und ich mich auf der Rückseite verschreibe.

Wenn ich alle Pergamentseiten beschrieben habe, nähe ich sie in der richtigen Reihenfolge zusammen. Das erste und das letzte Pergamentstück werden nicht beschrieben. Hier befestige ich zwei Holzstäbe zum Auf- und Abrollen.

Ich brauche viele Wochen, bis eine Schriftrolle fertig ist. Nur wer schon einmal eine Schriftrolle abgeschrieben hat, weiß, wie viel Arbeit das ist.

Ihr könnt es ja mal versuchen.

Schriftrollen aus Elefantenhaut

Bastelmaterial:

- Elefantenhaut oder marmoriertes Papier (ca. 10,5 cm x 29,7 cm)
- brauner oder schwarzer, wasserfester Filzstift
- 2 Rundhölzer (ca. 16 cm lang)
- 4 kleine runde Pappscheiben
- 4 bunte Holzperlen
- Schere, Kleber

Bastelanleitung:

1. Schreibe mit dem Filzstift den Namen „Abraham" mit großen, hebräischen Schriftzeichen auf die Elefantenhaut (siehe Abb.).
2. Verteile auf dem linken und rechten Rand der Elefantenhaut etwas Kleber. Befestige die Rundhölzer daran, indem du sie etwas eindrehst (siehe Abb.).
3. Schneide die runden Pappscheiben in der Mitte kreuzförmig ein und schiebe sie auf die Rundhölzer (siehe Abb.). So lässt sich das Papier gleichmäßig auf- und abrollen.
4. Zur Verzierung klebe die bunten Holzperlen auf die Enden der beiden Rundhölzer.

Alphabet

M 14.1.10

Buchstabe	Name	deutscher Buchstabe
א	Alef	wird nicht gesprochen
ב	Bet	b
ג	Gimel	g
ד	Dalet	d
ה	He	h
ו	Wau	w
ז	Sajin	s (stimmhaft)
ח	Chet	ch (machen)
ט	Tet	t
י	Jod	j, i
ך כ	Kaf	k
ל	Lamed	l
ם מ	Mem	m
ן נ	Nun	n
ס	Samech	s (scharf)
ע	Ajin	wird nicht gesprochen
ף פ	Pe	p, f
ץ צ	Zade	z
ק	Kof	k
ר	Resch	r
שׂ	Sin	s (scharf)
שׁ	Schin	sch
ת	Tau	t

◌ַ = a (kurz)

◌ָ = a

◌ֵ = e

◌ִ = i

◌ֹ = o

◌ֻ = u

KOPIERVORLAGE

14.2 Feste und Feiertage

Intention der Reihe

Wissen, dass zu jeder Religion Feste gehören, und beispielhaft ein beliebtes Fest aus Judentum, Christentum und Islam kennenlernen.

6 Std.

Kompetenzerwartung: Die Schülerinnen und Schüler kennen religiöse Feste als Ausdrucksformen ihnen fremder Religionen.

Theologisch-didaktischer Kommentar

In der vorliegenden Unterrichtseinheit werden drei Feste aus verschiedenen Religionen behandelt: Chanukka, Weihnachten und Scheker Bayram.

Was verbindet und was trennt sie?

Die drei Feste sind sich in ihren Symbolen, den Formen des Feierns und in der Stimmung der Feiernden ähnlich. Ihre Bedeutung und die Ereignisse, aus denen sie sich herleiten, sind aber sehr unterschiedlich. Weil sie alle drei volkstümliche, beliebte und kindernahe Feste sind, sollten die Festfreude und der Gemeinschaftsgedanke (Familienbesuche, Geschenke, Essen) betont werden. Ihre Behandlung darf sich aber nicht auf ihre Erscheinungsformen beschränken, denn zur Vorstellung jeden Festes gehört genauso ein erster Blick auf seine Bedeutung und die Geschichte seiner Entstehung.

In den Erzählungen der vorliegenden Unterrichtseinheit treten die Kinder Rut, Niklas und Mehmet, die bereits aus Interviews des Bandes für die 1. Klasse bekannt sind, erneut auf (siehe dort S. 164, S. 171 und S. 173).
Es bietet sich an, die Unterrichtseinheit mit folgenden Unterrichtsgegenständen der 1. und 2. Klasse zu vernetzen.

Bergedorfer® Grundschulpraxis: Religion – 1. Klasse:

- Weihnachten: Gott kommt zu den Menschen (Kap. 3)
- Freude über die Gemeinschaft (Kap. 7)
- Begegnung mit Judentum, Christentum, Islam (Kap. 11)

Bergedorfer® Grundschulpraxis: Religion – 2. Klasse:

- Freude über die Gemeinschaft (Kap. 9)
- Weihnachten: Gott kommt zu den Menschen (Kap. 10)
- Kinder zur Zeit Jesu: Schule in der Synagoge (Kap. 14.1)

(In diesem Zusammenhang könnte Chanukka besprochen werden, das bereits im 1. Jahrhundert n. Chr. gefeiert wurde.)

Chanukka

König Alexander der Große hatte zwischen 333 und 323 v. Chr. ein Reich gegründet, das von Griechenland bis Indien reichte. Auf seinen Feldzügen brachte er griechisches Denken in den Orient und die dortigen Eliten orientierten sich an der griechischen Kultur.
Der Austausch ging aber nicht einseitig vor sich, vielmehr drangen auch religiöse Elemente aus dem Orient nach Westen vor. Das war die Geburtsstunde des Hellenismus. Griechisch wurde zur Weltsprache.
Nach Alexanders Tod entstanden drei Teilreiche. Das Gebiet Israels fiel an die Herrscherfamilie der Seleukiden (heute Syrien, Irak und Iran).

Sie förderten den Hellenismus, um durch eine einheitliche Kultur die vielen Völker ihres Reiches eng zusammenzuschließen. Besonders in den Städten waren viele Juden aufgeschlossen für den Hellenismus.
Doch unter dem Seleukidenkönig Antiochus IV. (175–164 v. Chr.) kam es zu Spannungen mit den Juden, als er sich einfach aus dem Tempelschatz bedient hatte. Er wollte den Hellenismus mit Gewalt durchsetzen: Unter Androhung der Todesstrafe verbot er den Sabbat, die Beschneidung und das Torastudium. Und diese Verbote wurden kontrolliert. Den Tempel ließ er in ein hellenistisches Heiligtum verwandeln und fromme Juden zum Essen von Schweinefleisch zwingen.

Auf dem Land, wo der jüdische Glaube fester verwurzelt war, riefen die Repressalien Widerstand hervor. In langwierigen Kämpfen wurde die Seleukidenherrschaft im jüdischen Gebiet abgeschüttelt. Nach der Eroberung Jerusalems und des Tempels 164 v. Chr. wurde alles, was an den Hellenismus erinnerte, aus dem Tempel entfernt, damit er neu geweiht werden konnte und in acht Tagen wurde ein neuer Altar errichtet.

Das ist der geschichtliche Hintergrund des Festes, denn Chanukka bedeutet ***Weihe***. Und nun beginnt die ***Chanukka-Legende***. Die Öllampen der großen Tempelmenora sollten angezündet werden. Doch das im Tempel vorhandene Öl war rituell unrein. Nach langem Suchen wurde ein kleiner Krug mit Öl gefunden, das den Vorschriften entsprach. Obwohl die Menge nur für einen Tag ausreichte, zündete der Hohepriester die Öllampen der Menora an. Und ein Wunder geschah. Die Leuchter brannten ***acht*** Tage lang. Dieser Zeitraum reichte für die Weihe und zur Beschaffung frischen, rituell reinen Olivenöls aus.

Dass Chanukka bereits zur Zeit Jesu gefeiert wurde, bezeugt der jüdische Schriftsteller Flavius Josephus (*37/38 n. Chr., † um 100), der vom Fest des Lichteranzündens berichtet. Chanukka wird nach dem jüdischen Kalender im Monat Kislev (Nov./Dez.) gefeiert. Zum Fest gehört eine ***acht***armige Menora, die eine Besonderheit hat. In der Mitte des Leuchters ist eine abnehmbare Hilfskerze (hebr. schamasch = Diener) angebracht, mit der jeden Tag eine weitere Kerze

angezündet wird. Denn die Leuchterkerzen dürfen nicht zu praktischen Zwecken, wie dem gegenseitigen Anzünden, benutzt werden.
Aus demselben Grund wird die Chanukka-Menora auch nicht zur Raumbeleuchtung verwendet. Vielmehr steht sie im Fenster und strahlt, wenn die Kerzen kurz nach Sonnenuntergang angezündet worden sind, nach draußen, damit jeder das ***Lichtwunder*** sieht und weitersagt.
Das Anzünden der Kerzen, die täglich mindestens eine halbe Stunde brennen sollen, ist der wichtigste Augenblick eines jeden Festtages.
Chanukka ist ein fröhliches Fest, das mit Spielen, Essen und Liedern gefeiert wird. Gegessen werden in Öl gebackene Krapfen und Pfannkuchen, um an das Ölwunder zu erinnern.

Weihnachten

Der zentrale Satz der Weihnachtsgeschichte des Lukas heißt: „Euch ist heute der Heiland geboren" (Lk 2,11).
Das griechische Wort für Heiland ist *soter* und bedeutet *Retter, Erhalter, Befreier.* Soter war sowohl Beiname griechischer Götter als auch ein Ehrentitel verdienter Männer, hoch stehender Beamter und Privatleute. Dieser Titel erhebt sie über die Durchschnittsmenschen.
Im Lukas-Evangelium wird der Begriff zwar für Jesus übernommen, aber seine Bedeutung verändert. Der Retter trägt die Zeichen der Niedrigkeit: Für ihn gibt es keinen Raum in der Herberge, er wird in Windeln gewickelt und liegt in einer Krippe. Jesus trägt keine Zeichen der Macht. Die Hirten, die das Ereignis seiner Geburt verbreiten, sind Menschen mit einem zweifelhaften Ruf. Sie stehen stellvertretend für die Menschen, die Jesus später folgen werden.
Aufgrund dieser Vorbedingungen ist nicht zu erwarten, dass Jesus ein aufsehenerregender Systemveränderer sein wird. Die Rettung, die er anbietet, ist eine Lebensveränderung durch die Begegnung mit ihm.

Krippendarstellungen sind bereits in der Katakombenmalerei des 4. Jahrhunderts zu finden. Für eine große Verbreitung der ***Weihnachtskrippen*** sorgte der Jesuitenorden im 16. Jahrhundert. Menschen, die weder lesen noch schreiben konnten, sollten die Geburtsgeschichte beim Betrachten der prachtvoll gestalteten Krippen lebendig und bildhaft erfahren.
Hunderte Jahre später beherrschte die Aufklärung das Denken in Europa. Wissenschaft und Fortschrittsglaube distanzierten sich deutlich von einer erstarrten Theologie. In der Religion sollte nur gelten, was durch die Vernunft begründet werden konnte. Glaube wurde durch moralisch begründetes Handeln abgelöst.
Die bildhafte und gefühlsbetonte Krippenfrömmigkeit war nicht mehr gefragt. Repräsentative Krippen wurden nicht länger gebaut, in einigen Gegenden Deutschlands sogar verboten. Aber die Krippen, die eine einfache persönliche Frömmigkeit ausdrückten, überlebten in den Familien.
Zu Beginn des 19. Jahrhunderts zog der ***Weihnachtsbaum*** zunächst in die Schlösser und Residenzen und dann in die Bürgerhäuser ein. Die Krippen verschwanden aus den Salons und Wohnzimmern. Das Weihnachtsfest wurde zu einem exklusiven Familienfest.

Die enge Familie (Wir-Familie) blieb während des Festes unter sich. Der weiteren Familie öffnete man sich erst zwischen den Jahren. Der Weihnachtsbaum wurde zu einem Requisit der Familienzusammengehörigkeit und verlor seine Beziehung zur christlichen Weihnachtsbotschaft, die sich noch im Christbaumschmuck ausgedrückt hatte. Mit Oblaten und Äpfeln geschmückte Weihnachtsbäume, immergrüne Lebenssymbole, sind zum ersten Mal kurz nach 1600 belegt. Dass Weihnachten mit Rettung und Vergebung zu tun hatte, machten die an den Zweigen hängenden Oblaten deutlich.
Der Vorläufer der Christbaumkugel ist der ***Paradiesapfel***. Bei den Krippenspielen im Mittelalter wurden die Paradiesäpfel an einen grünen Lebensbaum gehängt. Denn zwischen der Vertreibung Adams und Evas aus dem Garten Eden (ins Griechische mit dem Wort Paradies übersetzt) und der Geburt Jesu wurde ein Zusammenhang gesehen. Daran erinnert das Weihnachtslied „Lobt Gott, ihr Christen, alle gleich":

Heut schließt er wieder auf die Tür
zum schönen Paradeis;
der Cherub steht nicht mehr dafür.*
Gott sei Lob, Ehr und Preis.
Gott sei Lob, Ehr und Preis.

(EG, Ausgabe Westfalen,
Lied Nr. 27, Str. 6)

Das durch den Sündenfall verschlossene Paradies ist wieder offen. Mit dem Kind in der Krippe gibt es einen Neuanfang.

Reich verzierte oder vergoldete Paradiesäpfel der Barockzeit waren die Vorlage für die ***Christbaumkugeln***. Sie wurden im 19. Jahrhundert zur industriellen Massenware, die in schlecht bezahlter Heimarbeit in Böhmen und Sachsen produziert wurde. Die Christbaumkugel wurde nur wegen ihres dekorativen Wertes hergestellt.

Beim ***Christstollen*** erinnert sich heute kaum jemand mehr daran, dass dessen mit Zucker gepuderte Oberfläche an die weißen Windeln des Kindes in der Krippe erinnern sollte.

Das Verteilen von Geschenken in der Vorweihnachtszeit war seit dem 13. Jahrhundert die Domäne des Heiligen ***Nikolaus***, der, wie die Legenden erzählen, drei Jungfrauen mit der zum Heiraten nötigen Mitgift beschenkte, der unschuldig Verurteilte rettete und drei ermordete Schüler wieder zum Leben erweckte.
Gegen diesen derben Realismus hatte es der Gedanke vom neuen Leben durch das Kind in der Krippe schwer. Den Reformatoren war aufgrund ihrer allgemeinen Kritik der Heiligenverehrung auch der Heilige Nikolaus hoch verdächtig. Deshalb wurde der Tag des Schenkens auf den Tag des Christfestes verlegt. Das Kind in der Krippe, der den Menschen geschenkte Retter, sollte im Mittelpunkt stehen.

* Wächterengel

In der theologischen Theorie war das natürlich richtig. Aber die Entwicklung vollzog sich nicht theologisch korrekt. Das ***Christkind*** wurde nun zu einem geheimnisvollen Gabenbringer und setzte sich zusammen mit dem Tannenbaum, der langsam immer populärer wurde, in den protestantischen Gebieten Deutschlands durch und löste dort den Heiligen Nikolaus ab. In den katholischen Bereichen blieb der Heilige Nikolaus dagegen kaum angefochten.

Für Christkind und Nikolaus tauchte zu Beginn des 19. Jahrhunderts plötzlich nichtreligiöse Konkurrenz auf. 1820 wurde die Figur des ***Weihnachtsmannes*** zum ersten Mal in der Literatur erwähnt. Sein Aussehen verlieh ihm der Maler Moritz von Schwind (1804–71), als er 1847 den „Herrn Winter" mit langem Bart, Stiefeln, einem braunen Kapuzenmantel, einem leuchtenden Weihnachtsbaum auf dem Rücken und einem grünen Kopfschmuck an der Kapuze malte. In dem Weihnachtslied des Germanisten August Heinrich Hoffmann von Fallersleben (1798–1874) hieß es dann: „Morgen kommt der Weihnachtsmann, kommt mit seinen Gaben." Der Weihnachtsmann hatte dem Christkind und dem Nikolaus das Beschenken der Kinder in den bürgerlichen Familien aus der Hand genommen. Nun musste nur noch der braune Kapuzenmantel mit einem Kleidungsstück ausgetauscht werden, das vage an einen roten Bischofsmantel erinnerte. Entstanden war eine weltanschaulich nicht mehr gebundene Figur menschlicher Güte, die kommerziell verwendet wurde.

Scheker Bayram

Das Fest, das am Ende des Fastenmonats Ramadan gefeiert wird, heißt auf Arabisch *Id al-Fitr*, Fest des Fastenbrechens, und auf Türkisch *Scheker Bayram* (*scheker* = Zucker, *bayram* = Fest, Feiertag). Die Bezeichnung Zuckerfest hat sich in Deutschland eingebürgert.
Scheker Bayram lässt sich aber nicht auf das Zubereiten und Essen von Süßigkeiten reduzieren, genauso wie Weihnachten kein Spekulatius- oder Marzipanfest ist. Ramadan und Scheker Bayram müssen im Zusammenhang betrachtet werden.

Im ***Ramadan*** danken die Gläubigen Allah für die Offenbarung des Korans, den er ihnen durch Mohammed geschenkt hat. Und „das Fest ist eine Zeit der Danksagung, weil Gott den Muslimen die Einhaltung des Fastens ermöglicht und die Übertretungen vergeben hat" (KIRSTE u. a. 1975, S. 71).

Das Fasten ist eine Absage an alles, was vom Nachdenken über die Beziehung zu Gott, vom Gebet, dem Studium des Koran und der Besinnung auf sich selbst ablenkt. Deshalb sollen die Erwachsenen von Sonnenauf- bis Sonnenuntergang nicht essen und nicht trinken. Auf Rauchen, Make-up, Parfum, Radio- und Fernsehunterhaltung sowie Geschlechtsverkehr soll verzichtet werden.
Befreit von der Verpflichtung zu fasten sind Alte, Kranke, Reisende, Menstruierende, Stillende und Schwangere. Wer das Fasten unterbricht, kann es entweder nachholen oder stattdessen Notleidenden Geld oder Essen zukommen lassen. Kinder werden ihrem Entwicklungsstand entsprechend schrittweise an das Fasten herangeführt. Sobald sie geistig und körperlich dazu in der Lage sind, nehmen sie ganz daran teil.
Sure 2 des Korans betont, dass das Fasten nicht beschwerlich sein soll, denn schließlich dient es der Verherrlichung der Größe Gottes. Fasten hat immer etwas damit zu tun, sich auf sich selbst zu besinnen. Dazu verhilft eine Zeit, die die tägliche Routine durchbricht. In jedem Jahr gibt es also die Gelegenheit, über sich nachzudenken, eine persönliche Bestandsaufnahme zu machen (innere Inventur) und Vorsätze zu verwirklichen. Diese Ausnahmezeit ermuntert die Gläubigen, freundlich miteinander umzugehen, nicht zu schimpfen und nicht zu streiten. Wer den Ramadan ernst nimmt, beginnt ihn nicht unversöhnt.
Der Wechsel von Fasten und Essen, von Verzichten und Genießen ist auch ein Dank für die Gaben des täglichen Lebens. Mit einem ausgedehnten Frühstück beginnt nach dem Fasten das Dankfest. Wer zum Festgebet in die Moschee geht, zieht sich gut und festlich an. Die Kinder bekommen nach Möglichkeit neue Kleidung. Zu diesem Feiertag gehören sowohl das Spenden für die Armen und Bedürftigen als auch ein Besuch auf dem islamischen Friedhof.

Der erste Tag des ***Scheker Bayram*** gehört der Familie. An den beiden folgenden Tagen werden entfernte Verwandte und Nachbarn besucht. Zum Fest gehören die verschiedensten Süßigkeiten, wie zum Beispiel Sesamriegel oder Baklava, ein Gebäck aus Walnüssen, Mandeln, Honig, Zimt etc.
Man schickt einander Glückwunschkarten und macht sich kleine Geschenke. Die Glückwunschkarten haben verschiedenste Motive: Lampions, Luftballons, ein Feuerwerk, eine Moschee, eine Glasschüssel voller Süßigkeiten, ein Lämmchen u. a. Sie können aber auch nur mit einem Schmuckrahmen und einem Text versehen sein (z. B. IYI BAYRAMLAR = schönes Fest oder BAYRAMNIZ KUTLU OLSUN = schöne Feiertage).

Möglichkeiten zur differenzierenden Erarbeitung und Präsentation der Feste

Differenzierung: Verstehen und Gestalten
Die Kinder arbeiten in Gruppen mit den Materialien zu den drei Festen und stellen dann ihre Ergebnisse in einem Steckbrief vor. Das kann z. B. aus der „Ich-Perspektive" geschehen.
Ich heiße …
An mir ist besonders …
Die Menschen lieben an mir …

Differenzierung: Verstehen
Die Kinder recherchieren im Internet zu den Festen. Sie erstellen selbstständig Lernposter zu den Religionen mit ihren Festen mit den Informationen aus den Materialien und ergänzen mit ihren Recherchen.

Tipp: In dieser Unterrichtseinheit bietet es sich an, im Sinne des Interreligiösen Lernens viele Kinder unterschiedlicher Religionen ihr Wissen und eigene Erfahrungen einbringen zu lassen.

Bausteine der Unterrichtsreihe

Chanukka

Baustein 1: Wie Chanukka entstanden ist

Unterrichtsmaterial:

- Porträts der Kinder — **M 14.2.1**
- Erzählung: „Ein Leuchter, ein kleiner Krug Öl und acht Tage" — **M 14.2.2**
- Arbeitsblatt: „Feste und Feiertage" — **M 14.2.3**

Unterrichtsschritte:

1. L. befestigt ein vergrößertes Porträt von Rut an der Tafel. **M 14.2.1**
   Verbaler Impuls: *Sicher erinnert ihr euch noch an Rut …*
   L schafft die Vernetzung zu der *Bergedorfer® Grundschulpraxis: Religion – 1. Klasse* (siehe dort „Interview mit Rut", S. 171).
2. Die Kinder äußern sich spontan. Sie rufen ihr Wissen über das Judentum aus Kapitel 11 aus *Bergedorfer® Grundschulpraxis: Religion – 1. Klasse* ab.
3. L schreibt den Begriff *Judentum* und den Namen *Rut* an die Tafel.
4. Es folgt die *Erzählung:* „Ein Leuchter, ein kleiner Krug Öl und acht Tage". **M 14.2.2**
5. Die Kinder *äußern* sich zu der Erzählung. L schreibt den Namen des Festes *(Chanukka)* an die Tafel.
6. Die Kinder *suchen* auf dem Arbeitsblatt das *Bild des jüdischen Mädchens* und schreiben den Namen Rut darunter. **M 14.2.3**
   Dann ergänzen sie den Namen der Religion im Außenrand *(Judentum)* und den Namen des Festes *(Chanukka)* auf der ersten Zeile unter dem Bild.

Baustein 2: Wir bauen einen Chanukka-Leuchter

Unterrichtsmaterial:

- Bastelanleitung: „Chanukka-Leuchter" — **M 14.2.4**

für einen Leuchter

- 1 Holzleiste (20 cm x 4 cm x 4 cm)
- 1 Holzleiste (40 cm x 4 cm x 1 cm)
- Holzleim
- 8 LED-Teelichter

Unterrichtsschritte:

1. L *führt* mit folgenden Worten in den Baustein ein:
   In der nächsten Stunde will uns Rut erzählen, wie das Chanukka-Fest heute gefeiert wird. Dafür bauen wir jetzt einen Leuchter.
2. Nach der Anleitung *basteln* die Kinder einen oder mehrere Chanukka-Leuchter. **M 14.2.4**

Differenzierung: Gestalten
Die Kinder erstellen die Chanukka-Kerzen aus Toilettenpapierrollen und die Flammen aus Krepppapier.

Baustein 3: So wird Chanukka heute gefeiert

Unterrichtsmaterial:

- Chanukka-Leuchter (aus Baustein 2)
- Arbeitsblatt: „Feste und Feiertage" — **M 14.2.3**
- Lied: „Ner li" (Musik-CD ⦿ Track 33/34) — **M 14.2.5**
- Erzählung: „So wird Chanukka heute gefeiert" — **M 14.2.6**

Unterrichtsschritte:

1. Die Kinder stellen die *Leuchter* in die Mitte.
2. *Lehrererzählung:* „So wird Chanukka heute gefeiert" **M 14.2.6**
3. Die Kinder *fassen* das Gehörte noch einmal *zusammen.* Das *Datum* des Festes (November, Dezember) und der *Anlass* (Lichtwunder) werden von L an die Tafel geschrieben. Die Kinder übertragen die Daten auf ihr Arbeitsblatt. **M 14.2.3**
4. *Lied:* „Ner li" **M 14.2.5**

Weihnachten

Baustein 1: Was unbedingt zu Weihnachten gehört

Unterrichtsmaterial:

- Porträts der Kinder — **M 14.2.1**
- DIN-A2-Karton
- dicker Faserstift
- Magnete
- Erzählung: „So feiern wir Weihnachten" — **M 14.2.7**
- Arbeitsblatt: „Feste und Feiertage" — **M 14.2.3**

Unterrichtsschritte:

1. L befestigt ein vergrößertes Porträt von Niklas an der Tafel. **M 14.2.1**

Verbaler Impuls: *Sicher erinnert ihr euch noch an Niklas.*

Die Kinder äußern sich spontan. Sie rufen ihr Wissen über das Christentum aus Kapitel 11 aus *Bergedorfer® Grundschulpraxis: Religion – 1. Klasse* ab.

2. L schreibt den Begriff *Christentum* und den Namen *Niklas* an die Tafel.

3. Die Kinder *zählen* christliche Feste auf.

4. Wenn sie Weihnachten nennen, *hängt* L den DIN-A2-Karton *an* die *Tafel* und schreibt den Begriff „Weihnachten" in die Mitte des Kartons.

5. Die Kinder *tragen zusammen*, was ihnen an Weihnachten wichtig ist (z. B. Kerzen, Weihnachtsbaum, Geschenke, Krippe, Lieder etc.). L hält ihre Beiträge in einfachen Zeichnungen oder Worten auf dem Karton fest.

Differenzierung: Verstehen
Die Kinder halten die Ergebnisse selbst fest.

Differenzierung: Verstehen
Die Kinder erstellen in Gruppenarbeit eine Mindmap zum Thema „Weihnachten".

6. *Lehrererzählung:* „So feiern wir Weihnachten" **M 14.2.7**

7. Die Kinder *fassen* das Gehörte mithilfe der Begriffe auf dem DIN-A2-Karton *zusammen*. Unter Umständen schreiben sie noch neue Begriffe dazu.
   - *Weihnachtsbaum:* Baum des Lebens und der Hoffnung
   - *Stern:* Stern von Bethlehem
   - *Christbaumkugeln:* Weihnachten auf der ganzen Welt
   - *Kerzen:* Licht
   - *Krippe:* Jesus kam ganz arm zur Welt.
   - *Geschenke:* Wir zeigen, dass wir jemanden gern haben.
   - *Weihnachtslieder:* Wir singen, weil wir uns freuen, dass Jesus geboren wurde.
   - *Familiengottesdienst:* Wir feiern zusammen.

8. Die Kinder *schreiben* den Namen Niklas unter das entsprechende Bild auf dem *Arbeitsblatt*, tragen „Christentum" in den Außenrand und „Weihnachten", „Dezember" und „Geburt Jesu" in die Zeilen ein. **M 14.2.3**

9. Als Ausdruck der Freude über Weihnachten und die Geburt Jesu schließt der Baustein mit einem *Weihnachtsliederwunschkonzert* ab.

Differenzierung: Gestalten
Die Kinder stellen ein Info-Büchlein zum Thema „Weihnachten" für Mitschüler aus anderen Religionen zusammen. Dabei kann auch das Bildmaterial von **M 14.2.3** benutzt werden.

Scheker Bayram

Baustein 1: Das große und das kleine Fest

Unterrichtsmaterial:

- Porträts der Kinder **M 14.2.1**
- Arbeitsblatt: „Feste und Feiertage" **M 14.2.3**
- Erzählung: „Das große und das kleine Fest" **M 14.2.8**

Unterrichtsschritte:

1. L befestigt ein vergrößertes Porträt von Mehmet an der Tafel. **M 14.2.1**
   Verbaler Impuls: *Sicher erinnert ihr euch noch an Mehmet …*

   Die Kinder äußern sich spontan. Sie rufen ihr Wissen über den Islam aus Kapitel 11 aus *Bergedorfer® Grundschulpraxis: Religion – 1. Klasse* ab.

2. L schreibt den Begriff *Islam* und den Namen *Mehmet* an die Tafel.

3. L *fragt* die Kinder, ob sie schon einmal an ihren muslimischen Mitschülerinnen und Mitschülern bemerkt haben, dass diese zu Hause ein wichtiges Fest gefeiert haben. Da die Kinder sich aufgrund ihres individuellen Erfahrungshintergrunds sicherlich unterschiedlich äußern werden, vertieft L das Vorwissen mit der *Erzählung:* „Ein großes und ein kleines Fest". **M 14.2.8**

4. Die Kinder *äußern* sich zu der Erzählung und tragen den Namen *Mehmet* und die Begriffe und Wortverbindungen *Ramadan, Scheker Bayram, zu verschiedenen Zeiten* und *Dank für den Koran* in das Arbeitsblatt „Feste und Feiertage" ein. In den Außenrand schreiben sie *Islam.* **M 14.2.3**

Baustein 2: Wir gestalten Glückwunschkarten

Unterrichtsmaterial:

- weiße, feste Karten à DIN A6
- Farbstifte
- Erzählung: „Das große und das kleine Fest" **M 14.2.8**
- Arbeitsblatt: „Pop-up-Karte Ramadan" **M 14.2.9**

Unterrichtsschritte:

1. L schreibt die beiden *türkischen Glückwunschtexte* (siehe **M 14.2.8**) an die Tafel. Wenn die Kinder sich bereits bei ihren Mitschülerinnen und Mitschülern nach der Bedeutung erkundigt haben, *nennen* sie diese und L schreibt sie hinter den türkischen Text.

2. Anschließend *gestalten* die Kinder *Glückwunschkarten* zu *Scheker Bayram* mit einem türkischen Glückwunschtext. Eventuell ergänzen sie die deutsche Übersetzung und malen Bilder dazu.

Differenzierung: Gestalten
Die Kinder gestalten eine Karte „Ramadan" im Pop-up Stil. **M 14.2.9**

Baustein 3: Abschluss der Unterrichtsreihe

Unterrichtsmaterial:

- Arbeitsblatt: „Feste und Feiertage" **M 14.2.3**
- Kleber, Scheren

Unterrichtsschritte:

Nachdem die Kinder die Bilder vom Arbeitsblatt „Feste und Feiertage" (**M 14.2.3**) den drei verschiedenen Religionen zunächst mündlich zugeordnet haben, schneiden sie die Bilder auseinander und kleben sie auf die Rückseite der entsprechenden Puzzlefelder.

Differenzierung: Kommunizieren
Die Kinder machen eine Präsentation zum Thema „Feste der Religionen" und erweitern die Informationen aus der Unterrichtseinheit durch die Darstellung weiterer Feste.
Zur Präsentation können auch verschiedene Speisen gereicht werden, die die Kinder vorher zubereiten, z. B. Weihnachtsplätzchen, Sufganiot (Berliner Ballen) oder Baklava-Rollen.

Porträts der Kinder

M 14.2.1

Ein Leuchter, ein kleiner Krug Öl und acht Tage

M 14.2.2

Ich heiße Rut und möchte euch von meinem Lieblingsfest erzählen. Sein Name ist Chanukka und es gibt eine Geschichte, wie es entstanden ist.

Vor langer Zeit schickte ein König seine Soldaten in unser Land. Sie kamen auch nach Jerusalem und warfen alle Sachen aus unserem Tempel: den großen Leuchter, den Altar und noch mehr. Ihr König hatte es so befohlen, weil er eine andere Religion wollte.

Viele Jahre später wurden die Soldaten verjagt. Dann wurde der Tempel gesäubert und aufgeräumt. In nur acht Tagen wurde ein neuer Altar gebaut. Und schließlich wurde der große Leuchter aufgestellt.

Für den Leuchter brauchte man ein besonderes Öl. Überall im Tempel wurde danach gesucht und zum Glück wurde ein kleiner Krug mit dem richtigen Öl gefunden.
Würde das Öl aus dem kleinen Krug reichen, bis neues da war?

Am nächsten Tag schaute der Priester nach. Die Lichter brannten noch. Am achten Tag brannten sie gerade noch, aber schon wurde das neue Öl gebracht. Es war wie ein Wunder. Acht Tage lang hatte das Öl gereicht.

Dieses Wunder feiern wir. Wer die Geschichte weitererzählen will, muss nur drei Wörter kennen: *Leuchter*, *Öl* und *acht*. Diese drei Wörter kann sich jeder leicht merken.

Feste und Feiertage

M 14.2.3

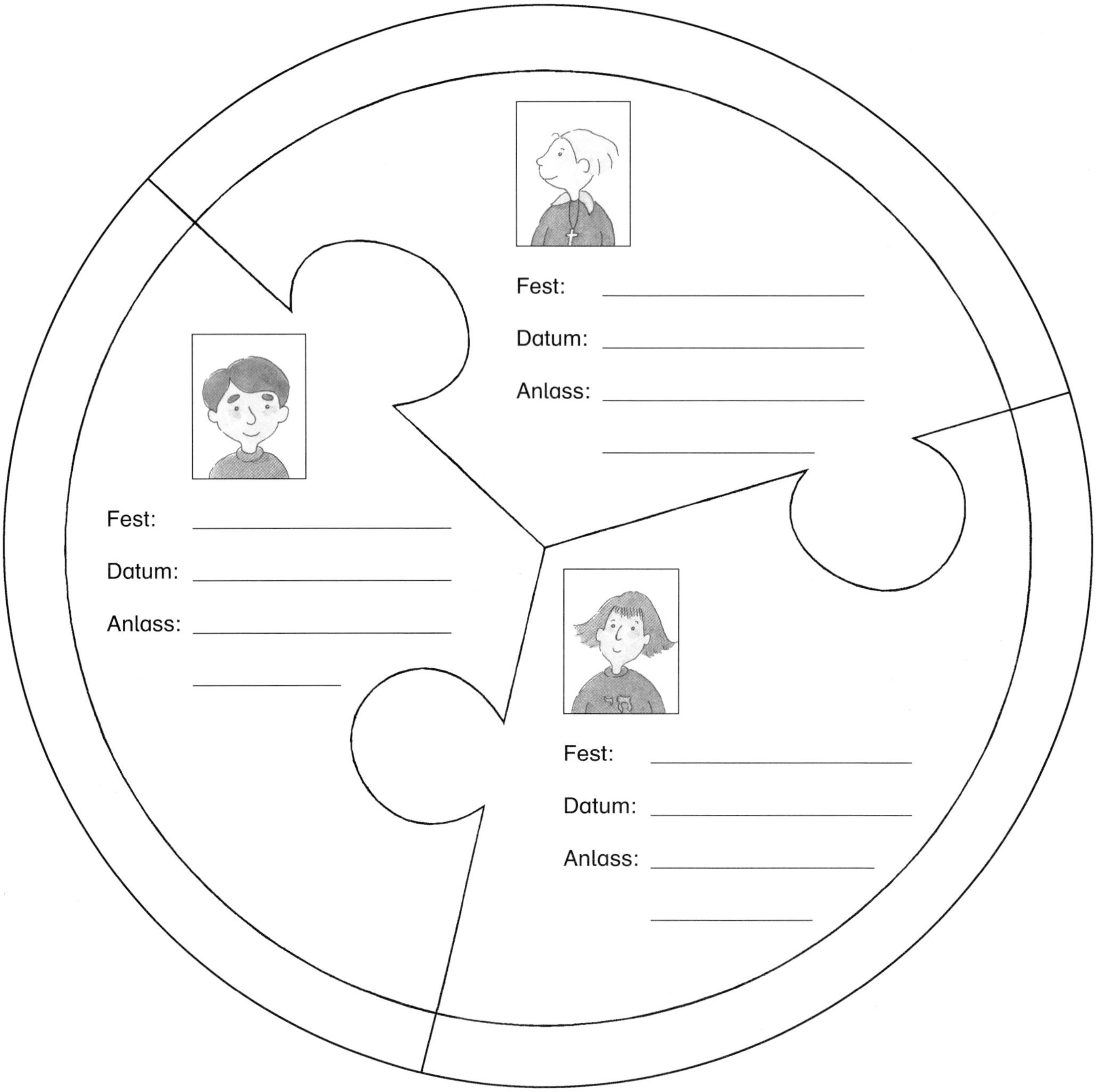

Anleitung

Schneide die Bilder aus und klebe sie auf die Rückseite auf das richtige Puzzleteil.

Chanukka-Leuchter

M 14.2.4

Bastelmaterial

- 1 Holzleiste (20 cm x 1 cm x 4 cm)
- 1 Holzleiste (40 cm x 1 cm x 4 cm)
- Holzleim
- 8 Teelichter
- LED-Teelichter

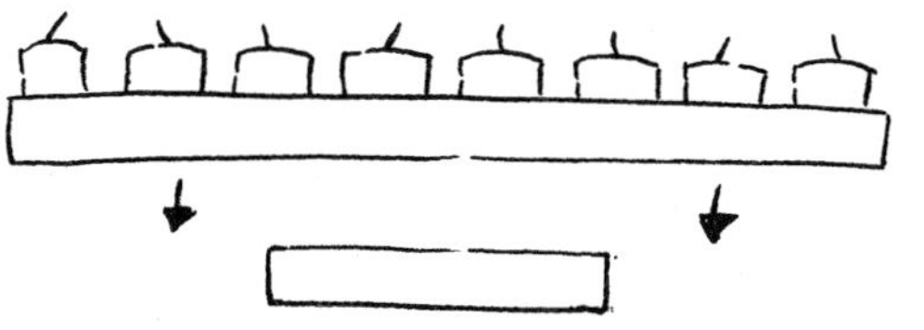

Bastelanleitung

1. Leime die kurze Holzleiste mittig auf die lange.
2. Drehe die Leisten um, sodass die lange Leiste auf der kurzen liegt.
3. Verteile die 8 LED-Teelichter auf der langen Leiste.

Ner Li

M 14.2.5

Text und Melodie: traditionell

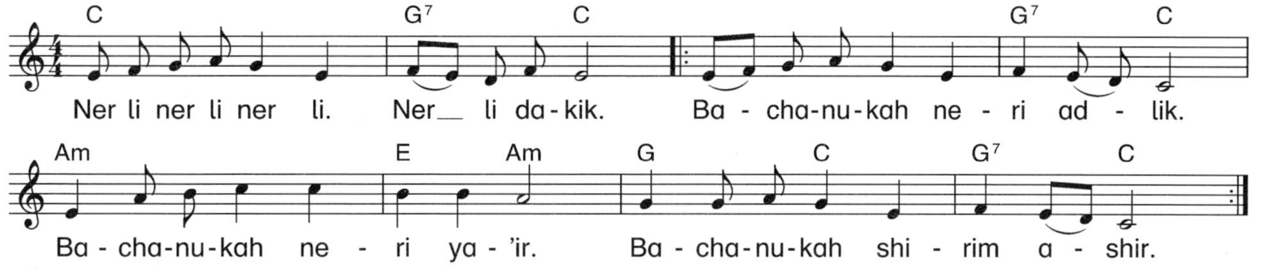

(Musik-CD ⊙ Track 33/34)

Übersetzung des Liedtextes

Ner li ner li ner li.	*Mein Licht, mein Licht.*
Ner li dakik.	*Mein kleines Licht.*
Bachanukah neri adlik.	*Zu Chanukka werde ich mein Licht anzünden.*
Bachanukah neri ya'ir.	*Zu Chanukka wird mein Licht leuchten.*
Bachanukah shirim ashir.	*Zu Chanukka werde ich Lieder singen.*

So wird Chanukka heute gefeiert (1) | M 14.2.6

Ich will euch erzählen, wie wir Chanukka feiern. Channuka ist ein fröhliches Fest. Es wird von den Juden seit vielen Hundert Jahren gefeiert.

Wie Chanukka gefeiert wurde, als Jesus, Maria Magdalena und Petrus lebten, wissen wir nicht genau. Das ist schon zu lange her. Aber eins ist ganz sicher: Sie haben Lichter angezündet.

Und wir kennen die Geschichte, wie Chanukka entstanden ist. Deshalb wissen wir auch, warum Chanukka gefeiert wird.

Und nicht nur ich – auch ihr kennt die drei wichtigen Begriffe, die mit diesem Fest zu tun haben.

Die Kinder nennen die Begriffe.

Wir feiern Chanukka ungefähr zu eurer Adventszeit: im November oder Dezember. Dazu stellen wir den Chanukka-Leuchter auf. Wie viele Kerzen hat er?

Die Kinder antworten.

... Das stimmt.

Aber zu dem Leuchter gehört noch eine kleine Hilfskerze, mit der die anderen Kerzen angesteckt werden. Die Juden nennen sie Diener. Immer, wenn es abends dunkel ist, wird mit ihm eine Kerze angezündet: am ersten Tag nur eine, am zweiten Tag die erste und eine zweite. Und so geht es weiter bis zur achten Kerze.

Doch man kann nicht mit irgendeiner Kerze oder einfach in der Mitte anfangen, sondern das Licht soll von links nach rechts langsam heller werden.

Viele Menschen sollen dieses Licht sehen können. Wisst ihr, wo daher ein guter Platz dafür ist?

Die Kinder antworten.

... Genau, der Leuchter steht immer in einem Fenster.

Die Kinder stellen die selbstgebastelten Leuchter auf die Fensterbänke und machen die Kerzen wie beschrieben an.

Jeder, der vorbeigeht, kann das Licht sehen.
Jeder, der das Licht sieht, soll sich an das Wunder erinnern.
Jeder, der sich an das Wunder erinnert, soll es weitererzählen.
Jeder, der vorbeigeht, weiß also, was zu Chanukka gefeiert wird.

Zu Chanukka essen wir Pfannkuchen und Krapfen.
Und ihr könnt auch herausbekommen, warum?

Die Kinder überlegen.

Ihr müsst nur an die drei Wörter denken.
Welche Wörter habe ich schon benutzt?
Welches Wort bleibt übrig?

Die Kinder antworten.

Pfannkuchen und Krapfen werden mit Öl gebacken.
Und wer zu Chanukka einen Pfannkuchen oder Krapfen isst, soll sich an das Öl erinnern, das acht Tage ausgereicht hat.

Zu Chanukka wird auch gesungen. Es gibt sehr viele Lieder.
Und alle handeln von ...?

Die Kinder antworten.

Nun wisst ihr, wie wir Chanukka feiern.
Nach acht Tagen wird der Leuchter eingepackt und darf erst zum nächsten Chanukka wieder hervorgeholt werden.

Chanukkath Schalom! Chanukkath Sameach!

(Fröhliches Chanukka!)

So feiern wir Weihnachten (1) — M 14.2.7

Ich heiße Niklas und will euch erzählen, wie wir in unserer Familie Weihnachten feiern.

Es beginnt alles mit dem *Weihnachtsbaum*. Der steht schon ein paar Tage auf dem Balkon. Frost und Regen haben ihm nichts ausgemacht. Er ist grün geblieben. Aber mein Vater und ich stellen ihn erst am Heiligen Abend, dem 24. Dezember, auf, denn vorher ist ja noch kein Weihnachten.

Wichtig ist, dass er schön gerade steht, denn unser Weihnachtsbaum wird mit einem Stern, Kerzen und bunten Kugeln geschmückt.

Der *Stern* steckt ganz oben auf der Spitze. Was der Stern bedeutet, das weiß ich schon lange. Und dass die *Kerzen* etwas mit dem Licht zu tun haben, das durch Jesus in die Welt kommt, das habe ich in der Schule gelernt.

Aber wieso die *Kugeln* am Baum hängen, das wusste ich bis vor Kurzem noch nicht. Meine Eltern übrigens auch nicht, deshalb hat meine Mutter im Internet nachgeguckt. Viel hat sie nicht gefunden. Es hat irgendetwas mit Adam und Eva zu tun. Ganz früher hingen rote Äpfel an den Weihnachtsbäumen. Später wurden die Äpfel in leuchtendes Goldpapier gewickelt. Aber heute hängen keine Äpfel mehr an den meisten Bäumen, sondern Christbaumkugeln.

Wenn der Weihnachtsbaum geschmückt ist, stellen wir die *Krippe* darunter. Maria und Josef schauen auf das Jesuskind. Drei Hirten machen sich gerade auf den Weg zum Stall. Die Engel singen und freuen sich.

Sie singen laut, damit es alle hören können. Sie haben sich die schönsten *Weihnachtslieder* ausgesucht.
Auch wir singen zu Weihnachten. Jeder darf sich ein Weihnachtslied wünschen.
Mein Lieblingsweihnachtslied ist …

Die Kinder nennen ihre Lieblingsweihnachtslieder.

Kurz vor fünf gehen wir zum *Familiengottesdienst* in die Kirche. Dort sind am Heiligen Abend immer viele Leute. Vorne am Altar stehen große Krippenfiguren. Manchmal wird auch ein Krippenspiel aufgeführt. Nach dem Gottesdienst ist die Bescherung.

Beim letzten Weihnachtsfest hat meine Schwester gefragt:
„Warum steht in unserer Kirche eine Krippe?“ Ich habe gedacht: „Na einfach, weil Weihnachten ist.“
Dann hat unser Vater erklärt: „Das hat eine lange Geschichte: Vor vielen Hundert Jahren konnten bei uns die meisten Menschen nicht lesen. Deshalb wurden in den Kirchen Krippen aufgestellt. Alle konnten Maria, Josef und das Kind, die Engel und die Hirten sehen. Und dazu wurde die Weihnachtsgeschichte erzählt.“

Am ersten Weihnachtsfeiertag ist bei uns *Familienkaffeetrinken*. Es gibt Christstollen mit Mandeln und Rosinen. Edith und Rolf, die schon lange mit meinen Eltern befreundet sind, kommen jedes Jahr.
Tante Hilde und Onkel Markus bringen ihre Kinder mit. Oma sagt jedes Mal:
„Schön, dass ihr alle da seid.“
Wir bekommen noch ein paar kleine Geschenke. Und dann wird gefragt:
„Was habt ihr denn am Heiligen Abend bekommen?“

So feiern wir Weihnachten (2)

M 14.2.7

Bei uns sind einige Geschenke echte Überraschungen. Manchmal ahnen wir vorher schon etwas. Aber wir wissen nie genau, was es ist.

Natürlich fragen uns die Eltern auch, was wir uns wünschen. Aber nicht alles, was wir uns wünschen, liegt unter dem Weihnachtsbaum.

Irgendwie bekommen unsere Eltern immer heraus, worüber wir uns besonders freuen. Und wir merken an ihren Geschenken, dass sie uns gern haben.

Ich wünsche euch allen ein gesegnetes Weihnachtsfest!

Das große und das kleine Fest (1)

M 14.2.8

Ich heiße Mehmet und will euch von meinem Lieblingsfest, das aus einem großen und einem kleinen Fest besteht, erzählen.

Ich habe gehört, dass für die meisten von euch Weihnachten das beliebteste Fest ist. Das wird ja im Dezember gefeiert.
Mein Lieblingsfest wird nicht immer zur gleichen Zeit gefeiert. Es findet in jedem Jahr in einer anderen Jahreszeit statt: einmal im Winter, dann im Frühling, mal im Sommer, dann im Herbst. Es wandert durch das Jahr.

Ich muss euch bei meinem Lieblingsfest gleich von zwei Festen erzählen, von einem großen und einem kleinen.
Das große Fest heißt Ramadan. Es dauert vier Wochen. Stellt euch vor, einen ganzen Monat!

In dieser Zeit ist unsere Moschee mit bunten Lichterketten geschmückt und es wird alles ein bisschen auf den Kopf gestellt.

Von Sonnenaufgang bis Sonnenuntergang essen und trinken die Erwachsenen nichts. Das nennt man Fasten. Mein Vater raucht nicht. Meine Mutter schminkt sich nicht und benutzt auch kein Parfum.
Das Radio läuft nicht und der Fernseher schon gar nicht.
Im Ramadan sehe ich meinen Vater öfter im Koran lesen.

Eigentlich muss ich noch nicht fasten. Aber weil meine Eltern es tun, habe ich mir etwas ausgedacht. Ich kaue kein Kaugummi und esse keine Bonbons.
So faste auch ich ein wenig.

Ich habe ja schon gesagt, dass im Ramadan alles etwas anders ist. Abends darf nämlich wieder gegessen werden. Das ist die Belohnung für das Fasten während des Tages. Die Freunde meiner Eltern kommen zu Besuch, wir essen zusammen und ich darf etwas länger aufbleiben.

Und warum feiern wir Muslime den Ramadan?
Weil wir Allah dafür danken, dass er uns durch Mohammed den Koran gegeben hat.

Dass der Fastenmonat Ramadan zu Ende ist und das kleine Fest Scheker Bayram beginnt, merke ich in der Küche. Auf dem Küchentisch stehen dann nämlich Zucker, Honig, Walnüsse, Pistazien, Mandeln, Zimt und Sesam. Meine Mutter backt Süßigkeiten. Selbst gemachte Sesamriegel oder Baklava schmecken immer noch am besten. Deshalb habe ich das kleine Fest auch so besonders gern.

Normalerweise müssen wir uns nicht besonders fein anziehen, wenn wir die Moschee besuchen. Aber zu Bayram ist das anders.

Mit unserem Vater gehen wir zum Festtagsgebet. Das klappt aber nur, wenn mein Vater nicht arbeiten muss. Manche Leute gehen nach dem Gebet noch auf den islamischen Friedhof.

Am besten ist es, wenn Scheker Bayram auf ein Wochenende fällt. Dann besuchen wir die Familie von Onkel Ersoy und Tante Ebru. Meine Mutter hat kleine Geschenke für deren Kinder eingepackt.
Und wir bekommen auch etwas.
Ich schenke meinen Verwandten Glückwunschkarten, die ich selbst geschrieben und bemalt habe. Weil Scheker Bayram ein fröhliches Fest ist, habe ich eine Karte mit Luftballons bemalt und die andere mit bunten Lampions. Man kann auch eine Moschee oder ein Feuerwerk malen.

Und wisst ihr, was ich auf die Karten geschrieben habe?
Auf einer steht IYI BAYRAMLAR und auf den anderen BAYRAMNIZ KUTLU OLSUN.

Fragt doch mal die türkischen Kinder eurer Klasse oder Schule, was das heißt.

Pop-up-Karte „Ramadan“

M 14.2.9

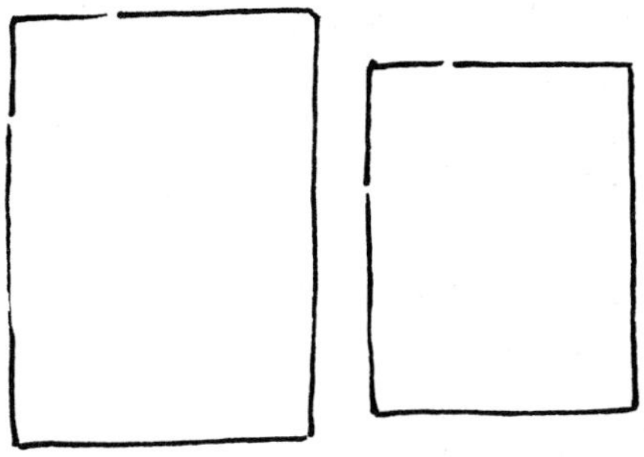

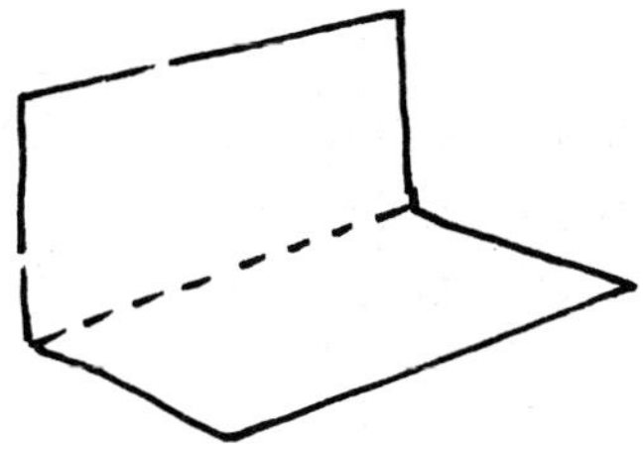

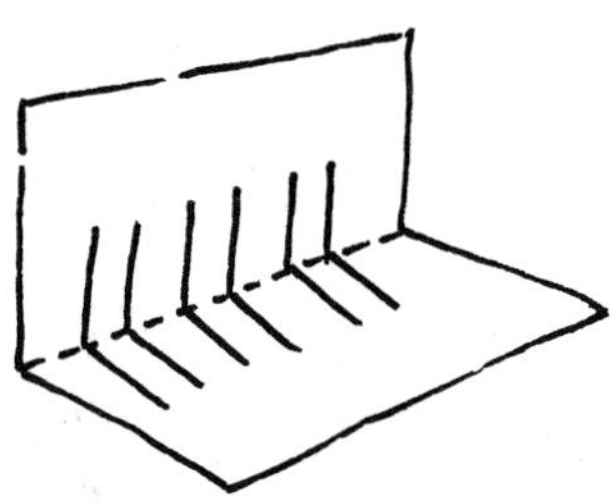

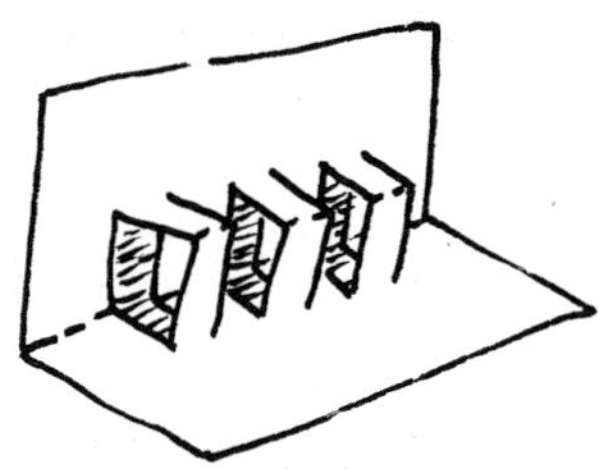

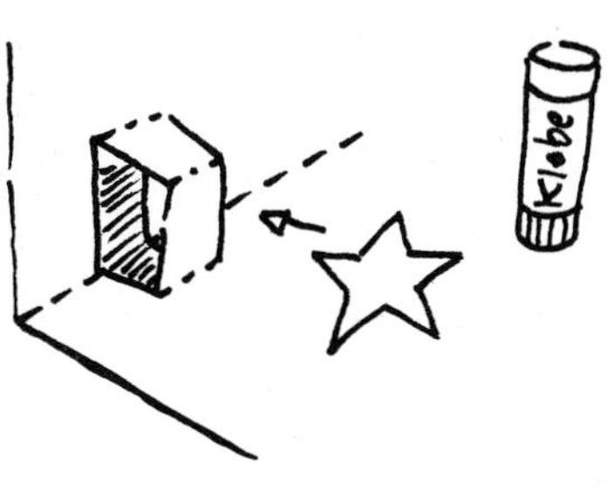

KOPIERVORLAGE

15 Gott begleitet Josef

Thema: Josefs Lebensweg (1. Mose 37,23.24; 1. Mose 41,14.25-28; 1. Mose 45,4.5)

Intention der Reihe

Die Josefsgeschichte kennenlernen und entdecken, dass Gott Josef in Höhen und Tiefen seines Lebens begleitet.

8 Std.

Kompetenzerwartung: Die Schülerinnen und Schüler nehmen alttestamentliche Geschichten von der Nähe und Begleitung Gottes wahr und stellen Bezüge zur eigenen Lebenswirklichkeit her. Sie kennen aus Überlieferungen des AT Glaubensaussagen vom fürsorglichen Handeln Gottes.

Theologisch-didaktischer Kommentar

Die Josefsgeschichte ist eine kunstvolle Erzählung, eine ***Novelle.***

Worum geht es in dieser Novelle?

Sie erzählt von Liebe und Hass, von Demütigung und Aufrichtung, von Schuld, Reue und Vergebung. Vor allem aber erzählt sie von ***Gottes Führung und Bewahrung***.

Am Anfang der Erzählung geht es um einen Konflikt zwischen Josef und seiner Familie. Der Vater hat Josef lieber als seine anderen Söhne, die sich natürlich dadurch zurückgesetzt fühlen. Mit Absicht oder aus reinem Übermut verschärft Josef die Spannungen, als er seiner Familie von seinen Träumen erzählt, in denen er über seinen Eltern und Brüdern steht. Josef wirkt hochmütig und erweckt keine Sympathien.
Im zweiten Teil der Erzählung befindet sich Josef in Ägypten. Im Haus Potifars, des Befehlshabers der pharaonischen Leibwache, ist er für das Personal- und Wirtschaftswesen verantwortlich (vgl. 1. Mose 39,4).

Ein ganz anderer Josef tritt dem Leser entgegen: Er ist freundlich, zupackend, sympathisch und sieht gut aus (vgl. 1. Mose 39,2-6). Josef bringt Potifars Haus Segen und Potifar erkennt, dass Gott mit Josef ist (1. Mose 39,3-5). Diese Erkenntnis veranlasst Potifar, sich um nichts mehr zu kümmern und Josef alles anzuvertrauen (1. Mose 39,6). Aber durch Potifars Frau, die gerne eine Affäre mit Josef begonnen hätte, wird seine von Gott geförderte, segensreiche Tätigkeit beendet.
Diesmal sitzt er nicht im Brunnen, sondern im Gefängnis. Während des mehrjährigen Gefängnisaufenthaltes beginnt Josefs Wiederaufstieg. Der Gefängnisdirektor überlässt ihm praktisch die Leitung der Anstalt und kümmert sich um nichts mehr (vgl. 1. Mose 39,23).
Mit Gottes Hilfe beweist Josef eine geschickte und glückliche Hand bei der Leitung der Strafanstalt, die ihn mit hochrangigen Gefangenen aus der Umgebung des Pharao in Kontakt bringt. Ihnen deutet er Träume. Auf Empfehlung eines inzwischen wieder in sein Amt eingesetzten ehemaligen Gefangenen deutet Josef die Katastrophenträume des Pharao. Durch den Krisenplan, den Josef gleich im Anschluss an die Deutung der Träume entwickelt, empfiehlt er sich als Krisenmanager (1. Mose 41,33-36).

Die Josefsgeschichte gehört zur Weisheitsliteratur. Die Weisheit wurde an den Königshöfen Ägyptens, Babyloniens, Edoms und auch in Jerusalem gepflegt. Die ägyptische Literatur zeigt, dass sie in der Ausbildung der Beamten eine große Rolle spielte.
Josef verkörpert mit seinen Eigenschaften das von ihr angestrebte Menschenbild. Das wird am Schluss der Erzählung besonders deutlich. Josef hegt keine Rachegefühle gegenüber seinen Brüdern. Er interpretiert sein ***Leben*** mit seinen Höhen und Tiefen ***als von Gott getragen und geführt***. Gott ebnet Josef seinen Weg nach oben. Natürlich trägt Josef durch seine Eigenschaften auch dazu bei. Allein aber kann er es nicht schaffen. Das zeigen die Bedrohungen in seinem Leben. Letztlich setzt Gott ihn durch.

Die Unterrichtsreihe setzt ihren Fokus auf einige Schlüsselszenen der Josefsgeschichte:

Text (1. Mose 37,23.24):
[23] *Als nun Josef zu seinen Brüdern kam, zogen sie ihm seinen Rock aus, den bunten Rock, den er anhatte,* [24] *und nahmen ihn und warfen ihn in die Grube; aber die Grube war leer und kein Wasser darin.*

Was denkt sich Josef eigentlich dabei, das Zeichen seiner Bevorzugung, den bunten Rock, zu tragen, als er die Brüder im Auftrag seines Vaters besucht? Fühlt er sich unantastbar, handelt er gedankenlos oder will er provozieren wie vorher, als er seine Träume erzählte? Die Abneigung der Brüder eskaliert. Sie ***entkleiden*** Josef seiner Vorzugsstellung, werfen ihn in einen ausgetrockneten Brunnen und verkaufen ihn an vorüberziehende Händler. Dem Vater täuschen sie einen Unfall vor und behaupten, ein Raubtier habe Josef angefallen und getötet.

Text (1. Mose 41,14.25-28):
[14] *Da sandte der Pharao hin und ließ Josef rufen, und sie ließen ihn eilends aus dem Gefängnis. Und er ließ sich scheren und zog andere Kleider an und kam hinein zum Pharao. (…)*
[25] *Josef antwortete dem Pharao: Beide Träume des Pharao bedeuten das Gleiche. Gott verkündet dem Pharao, was er vorhat.* [26] *Die sieben schönen Kühe sind sieben Jahre und die sieben guten Ähren sind dieselben sieben Jahre. Es ist ein und derselbe Traum.* [27] *Die sieben mageren und hässlichen Kühe, die nach jenen aufgestiegen sind, das sind sieben Jahre und die sieben mageren und versengten Ähren sind sieben Jahre des Hungers.* [28] *Das meinte ich, wenn ich gesagt habe zum Pharao, dass Gott dem Pharao zeigt, was er vorhat.*

15 Gott begleitet Josef

Das Gespräch zwischen Josef und dem Pharao erweckt den Eindruck, als ständen sich hier gleichwertige Partner gegenüber und nicht ein mächtiger Herrscher und ein Strafgefangener. Josef bewegt sich selbstbewusst und sicher auf dem höfischen Parkett.
Des Pharaos Träume spiegeln die Abhängigkeit Ägyptens vom wechselnden Wasserstand des Nil wieder. Josef antwortet mit einer längeren Rede, in der er die Träume deutet, einen Versorgungsplan für Ägypten entwickelt und eine Sondersteuer in den sieben ertragreichen Jahren zur Bewältigung der bevorstehenden Notzeiten vorschlägt (1. Mose 41,34.35). Die Vorsorge und die kommende Dürre sind laut Josefs Interpretation Gottes Wille.

Obwohl den Hebräer und den Ägypter religiöse Welten trennen, lässt der Verfasser „den Gott Josefs und den Gott des Pharao ein und denselben sein. Beide richten sich nach dem Gott, der dem Pharao in Träumen Bevorstehendes bildlich andeutet und der sie sich durch Josef auslegen lässt. Die Zugehörigkeit zu verschiedenen Religionen spielt dabei keine Rolle. Beide richten sich nach dem ‚Größeren Gott', der jede Religion transzendiert" (KONRAD 1985, 77). Der Pharao und Josef glauben gemeinsam an den Gott, der das Leben von Menschen rettet, sie beschützt und ihnen eine Zukunft gibt („Für den Dichter der Josefsgeschichte ist der Gott der Väter über sich selbst als Familiengott zum Gott aller Menschen hinausgewachsen. Er ist der Gott, der das Leben der Menschen will, der auf Schalom aus ist, in der Familie wie zwischen den Völkern." (KONRAD 1985, 77)).

Text (1. Mose 45,4.5):

[4] Er aber sprach zu seinen Brüdern: Tretet doch her zu mir! Und sie traten herzu. Und er sprach: Ich bin Josef, euer Bruder, den ihr nach Ägypten verkauft habt. [5] Und nun bekümmert euch nicht und denkt nicht, dass ich darum zürne, dass ihr mich hierher verkauft habt; denn um eures Lebens willen hat mich Gott vor euch hergesandt.

Volle vier Kapitel widmet der Verfasser der Josefserzählung der Versöhnung Josefs mit seinen Brüdern. Josef verdächtigt seine Brüder, ausländische Agenten zu sein (1. Mose 42,9), dann überhäuft er sie mit Geschenken (1. Mose 42,25). Danach behält er Simeon als Geisel, bis die anderen Brüder Benjamin, den jüngsten Bruder, der beim Vater geblieben ist, nach Ägypten gebracht haben. Josef lehrt sie, Verantwortung für Benjamin zu übernehmen, den Vater nicht zu enttäuschen und mit ihrem Leben für die Rückkehr Benjamins einzustehen. Die Brüder müssen jetzt nachholen, was sie bei dem jungen Josef versäumt haben.
Die Kapitel beschreiben einen Erziehungsprozess zur Reue, der sogar dem Pharao ans Herz geht (1. Mose 45,16). Josef, der auf Rache verzichtet hat, eröffnet seinen Brüdern eine Zukunft: „... denn um eures Lebens willen hat mich Gott vor euch hergesandt" (1. Mose 45,5).

Die Josefserzählung ist eine spannende Geschichte, die den Kindern viele Identifikationsangebote macht: die Figur des Josefs zum Beispiel, aber auch die Brüder – zuerst neidisch und dann von Schuldgefühlen geplagt. Einige der geschilderten zwischenmenschlichen Grunderfahrungen kennen sie: Rivalität zwischen Geschwistern, Neid, Streit, schlechtes Gewissen und Versöhnung.

In der Josefserzählung ist das Bild eines im Verborgenen wirkenden, bewahrenden, alles zum Guten wendenden Gottes angelegt. Es ermöglicht den Kindern, Gott als denjenigen zu erfahren, der sie in den Höhen und Tiefen ihres Lebens begleitet, auch wenn sie in manchen Momenten nicht merken, dass er da ist.

Die Josefsgeschichte handelt vom Lebensweg eines Menschen, genauso wie die biblischen Geschichten von Rut (siehe Kap. 5 diesen Bandes) und Abraham (siehe Kap. 10 der *Bergedorfer® Grundschulpraxis Religion: 1. Klasse*). Das Bild des Weges wurde auch schon in den Kapiteln 3 und 4 dieses Unterrichtswerkes erarbeitet. Um die Transparenz der Unterrichtsziele zu erhöhen, sollte L die Kinder zu Beginn der Unterrichtseinheit darauf hinweisen.

Bausteine der Unterrichtsreihe

Baustein 1: Josef und seine Brüder

Unterrichtsmaterial:

- Tapetenrolle (ca. 4 m lang)
- Magnete oder Klebeband
- Kopiervorlage: „Der Brunnen" (von L ausgeschnitten) **M 15.1**
- Erzählung: „Josef im Brunnen" **M 15.2**
- Erzählung: „Josef und seine Brüder" **M 15.3**
- Gefühle-Uhr **M 15.4**
- Kopiervorlage: „Die 11 Brüder" (von L ausgeschnitten) **M 15.5**
- Kärtchen, Papier, Stifte
- Kleber, Scheren

Unterrichtsschritte:

1. L befestigt die *Tapetenrolle* mit Magneten oder Klebeband an der aufgeklappten Tafel. Im Abstand von etwa 50 cm vom linken Rand der Tapetenbahn wird das *Bild eines Brunnens* aufgeklebt. **M 15.1**

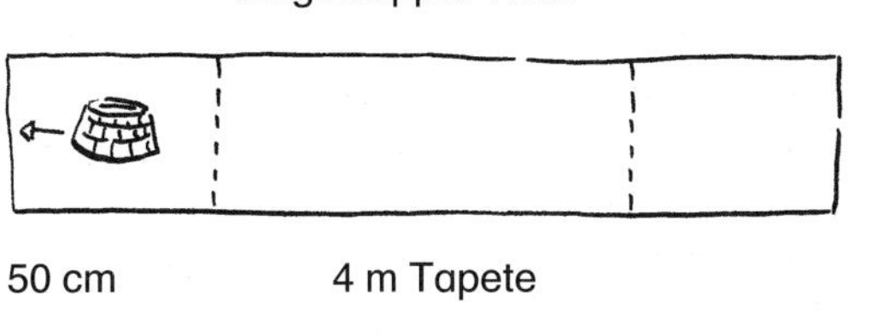

Die Kinder *äußern* sich zu dem Bild.

2. L *erzählt* die Geschichte „Josef im Brunnen". **M 15.2**

Differenzierung: Wahrnehmen
Die Kinder können die Situation des Josef im Brunnen nachempfinden, indem sie sich in einen großen Karton setzen. Sie tragen ihre Gefühle mit der Formulierung „Ich habe mich ... gefühlt" zusammen.

3. Die Kinder *sammeln Gefühle* von Josef, z. B. *ängstlich, traurig, wütend, verwirrt, enttäuscht ...*
L schreibt sie auf Kärtchen und heftet sie auf die Steine des Brunnens. **M 15.1**

Differenzierung: Verstehen und Kommunizieren
Für die Sammlung der Gefühlewörter kann die Gefühle-Uhr eingesetzt werden. **M 15.4**

Differenzierung: Verstehen und Kommunizieren
Ein Wortspeicher zum Thema „Gefühle" hilft bei der Versprachlichung.

4. L klebt nach und nach *Josefs Brüder* rechts neben den Brunnen auf die Tapete und erzählt dabei die Geschichte „Josef und seine Brüder". **M 15.3 + M 15.5**

5. Die Kinder *sammeln die Gefühle* der Brüder, z. B. neidisch, wütend, traurig ... L schreibt sie *auf Kärtchen* und heftet sie bei den Brüdern an.

Differenzierung: Verstehen und Kommunizieren
Auch hier kann die Gefühle-Uhr eingesetzt werden. **M 15.4**

6. L führt mit den Kindern ein vertiefendes Gespräch über das Verhältnis von Josef zu seinen Brüdern und zu seinem Vater.

7. Die Kinder *malen* in Gruppen Bilder zu der Erzählung (z. B. Josefs buntes Kleid, Traum von den Sternen, Josef und sein Vater) und kleben sie links neben den Brunnen. Die Bilder stellen den Beginn der Geschichte dar.

8. Die Kinder *erzählen von Situationen,* in denen sie sich selbst einmal so wie Josef oder einer seiner Brüder gefühlt haben.

Baustein 2: Josef vor dem Pharao

Unterrichtsmaterial:

- Tapetenrolle (aus Baustein 1)
- Magnete oder Klebeband
- Kopiervorlage: „Gefängnisgitter" (von L ausgeschnitten) **M 15.6**
- Erzählung: „Josef im Gefängnis" **M 15.7**
- Kärtchen, Stifte, Kleber
- Vorlagen: „Kamele, Karawane, Palast des Pharao, Pyramiden" **M 15.8**
- evtl. Reiseprospekte
- Formulierungshilfen für Gebete **M 15.9**
- Kopiervorlage: „Pharao" (von L ausgeschnitten) **M 15.10**
- Erzählung: „Josef beim Pharao" **M 15.11**
- Kopiervorlage: „Josef auf einem Herrscherstuhl" (von L ausgeschnitten) **M 15.12**
- Lied: „Gott geht mit" (Musik-CD ⊙ Track 35/36) **M 15.13**

Unterrichtsschritte:

1. L befestigt das Bild vom *Gefängnisgitter* im Abstand von ca. 1 m zum Brunnen an der Tapete. **M 15.6**

aufgeklappte Tafel

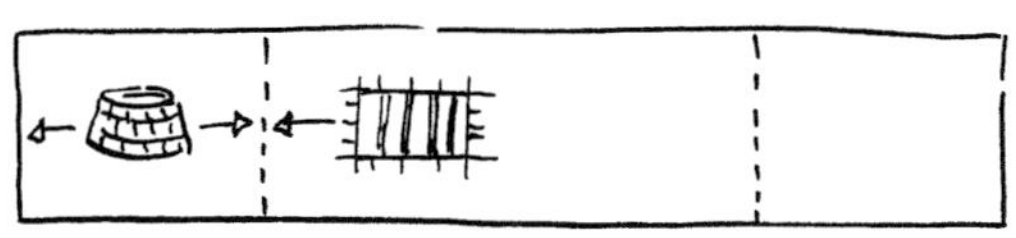

50 cm 1 m 4 m Tapete

2. Die Kinder *äußern* sich zum Bild.

3. L *erzählt* die Geschichte „Josef im Gefängnis". **M 15.7**

4. Die Kinder *fassen* mit eigenen Worten *zusammen*, was in der Zeit zwischen Josefs Verkauf an die Karawane und dem Gefängnisaufenthalt geschehen ist.

5. Die Kinder *malen* Kamele, eine Karawane, den Palast des Pharao, Pyramiden und kleben die Bilder links neben das Gefängnis.

Differenzierung: Gestalten
Die Gestaltungsarbeit kann auch nach Anregung durch die Vorlage **M 15.8** erfolgen.

Differenzierung: Gestalten
Statt gemalter Bilder können auch Abbildungen aus Reiseprospekten verwendet werden.

6. Anschließend *benennen* die Kinder die *Gefühle*, die Josef im Gefängnis gehabt hat, z. B. *er fühlt sich unverstanden, ungerecht behandelt, einsam, allein ...*

7. Im *Unterrichtsgespräch* erarbeitet L mit den Kindern, wie sie sich an Josefs Stelle verhalten würden (z. B. *weinen, vor Wut an die Wände der Gefängniszelle treten, an den Gittern rütteln, beten ...*).

8. Die Kinder *formulieren* passende Gebete zu dieser Situation, die sie auf Kärtchen schreiben und ober- und unterhalb des Gefängnisgitters aufkleben.

Differenzierung: Versprachlichen
Die Kinder können ihre Gebete mit Formulierungshilfen schreiben. **M 15.9**

Differenzierung: Versprachlichen und Gestalten
Die Kinder malen Josef hinter die Gefängnisgitter **M 15.9** und ordnen mithilfe der Gefühle-Uhr **M 15.4** ein oder mehrere Gefühle zu.

9. L klebt das *Bild vom Pharao* im Abstand von ca. 1m rechts neben das Gefängnis auf die Tapete. Die Kinder *äußern* sich zu dem Bild. **M 15.10**

10. L *erzählt* die Geschichte „Josef beim Pharao". **M 15.11**

11. Zum Zeichen, dass Josef in der Hierarchie aufsteigt, wird das Bild *„Josef auf einem Herrscherstuhl"* im Abstand von ca. 1m neben das Bild vom Pharao geklebt. **M 15.12**

12. *Lied:* „Gott geht mit" **M 15.13**

Baustein 3: Josef begegnet seinen Brüdern wieder

Unterrichtsmaterial:

- Tapetenrolle (aus vorherigen Bausteinen)
- Magnete oder Klebeband
- Kopiervorlage: „Die 11 Brüder" (von L ausgeschnitten) **M 15.5**
- Lied: „Gott geht mit" (Musik-CD ⦿ Track 35/36) **M 15.13**
- Erzählung: „Josef begegnet seinen Brüdern wieder" **M 15.14**

Unterrichtsschritte:

1. L *erzählt* die Geschichte: „Josef begegnet seinen Brüdern wieder", Teil 1. **M 15.14**

2. Die *Bilder der 11 Brüder* werden nacheinander um das Bild „Josef auf einem Herrscherstuhl" auf die Tapete geklebt. **M 15.5**
Dabei *erzählt* L den zweiten Teil der Geschichte. **M 15.14**

3. Die Kinder spielen die Begegnung zwischen Josef und seinen Brüdern. Sie stellen Vermutungen über den Fortgang der Geschichte an und stellen das Ende dar.

4. L stellt den Bezug zur biblischen Geschichte her und erzählt oder liest Teil 3 der Erzählung „Josef begegnet seinen Brüdern wieder". **M 15.14**

5. Die Kinder fassen die Äußerungen von Josef zusammen. Diese Aussagen werden an das Ende der Tapete geschrieben:
„Ich will keine Rache. Ich bin nicht zornig auf euch. Gott wollte, dass mein Weg hierhin führt, sonst hätte ich euch nicht helfen können ...".

Differenzierung: Verstehen und Kommunizieren
Es ist auch möglich, mit den Kindern nach dem Rollenspiel über den Bibelvers 1. Mose 45,5 zu sprechen:
„Und nun bekümmert euch nicht und denkt nicht, dass ich darum zürne, dass ihr mich hierher verkauft habt; denn um eures Lebens willen hat mich Gott vor euch hergesandt."

6. *Lied:* „Gott geht mit" **M 15.13**

Baustein 4: Gott begleitet Josef

Unterrichtsmaterial:

- Tapetenrolle (aus vorherigen Bausteinen)
- Magnete oder Klebeband
- Sätze: „Josefs Lebensweg" **M 15.15**
- Klebepunkte
- gelbe Wolle
- Lied: „Gott geht mit" (Musik-CD ⦿ Track 35/36) **M 15.13**

Unterrichtsschritte:

1. Die Kinder *sprechen* noch einmal *über* die Bedeutung der *Ergebnisse* aus Baustein 3. Sie gehen den Fragen nach:
   - *Wie war Josefs Lebensweg?*
   - *Wo gab es Höhepunkte?*
   - *Wo gab es Tiefpunkte?*

2. L *erklärt:*
Wenn ich traurig bin, habe ich das Gefühl, an einem Tiefpunkt zu sein. Wenn ich glücklich bin, habe ich das Gefühl, einen Höhepunkt zu erleben.

3. Die Kinder *erzählen* von Höhe- und Tiefpunkten in ihrem Leben.

4. Danach *verfolgen* sie *Josefs Lebensweg* noch einmal auf dem Tapeten-Wandfries und markieren mit Klebepunkten an dessen oberem Rand die Höhe- und am unteren Rand die Tiefpunkte.

5. L führt mit den Kindern ein *Gespräch* darüber, dass Josef sich an manchen Stellen verlassen gefühlt hat und sich gefragt hat: *Wo ist Gott?*

6. Die Kinder gehen die einzelnen *Lebensstationen Josefs* durch und fragen: „War Gott bei Josef als ...?".
Dabei wird unter den einzelnen Lebensstationen jeweils ein zusammenfassender Satz befestigt. **M 15.15**

Die Kinder stellen fest:
Gott war immer bei Josef, auch wenn Josef manchmal das Gefühl hatte, verlassen zu sein.
Als Zeichen für Gottes Nähe und Anwesenheit führen die Kinder einen *gelben Faden* von Klebepunkt zu Klebepunkt und befestigen ihn jeweils daran.

7. *Lied:* „Gott geht mit" **M 15.13**

Baustein 5: Klanggeschichten „Josefs Lebensweg"

Unterrichtsmaterial:

- Tapetenrolle (aus vorherigen Bausteinen)
- Magnete oder Klebeband
- Orff-Instrumente
- Sätze: „Josefs Lebensweg" **M 15.15**
- Lied: „Gott geht mit" (Musik-CD (•) Track 35/36) **M 15.13**

Unterrichtsschritte:

1. In Gruppen wählen die Kinder *Instrumente für folgende Personen(gruppen)* aus: Josef, Brüder, Karawane, Pharao, Gott.

2. Sie *überlegen* anhand des Verlaufs der Geschichte am Wandfries, zu welchem Zeitpunkt und auf welche Weise die *Instrumente* eingesetzt werden, z. B. laut oder leise, lang oder kurz, Gott = Dauerton? ...

3. Die Kinder *erzählen* die Geschichte mithilfe der sieben Sätze und *spielen* die Instrumente dazu. **M 15.15**

   Ein weiteres musikalisches Element ist das *Lied* „Gott geht mit". **M 15.13**

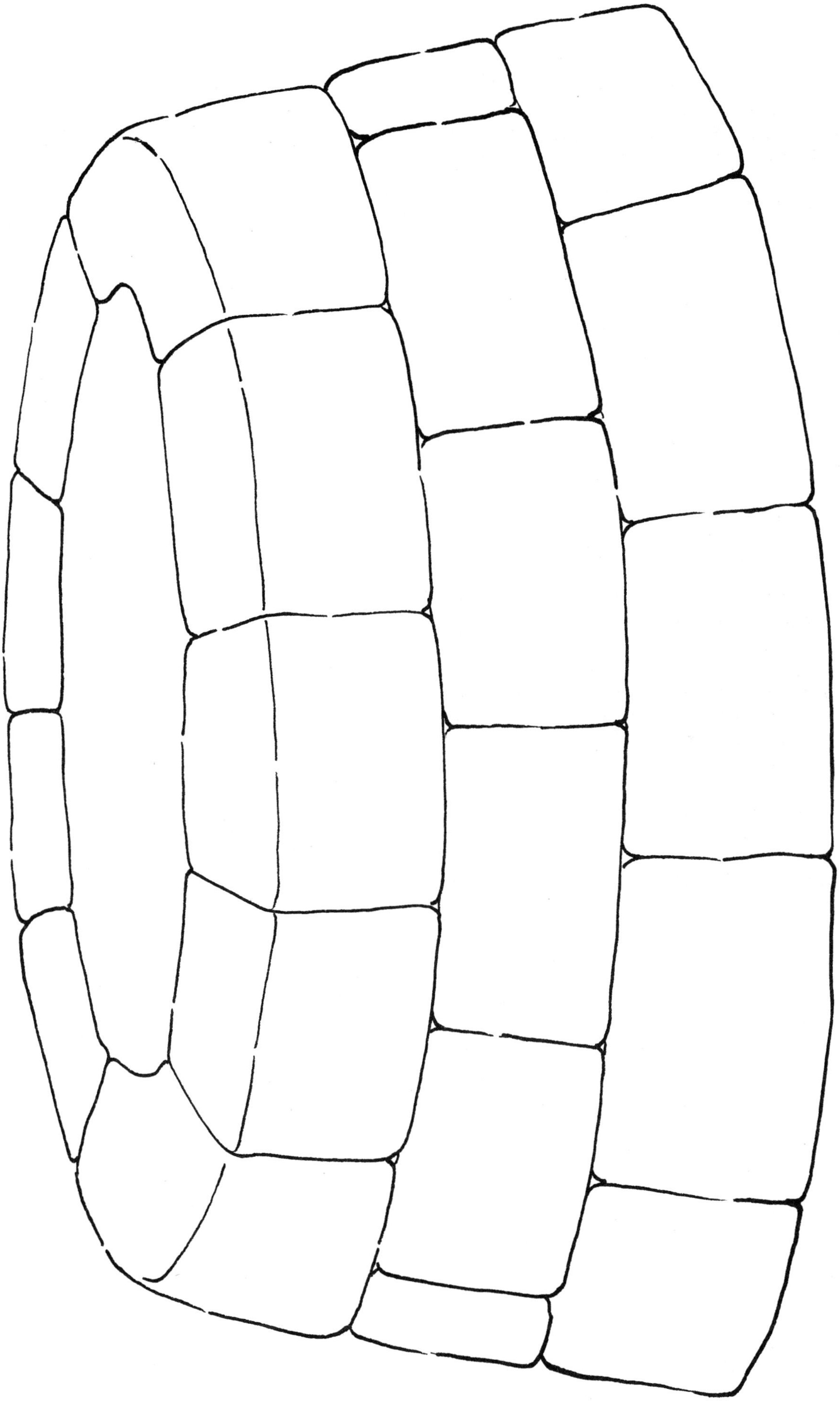

Josef im Brunnen

M 15.2

Mein Vater hatte mich zu meinen älteren Brüdern geschickt. Sie waren draußen bei unseren Herden. Ich sollte nachsehen, ob es ihnen gut geht.

Als ich sie endlich fand, begrüßten sie mich nicht einmal. Sie packten mich und rissen mir meinen schönen Mantel vom Leib, den mir mein Vater erst kürzlich geschenkt hatte. „Warum tut ihr das?", schrie ich. Aber gegen meine Brüder kam ich nicht an. Ich schlotterte vor Angst und fühlte mich ganz klein.

Aber es kam noch schlimmer. Sie warfen mich in einen ausgetrockneten, tiefen Brunnen.
Ganz unten saß ich und sah nur ein kleines Stückchen Himmel. Sollte ich ausgerechnet in einem Brunnen verdursten?

Ich überlegte: *Warum haben sie das getan? Warum? Warum? Warum? Das also sind meine Brüder.*
Ich hätte am liebsten geheult. Dann aber packte mich die Wut: *Diese feigen Kerle! Zehn gegen einen!*

Als es Nacht wurde, saß ich in tiefer Dunkelheit. Keiner kümmerte sich um mich. Nicht einmal ein Stück Brot und einen Schluck Wasser bekam ich.
Später versuchte ich, aus dem Brunnen zu klettern. Aber die Brunnenwände waren zu glatt. Immer wieder rutschte ich ab. Mutlos gab ich auf und hockte frierend auf den kalten Steinen.

Warum half mir Gott nicht? Warum sagte er nicht zu meinen Brüdern: „Holt den Josef aus dem Brunnen"?
Erschöpft schlief ich schließlich ein.

Josef und seine Brüder

M 15.3

Nachts wachte ich auf und dachte über mich und meine Brüder nach.
Alles hatte mit meinem Feiertagsgewand angefangen, das mir mein Vater geschenkt hatte. Meine Brüder hatten nichts bekommen. Sie sagten: „Vater zieht dich immer vor."

Obwohl ich nichts dafür konnte, sprachen sie kaum noch mit mir.

Und dann kam die Sache mit meinem Traum. Im Traum sah ich die Sonne, den Mond und elf Sterne. Alle verbeugten sich tief vor mir.
Natürlich erzählte ich der Familie meinen Traum. Ich dachte mir nichts dabei.
„So, so", sagte mein Vater, „wir, deine Mutter, deine Brüder und ich, sollen uns vor dir verneigen?"

Und meine Brüder riefen: „Du willst nur über uns herrschen!"

Von diesem Tag an war die Stimmung eisig. Meine Brüder wollten nichts mehr mit mir zu tun haben. Auch zum Hüten der Herden nahmen sie mich nicht mit. Ich stand alleine da.

Vielleicht war es dumm von mir gewesen, den Traum zu erzählen.

Gefühle-Uhr

M 15.4

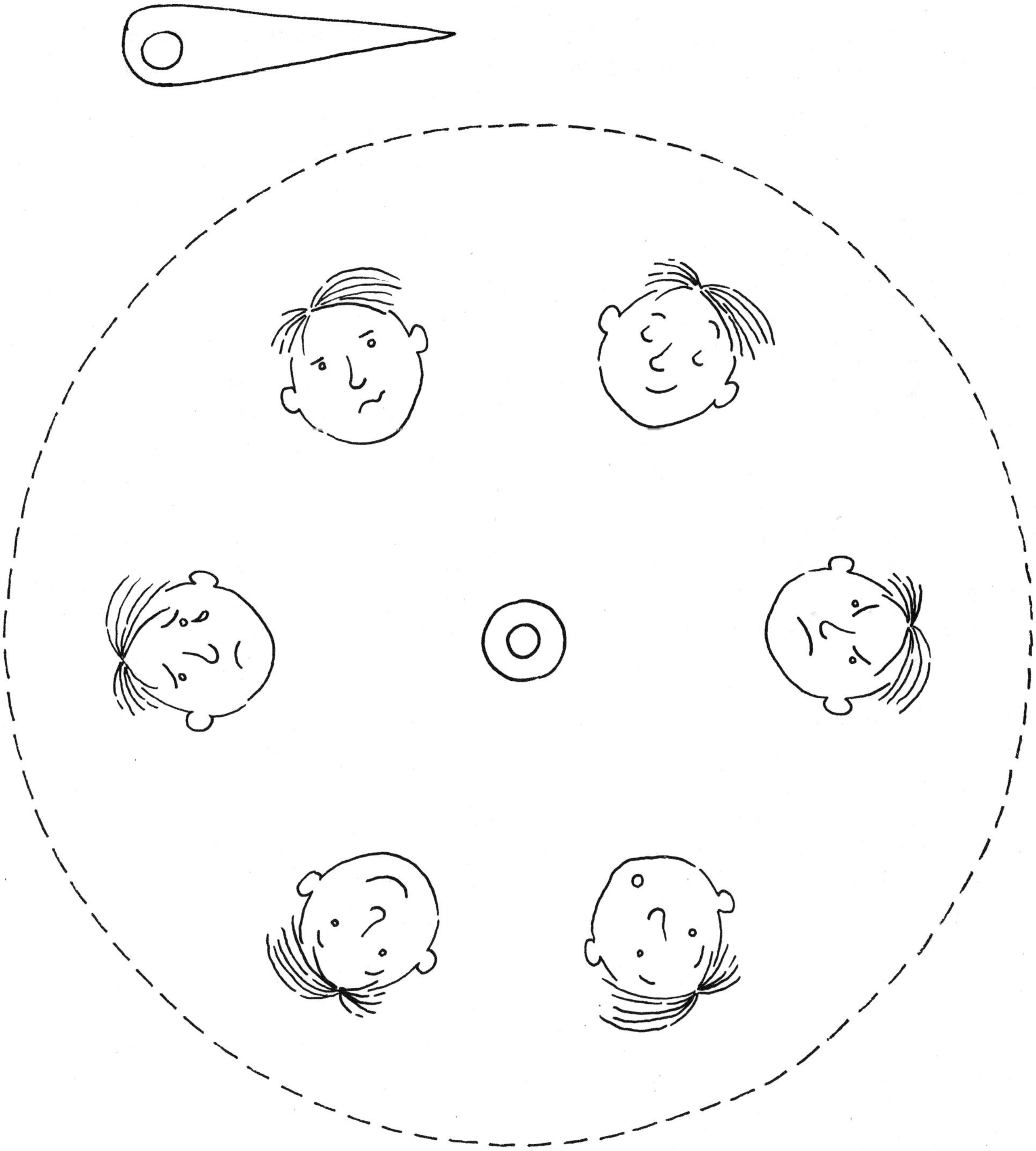

Zur Befestigung des Zeigers benötigst du eine Musterklammer.

KOPIERVORLAGE

Die 11 Brüder

M 15.5

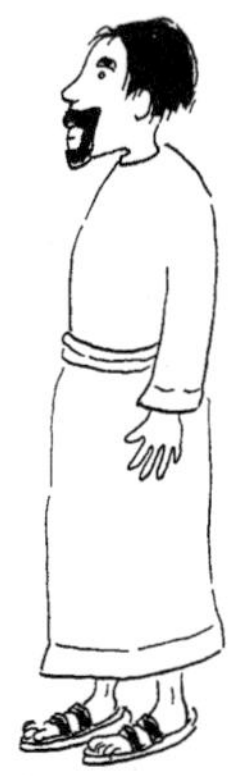

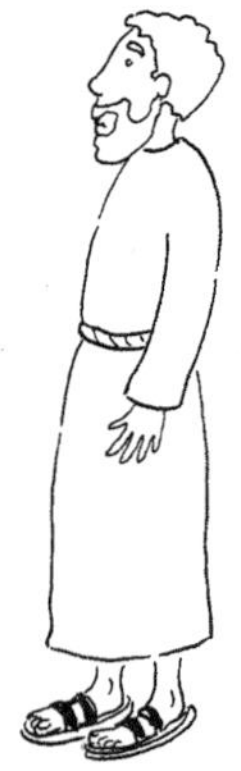
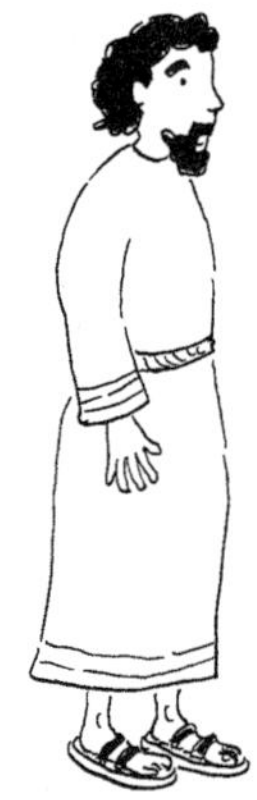
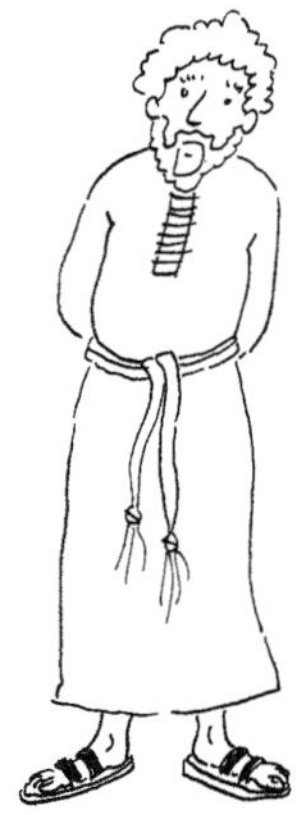

Gefängnisgitter	M 15.6

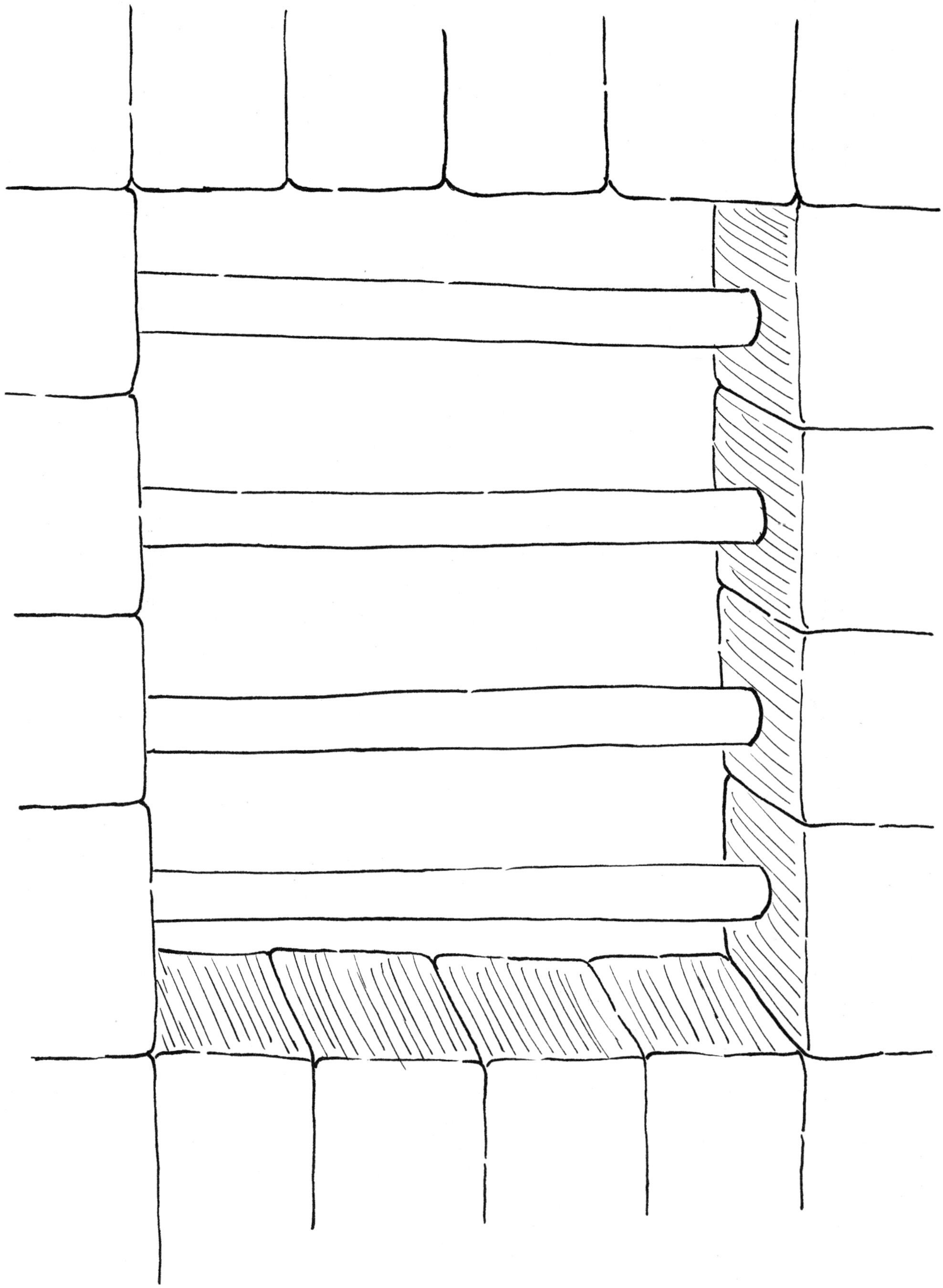

Josef im Gefängnis

M 15.7

Meine Brüder hatten mich nach Ägypten verkauft. Warum hatte ich immer nur Pech?

Ich kam in den Palast des Potifar. Er war der Oberste der Leibwache des Pharao. Mit seinen Soldaten musste er den Pharao beschützen.
Schnell fasste er Vertrauen zu mir, weil mir keine Arbeit zu viel war. Und bald setzte er mich über seine Diener und Sklaven.
Am Anfang war auch seine Frau sehr freundlich zu mir. Es ging mir gut und ich fühlte mich richtig glücklich. Gott war auch in der Not bei mir geblieben.

Und dann wurde ich plötzlich ins Gefängnis gebracht. Potifars Frau hatte bei ihrem Mann schlecht über mich geredet. Sie hatte gesagt: „Josef ist mir zu nahe gekommen.“ Das stimmte zwar nicht, aber ihr Mann glaubte ihr und nicht mir.

Schon wieder verfolgte mich das Unglück. Ich hatte ein Gefühl wie damals, als ich im Brunnen saß.

Im Gefängnis musste ich arbeiten. Ich war zu allen freundlich und bei meiner Arbeit gab ich mir große Mühe.

Zwei hochgestellte Gefangene musste ich bedienen. Der Pharao hatte sie verhaften lassen. Einmal erklärte ich ihnen ihre Träume, obwohl mir meine Träume kein Glück gebracht hatten.

Zwei Jahre war ich nun schon hier. Würde ich jemals wieder aus dem Gefängnis herauskommen? Ich wusste es nicht. Gern wäre ich wieder frei gewesen.

Kamele, Karawane, Palast des Pharao, Pyramiden

M 15.8

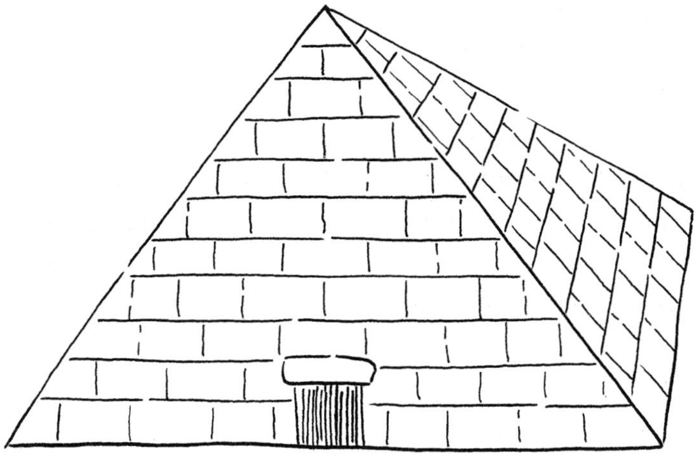

Josef betet

M 15.9

Guter Gott, ich …

Bitte hilf mir …

Guter Gott, ich …

Bitte hilf mir …

Josef beim Pharao

Eines Tages befahl mir der Oberaufseher des Gefängnisses: „Lass dich rasieren und zieh dir einen sauberen Mantel an. Du sollst zum Pharao kommen."
Die Gefängniswache brachte mich zum Palast des Pharao.

Ich, Josef aus dem Brunnen, Josef aus dem Gefängnis, stand vor dem mächtigen Pharao.
Der Pharao sagte: „Ich habe gehört, du kannst Träume erklären."
Ich antwortete: „Ja, aber nur wenn Gott mir hilft."

Dann erzählte der Pharao seinen Traum: „Ich sah sieben schöne und fette Kühe auf einer Wiese. Und dann kamen sieben hässliche und magere Kühe. Sie fraßen die fetten Kühe. Sag mir, was hat der Traum zu bedeuten?
Meine Traumdeuter wissen es nicht."

Ich antwortete dem Pharao: „Die sieben fetten Kühe sind sieben fette Jahre in Ägypten. Die sieben mageren Kühe sind sieben Hungerjahre in Ägypten. Die sieben mageren Kühe fressen die sieben fetten Kühe. Die sieben Hungerjahre fressen die sieben fetten Jahre auf.
Du, großer Pharao, musst dafür sorgen, dass in den sieben fetten Jahren genug Getreide für die sieben mageren Jahre gesammelt wird."

Was ich gesagt hatte, gefiel dem Pharao und seinen Beratern und der Pharao sagte: „Dein Gott hat dir geholfen, meine Träume zu verstehen, und du hast sie mir sehr gut erklärt.
Deshalb glaube ich, dass du der richtige Mann für mich und für Ägypten bist. Sorge du dafür, dass in den sieben fetten Jahren genug Getreide eingesammelt und in die Vorratshäuser gebracht wird."

Der Pharao steckte mir einen Siegelring an den Finger und legte mir eine goldene Halskette um. Ja, er gab mir sogar einen neuen Namen, denn ein so wichtiger Mann wie ich musste einen ägyptischen Namen tragen.

Ich, Josef, der Mann aus dem Gefängnis, war jetzt ein Berater des Pharao. Ich reiste durch ganz Ägypten und meine Helfer passten überall auf, dass genug Getreide in die Vorratshäuser gebracht wurde.

Josef auf einem Herrscherstuhl

Gott geht mit

M 15.13

Text: Micaela Röse, Sebastian Schade
Melodie: Sebastian Schade

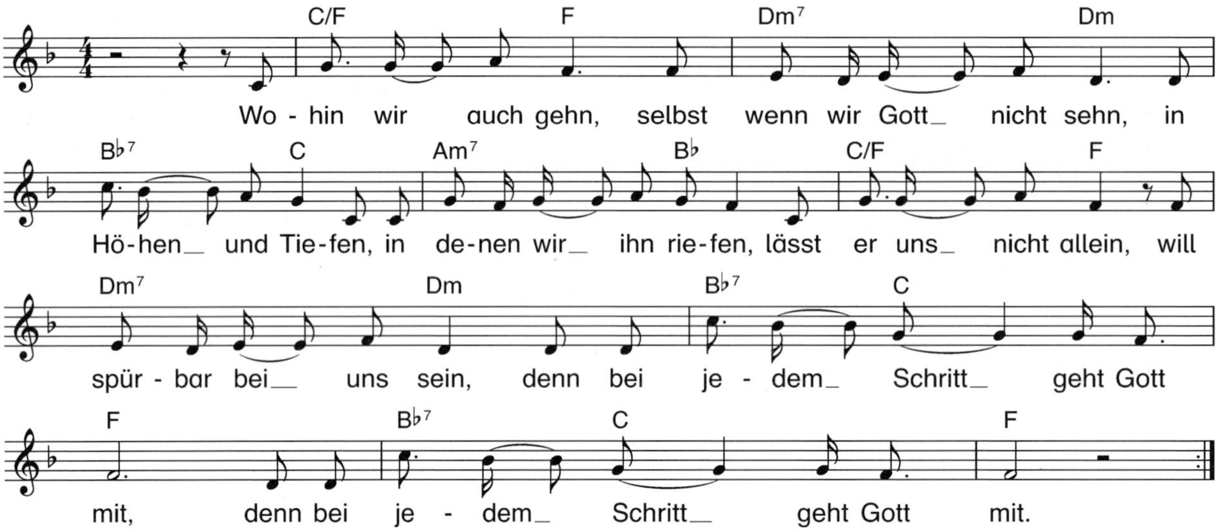

(Musik-CD ⊙ Track 35/36)

Josefs Lebensweg

M 15.15

1. Josef hat ungewöhnliche Träume.
2. Die Brüder werfen Josef in den Brunnen.
3. Josef wird nach Ägypten verkauft.
4. Josef sitzt im Gefängnis.
5. Josef deutet die Träume des Pharao.
6. Josef bekommt viel Macht in Ägypten.
7. Josef begegnet seinen Brüdern wieder.

Josef begegnet seinen Brüdern wieder

Teil 1

Die sieben fetten Jahre waren vorbei. Der Pharao war sehr zufrieden mit mir, denn die Vorratshäuser waren voll. Dann begannen die mageren Jahre. Auf den Feldern wuchs kaum noch Getreide. Ich ließ die Vorratshäuser öffnen. Hier konnten die Menschen Getreide kaufen. In vielen anderen Ländern hungerten die Menschen. In Ägypten aber gab es Brot.

Einer meiner Helfer fragte mich: „Dürfen wir Ausländern auch Getreide verkaufen? Da draußen sind ein paar Männer aus Kanaan.“ Ich schaute mir die Männer an und erkannte sie sofort.

Teil 2

Es waren meine Brüder, aber sie erkannten mich nicht. Ich ließ sie hereinkommen. Dann schickte ich meine Diener weg.
Unsicher standen sie mir gegenüber. An meinem Ring und an der Goldkette konnten sie erkennen, dass ich ein Berater des Pharao war. Sie ahnten aber noch immer nicht, dass ich ihr Bruder war. Ich schwieg.
Und sie wussten nicht, ob sie etwas sagen durften.

Dann fragte ich sie plötzlich: „Lebt mein Vater noch?“
Sie zuckten zusammen. Sie dachten: *Woher sollen wir seinen Vater kennen? Er ist doch ein Ägypter.*
Dann winkte ich sie heran: „Kommt näher und seht mich an. Ich bin Josef, euer Bruder. Ich bin Josef, den ihr nach Ägypten verkauft habt.“

Teil 3

Angst stand in ihren Augen. Sie dachten: *Jetzt nimmt er Rache. Jetzt lässt er jeden von uns in einen anderen Brunnen werfen. Jetzt ist alles aus.*
Vor Scham hätten sich meine Brüder am liebsten irgendwo verkrochen. Oder vielleicht wären sie gern weggelaufen.

Deshalb sagte ich: „Habt keine Angst. Ich will keine Rache. Als ich im Brunnen lag, war ich zornig. Heute bin ich es aber nicht mehr. Denn Gott war bei mir. Im Gefängnis war ich verzweifelt. Aber dann spürte ich, dass Gott bei mir blieb. Und er ist bei mir geblieben. Er hat mich zum Pharao gebracht, damit ihr Getreide kaufen könnt, damit ihr leben könnt.“

Thema: Gemeinde(leben) begegnen

Intention der Reihe

Die Kinder erkunden eine Kirchengemeinde und erfahren sie als einen Ort, an dem Begegnungen stattfinden.

3–4 Std. und außerschulisches Projekt

Kompetenzerwartung: Die Schülerinnen und Schüler kennen die evangelische Kirchengemeinde im nahen Umfeld und ihre Angebote (für Kinder).

Theologisch-didaktischer Kommentar

In der 1. Klasse haben die Kinder das Besondere eines Kirchen-/Gemeinderaumes erfahren und die Gegenstände kennengelernt, die einen Kirchenraum ausmachen. In der 2. Klasse erkunden die Kinder „ihre" Gemeinde als den Ort, „in dem das Herz der Kirche schlägt". „Kirche ohne lebendige Gemeinden – das wäre wie eine Glocke ohne Klöppel. Christsein ist nicht ohne die Gemeinschaft der Glaubenden denkbar" (VOLKSMISSIONARISCHES AMT (Hg.) 1996, S. 14).
In der Bezeichnung „lebendige Gemeinde" steckt das Wort „leben", das sich auch im Thema dieser Unterrichtsreihe wiederfindet. Leben drückt Aktivität aus.
Eine mit Leben gefüllte Gemeinde ist eine Gemeinde, in der sich Menschen aktiv begegnen. „Dies geschieht sowohl in der Feier des Gottesdienstes als auch dadurch, dass Gemeindemitglieder am Ort versuchen, ihr alltägliches Leben als Christinnen und Christen zu führen" (ebd. S. 20).
Die Gemeinschaft miteinander zeigt sich in vielen Kreisen und Gruppen, die Austausch und gemeinsames Erleben ermöglichen. Aber auch diakonische Dienste und missionarische Projekte, die Wahrnehmung sozialer und pädagogischer Aufgaben, Seelsorge und kirchliche Amtshandlungen gehören in die Gemeinde.
In dieses Feld ist eine Vielzahl von Personen eingebunden, die in ihren Tätigkeiten die Verwirklichung dieser Aufgaben vornehmen.

Zu unseren Gemeinden gehören Menschen, die ihren Glauben sehr unterschiedlich verstehen, leben und artikulieren. Ein Teil engagiert sich in Gruppen und Kreisen, andere befinden sich in einer beobachtenden Distanz und beteiligen sich gelegentlich am Gottesdienst oder an Aktivitäten in der Gemeinde. Manche Menschen begegnen der Gemeinde nur bei Amtshandlungen oder besonderen Anlässen. So ist auch der Erfahrungshintergrund der Kinder je nach ihrer religiösen Sozialisation sehr unterschiedlich.

Die Unterrichtsreihe „In unserer Kirchengemeinde leben" ist auf das aktiv handelnde Tun der Kinder ausgerichtet. Sie sollen eine Kirchengemeinde selbstständig erforschen, um so zu erfahren, ...

- welche Aufgaben die hauptamtlichen Mitarbeiter/innen (z. B. Pfarrer/in, Gemeindesekretär/in, Küster/in, Kantor/in, Jugendmitarbeiter/in ...) haben.
- dass es daneben viele ehrenamtliche Mitarbeiter-/innen gibt.
- welche Einrichtungen es noch gibt (z. B. diakonische Einrichtungen).
- welche Gruppen es in der Gemeinde speziell für Kinder ihres Alters gibt.
- ob ein Kindergottesdienst angeboten wird und ggf. wann er stattfindet.
- ob regelmäßig Feste stattfinden, z. B. Gemeindefeste, Familiengottesdienste ...

Informationen erhalten die Kinder durch:

- Interviews entsprechender Personen,
- Durchsicht des Gemeindebriefs,
- Sichtung des Schaukastens der Gemeinde und
- Recherche auf der kirchlichen Homepage.

Da Gemeindeleben auch im gemeinsamen Gottesdienst stattfindet, kann man sich dort außerschulisch verabreden. Weitere Aktivitäten, die über das schulische Projekt hinausführen, könnten sein:

- einen Artikel für den Gemeindebrief schreiben,
- Einladungen für einen Gottesdienst entwerfen oder
- einen Schaukasten gestalten helfen.

Vorbereitung:
Für das außerschulische Projekt müssen folgende Vorbereitungen getroffen werden:
- Information der Eltern (Genehmigung der außerschulischen Aktivitäten einholen, Eltern als Begleitpersonen aktivieren),
- Terminabsprachen mit Interviewpartnern und Gemeindebüro (zeitgleiche Abfolge für die Gruppen),
- Besorgen von Gemeindebriefen und Fotos von Kirche oder Gemeindehaus für die Dokumentationen der Kinder und
- Terminabsprachen mit Kolleginnen und Kollegen in der Schule (evtl. Stundentausch),
- Besprechen von Umgangsformen bei Interviews

Bausteine der Unterrichtsreihe

Baustein 1: Vorbereitung des Projektes „Wir lernen unsere Gemeinde kennen"

Unterrichtsmaterial:

- Gemeindebrief für jedes Kind (mit Link zur Homepage)
- farbiger Tonpapierbogen
- Magnete
- dicker Faserschreiber
- Bastelanleitung: „Aufklappbuch" **M 16.1**
- Materialien für das Aufklappbuch (siehe Bastelanleitung)

Unterrichtsschritte:

1. L zeigt den Kindern einen *Gemeindebrief.* Die Kinder bringen mögliche Vorerfahrungen ein. Im folgenden *Gespräch* überlegt L mit den Kindern, wozu ein Gemeindebrief/eine Homepage nötig sind.

2. Ein *Tonpapierbogen* wird mit Magneten *an der Tafel* befestigt. In die Mitte des Bogens wird der Begriff „Kirchengemeinde" geschrieben. Die Kinder *nennen Begriffe,* die ihnen dazu einfallen. L sammelt sie auf dem Bogen.

Differenzierung: Kommunizieren
Die Kinder arbeiten in Gruppen. Sie erstellen selbstständig eine Mindmap zum Thema „Kirchengemeinde". Die Ergebnisse werden im Plenum präsentiert und verglichen.

Differenzierung: Kommunizieren
Die Kinder halten ihre Fragen auf Karten fest. Diese werden am Ende der Unterrichtseinheit reflektiert.

3. L *informiert über das außerschulische Projekt* in der Gemeinde und wie es dokumentiert werden soll. Dazu stellt L das *Aufklappbuch* vor und bespricht die Gestaltung des Umschlags mit den Kindern. Dann basteln und gestalten die Kinder den Umschlag, auch mit Informationen von der Homepage. **M 16.1**

Baustein 2: Durchführung des Projektes

Unterrichtsmaterial:

- Arbeitskarten (jede in einer anderen Farbe) **M 16.2–16.7**
- Reflexionsbogen **M 16.8**
- weiße DIN-A5-Blätter für weitere Notizen

Unterrichtsschritte:

1. L *bespricht* die *Arbeitsaufträge* der einzelnen Gruppen anhand der Arbeitskarten.

2. Im Gespräch wird entschieden, welche Fragen (s. Baustein 1) mit in das Projekt genommen werden können.

3. Die Kinder werden in sechs Gruppen eingeteilt, die jeweils die Arbeitskarte einer Farbe erhalten und dann mit ihren Erkundungen beginnen.

4. L führt den Reflexionsbogen **M 16.8** ein.

5. Die Ergebnisse ihrer Recherchen halten die Gruppen auf den Arbeitskarten fest.

Baustein 3: Vorstellen der Ergebnisse

Unterrichtsmaterial:

- Umschläge der Aufklappbücher (aus Baustein 1)
- Arbeitskarten mit Arbeitsergebnissen für jedes Kind kopiert und gelocht (aus Baustein 2)
- weiße DIN-A5-Blätter für weitere Notizen
- Fäden
- Locher

Unterrichtsschritte:

1. Jede Gruppe *stellt* ihre *Ergebnisse vor* und verteilt die Kopien der ausgefüllten Arbeitskarten an alle Kinder.

2. Die gesammelten Fragen der Kinder werden noch einmal betrachtet: Sind alle unsere Fragen beantwortet worden? Evtl. klärt L noch unbeantwortete Fragen.

3. Die Kinder legen die Arbeitskarten in ihre Buchumschläge. Eigene Notizen/Ausdrucke mit Informationen von der Homepage werden hinzugefügt. Dann ziehen sie einen Faden durch die Löcher und verknoten ihn. So erhalten sie ein *Aufklappbuch* zur Dokumentation dieses außerschulischen Projektes.

4. Zum Schluss der Unterrichtseinheit beschäftigen sich die Kinder mit dem Reflexionsbogen **M 16.8.** Sie bedenken sowohl inhaltliche Aspekte zum Thema als auch formale Aspekte zur Gruppenarbeit. Ihre Ergebnisse heften sie in das *Aufklappbuch* oder in ihre Portfoliomappe.

Mögliche weiterführende Projekte

- Besuch von Gemeindegruppen, die am Nachmittag stattfinden, z. B. Seniorenkreis,
- Gottesdienst zum Abschluss des außerschulischen Projektes (alle Gemeindegruppen einladen),
- Rückgriff auf Bausteine aus dem gleichnamigen Kapitel des Bandes *Bergedorfer® Grundschulpraxis: Religion – 1. Klasse,* S. 85 ff. (z. B. das Lied „Halleluja"),
- Verfassen eines Artikels für den Gemeindebrief oder die Homepage (als fächerübergreifendes Projekt im Zusammenhang mit dem Deutschunterricht) oder
- Gestaltung eines Plakates für den Schaukasten der kirchlichen Gemeinde (fächerübergreifend im Zusammenhang mit dem Kunstunterricht, Stichwort: „Collage").

Aufklappbuch

M 16.1

Bastelmaterial

- verschiedenfarbiges Tonpapier DIN A4 (1 Blatt je Kind)
- Locher
- ein Foto von Kirche bzw. Gemeindehaus und ein Gemeindebrief je Kind
- Fäden
- Scheren, Kleber
- Arbeitskarten für die Arbeitsergebnisse der Gruppen
  (für jede Gruppe in einer anderen Farbe) **M 16.2–16.7**

Anleitung

1. Der farbige Tonpapierbogen wird zu einem Umschlag im DIN-A5-Format gefaltet und in der Mitte der gefalzten Seite gelocht.

2. Das Deckblatt wird mit dem Foto von Kirche bzw. Gemeindehaus und Ausschnitten aus dem Gemeindebrief (z. B. Name der Kirchengemeinde) gestaltet.

3. Später werden die gelochten Arbeitskarten mit den Arbeitsergebnissen eingelegt. Dann wird ein Faden durch die Löcher gezogen und zusammengeknotet.

   Fertig ist das Aufklappbuch!

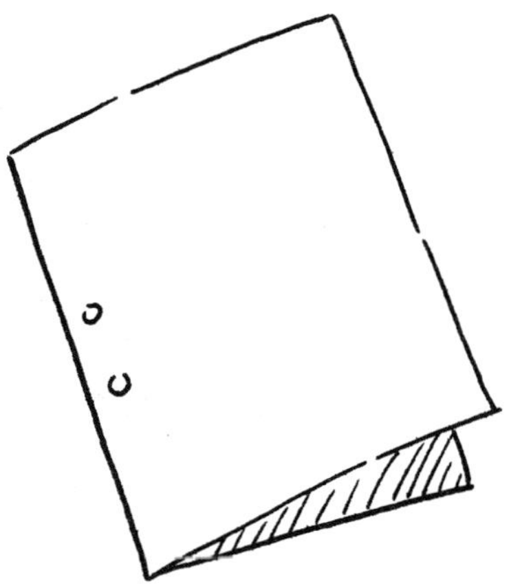

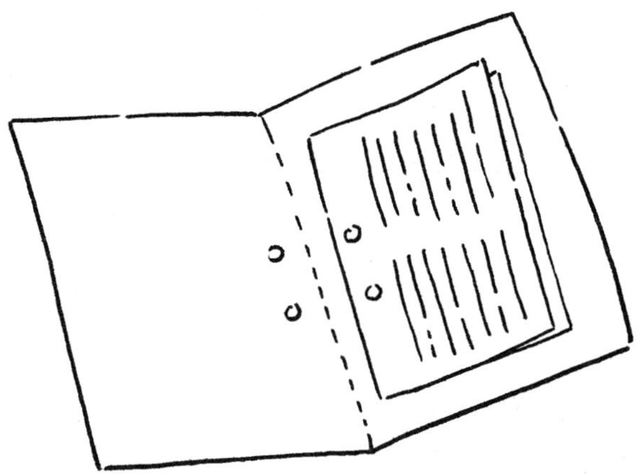

Arbeitskarte 1 | M 16.2

Die hauptamtlichen Mitarbeiterinnen und Mitarbeiter

Ich heiße ______________________________

und bin der/die ______________________________ in unserer Gemeinde.

Zu meinen Aufgaben gehören

____

____

____

____

____

Arbeitskarte 2 | M 16.3

Die ehrenamtlichen Mitarbeiterinnen und Mitarbeiter

Ich heiße ______________________________

und arbeite in der/im ______________________________ -Gruppe/-Kreis mit.

Wir treffen uns

am ____________________, um ____________________

im ____ und

____

____

____

Arbeitskarte 3 | M 16.4

Einrichtungen in unserer Gemeinde

Ich heiße ______________________________

und arbeite im Kindergarten/im Altenheim/in der Diakoniestation/

______________________________ unserer Gemeinde.

Zu meinen Aufgaben gehören

____

____

____

____

Arbeitskarte 4 | M 16.5

Wir haben uns den Gemeindebrief angesehen.

Dies ist uns besonders aufgefallen:

____

____

Es gibt folgende Angebote für unsere Altersgruppe:

____

____

Kindergottesdienst ist sonntags um: ____________________

im/in ______________________________

Arbeitskarte 5 | M 16.6

In unserer Gemeinde gibt es einen Schaukasten.

Im Moment befinden sich darin:

____

____

____

____

____

____

____

Arbeitskarte 6 | M 16.7

Unsere Gemeinde hat eine Homepage.

Das ist die Adresse: ___________________________________

Über folgende Dinge kann man sich dort informieren:

____

____

____

____

____

Reflexionsbogen

Selbstreflexion zum Thema: ____________________

Name: ____________________

Das fand ich gut: ____________________

____

Das hat mir nicht gefallen: ____________________

____

Das will ich mir besonders merken: ____________________

____

Reflexion Gruppenarbeit: ____________________

Name: ____________________

1. Wir haben die Aufgabenverteilung zusammen geklärt.			
2. Wir haben Probleme in der Gruppe selbst geklärt.			
3. Wir sind zu Ergebnissen gekommen. Alle wissen Bescheid.			

ÜBERSICHT ÜBER DIE MUSIK-CD

CD 1

Track	Titel	Material	Str./Wdh.	Dauer
	Gott für seine Schöpfung danken und loben			
1.	***Da vertraute Gott die Erde ...*** T: Rolf Krenzer/M: Detlev Jöcker	**(📖 M 1.5)**	**7**	**3:05**
2.	(Playback)		7	3:05
	Das Erntedankfest feiern			
3.	***Danket, danket dem Herrn ...*** T: Psalm 106,1/M: mündlich überliefert	**(📖 M 2.5)**	**3**	**1:37**
4.	(Playback)		3	1:37
5.	***Erntetanz*** T: Jutta Richter/M: Ludger Edelkötter	**(📖 M 2.8)**	**1**	**1:24**
6.	(Playback)		1	1:24
	Mein Leben ist wie ein Weg			
7.	***Ich gehe meinen Weg*** T: Sabine Grünschläger-Brenneke/M: Sebastian Schade	**(📖 M 3.5)**	**5**	**1:34**
8.	(Playback)		4	1:34
	Gott begleitet Rut			
9.	***Zeige mir Gott ...*** T/M: Bernd Schlaudt	**(📖 M 5.15)**	**2**	**1:33**
10.	(Playback)		4	1:33
	Jesus sucht Mitarbeiterinnen und Mitarbeiter			
11.	***Folge mir, sagt Jesus*** T: Micaela Röse/M: Per Erik Styf	**(📖 M 6.7)**	**3**	**1:25**
12.	(Playback)		3	1:25
	Wir brauchen einander			
13.	***Gib uns Ohren, die hören*** T/Kanon: Berndt Schlaudt	**(📖 M 7.7)**	**3**	**1:19**
14.	(Playback)		3	1:42
15.	***Ein bisschen so wie Martin*** T: Elke Bräunling/M: Paul Gerhard Walter	**(📖 M 7.11)**	**4**	**3:16**
16.	(Playback)		4	1:52
	Menschen werden nicht aufgegeben			
17.	***Zachäus*** T: Marianne Stoodt/M: Seminargruppe, Frankfurt	**(📖 M 8.10)**	**4**	**2:02**
18.	(Playback)		4	2:02
	Freude über die Gemeinschaft			
19.	***Komm mit mir, spricht Jesus*** T: Christian Gauer (in Anlehnung an Britt G. Hallquist)/M: Per Erik Styf	**(📖 M 9.5)**	**3**	**1:32**
20.	(Playback)		3	1:32

CD 2

Track	Titel	Material	Str./Wdh.	Dauer
	Weihnachten: Gott kommt zu den Menschen			
21.	***Wir folgen dem Stern*** T: Rolf Krenzer/M: Siegfried Fietz	**(📖 M 10.5)**	**2**	**1:24**
22.	(Playback)		2	1:24
23.	***Die drei Weisen kommen*** T: Rolf Krenzer/M: Paul G. Walter	**(📖 M 10.7)**	**1**	**1:35**
24.	(Playback)		1	1:35
	Reden von Gott			
25.	***Du bist ein Licht*** T/M: Sebastian Schade	**(📖 M 11.2)**	**1**	**1:53**
26.	(Playback)		1	1:53
	Gott ermöglicht Umkehr			
27.	***Auf Jona, geh nach Ninive!*** T: Christian Gauer/M: Sebastian Schade	**(📖 M 12.3)**	**8**	**2:34**
28.	(Playback)		8	2:34
29.	***Kehret um, kehret um*** T: Hesekiel 18,32/M: Christian Kröning	**(📖 M 12.8)**	8	1:53
30.	(Playback)		8	1:53
	Menschen erfahren Ostern			
31.	***Auf dem Weg nach Emmaus*** T: Barbara Cratzius/M: Detlev Jöcker	**(📖 M 13.6)**	**3**	**2:32**
32.	(Playback)		3	2:32
	Begegnung mit Judentum, Christentum, Islam			
33.	***Ner Li*** T/M: traditionell	**(📖 M 14.2.5)**	**1**	**1:47**
34.	(Playback)		1	1:47
	Gott begleitet Josef			
35.	***Gott geht mit*** T: Micaela Röse, Sebastian Schade/M: Sebastian Schade	**(📖 Kap. 15.13)**	**1**	**1:29**
36.	(Playback)			1:29
	Meditative Stücke			
37.	***Erntedankfest*** M: Sebastian Schade	**(📖 Kap. 2)**		**5:05**
38.	***Mein Leben ist wie ein Weg*** M: Sebastian Schade	**(📖 Kap. 3)**		**5:58**
	Ergänzendes Lied			
39.	***Gott will die Welt*** T/M: Juliane Zeuch, Axel Wiemer	**(Daten-CD)**		**3:38**
40.	(Playback)			3:38

QUELLEN

Soweit nicht anders angegeben, stammen die Texte von den Autorinnen und Autoren des Buches und die Abbildungen von der Illustratorin Wibke Brandes und dem Mediendesigner Carsten Jensen.

Textquellen

M 2.7: Werner Milstein/Kadia Oedekoven: Miteinander hören. Ein Korb voll Obst. Aus: Kommt, wir feiern! © Vandenhoeck & Ruprecht, Göttingen 2003, S. 56–58

M 13.7: „Christus hat keine Hände" von unbekannt. Aus: Elsbeth Bihler: Symbol „Mensch", 2. Auflage. Lahn-Verlag, Kevelaer 1999

Bildquellen

M 4.2: © Sieger Köder: „Mit meinem Gott überspringe ich Mauern", Gemälde. Ellwangen

M 5.2–M 5.5: © Maria Hafner: „Bilder zum Buch Rut", Aquarellbilder. CH-6300 Zug

Trotz intensiver Bemühungen konnten nicht alle Rechteinhaber ausfindig gemacht werden. Berechtigte Ansprüche werden daher selbstverständlich honoriert.

LITERATUR

BIESINGER, Albert, und Gerhard BRAUN: Gott in Farben sehen. Die symbolische und religiöse Bedeutung der Farben. München 1995

DEUTSCHE BIBELGESELLSCHAFT: Lutherbibel Sonderausgabe. Stuttgart 1999

DREWERMANN, Eugen: Das Markusevangelium, 2. Teil: Mk 9,14 bis 16,20. Olten und Freiburg 1988

FANDER, Monika: Die Geschichte einer Freundschaft. Rut (Rut 1-4). In: MEISSNER, Angelika (Hg.): Und sie tanzen aus der Reihe. Frauen im Alten Testament. Stuttgart 2002

FISCHER, Irmtraud: Das Buch Jesaja. Das Buch der weiblichen Metaphern. In: SCHOTTROFF, Luise, und Marie-Theres WACKER (Hg.): Kompendium Feministische Bibelauslegung. Gütersloh 1998

GOECKE-SEISCHAB, Margarete Luise: Christliche Bilder verstehen. Themen/Symbole/Traditionen. Eine Einführung. München 2004

HÜSCH, Hanns Dieter: Das Schwere leicht gesagt, 14. Auflage. Freiburg 1994

KIRSTE, Reinhard u. a.: Die Feste der Religionen. Gütersloh 1975

KONRAD, Johann, Fr.: Religionsunterricht im 2. Schuljahr. Stuttgart 1985

KRAUS, Hans-Joachim: Biblischer Kommentar Altes Testament, Teilausgabe 15,1: Psalmen 1-59, 5. Auflage. Neukirchen-Vluyn 1978

LUZ, Ulrich: Das Evangelium nach Matthäus (Mt 1-7). Evangelisch-katholischer Kommentar zum Neuen Testament, Bd. I/1. Zürich, Einsiedeln, Köln 1985

MERTENS, Heinrich A.: Handbuch der Bibelkunde. Ein Arbeitsbuch für Unterricht und Predigt, 2. Auflage. Düsseldorf 1984

QUADFLIEG, Josef: Die Bibel für den Unterricht. Kommentar Neues Testament. Düsseldorf 1998

SCHNEIDER-FLUME, Gunda: Glaubenserfahrung in den Psalmen. Leben in der Geschichte mit Gott. Göttingen 1998

SCHOTTROFF, Luise, und Wolfgang STEGEMANN: Jesus von Nazareth – Hoffnung der Armen, 3. Auflage. Stuttgart, Berlin, Köln 1990

STEINKÜHLER, Martina: „Mit dem Herzen sehen – Das Doppelgebot der Liebe“ in: Loccumer Pelikan 1/2013

VOLKSMISSIONARISCHES AMT der Evangelischen Kirche von Westfalen, Witten (Hg.): Gemeinde leiten. Ein Begleitbuch für die Arbeit im Presbyterium. Bielefeld 1996

VOPEL, Klaus W.: Interaktionsspiele für Kinder, Teil 1. Hamburg 1980

WIDMANN, Gertrud (Hg.): Die Bilder der Bibel von Sieger Köder. Ostfildern 1996

ZENGER, Erich: Das Buch Ruth. Zürcher Bibelkommentare: AT, Bd. 8. Zürich 1986

ZENGER, Erich: Psalmen, Bd. 3: Dein Angesicht suche ich. Breisgau 2003

ZIMMERMANN, Ruben (Hrsg.): Kompendium der Gleichnisse Jesu, Gütersloh, 2007

Bergedorfer Grundschulpraxis

Die unverzichtbare Reihe für alle Fächer!

Mit der Reihe Bergedorfer Grundschulpraxis sind Sie für den Unterricht an der Grundschule perfekt gerüstet. Die Reihe umfasst Titel zu den Fächern **Deutsch, Mathematik, Sachunterricht, Religion, Englisch, Kunst, Textiles Gestalten, Musik und Sport.**

Die Materialien sind didaktisch fundiert und abwechslungsreich gestaltet und liefern Ihnen komplette Unterrichtseinheiten und übersichtliche Stundenplanungen. Jeder Band enthält vielseitige Kopiervorlagen und praktische Hinweise.

Deutsch
1. Klasse Band 1, Band 2, Band 3
2. Klasse Band 1, Band 2
3. Klasse Band 1, Band 2
4. Klasse Band 1, Band 2

Mathematik
1. Klasse Band 1, Band 2
2. Klasse Band 1, Band 2
3. Klasse Band 1, Band 2
4. Klasse Band 1, Band 2

Religion
Bücher
1. Klasse
2. Klasse
3. Klasse
4. Klasse

Musik-CDs
Musik-CD 1. Klasse
Musik-CD 2. Klasse
Musik-CD 3. Klasse
Musik-CD 4. Klasse

Sachunterricht
1./2. Klasse – Natur und Leben
1./2. Klasse – Technik und Arbeitswelt
1./2. Klasse – Raum und Umwelt
1./2. Klasse – Mensch und Gemeinschaft
1./2. Klasse – Zeit und Kultur
3./4. Klasse – Natur und Leben
3./4. Klasse – Technik und Arbeitswelt
3./4. Klasse – Raum und Umwelt
3./4. Klasse – Mensch und Gemeinschaft
3./4. Klasse – Zeit und Kultur

Sport
Bücher
1./2. Klasse Band 1, Band 2
3./4. Klasse Band 1, Band 2

Musik-CDs
Musik-CD 1./2. Klasse
Musik-CD 3./4. Klasse

Musik
Bücher
1. Klasse
2. Klasse
3. Klasse
4. Klasse

Musik-CDs
Musik-CD 1. Klasse
Musik-CD 2. Klasse
Musik-CD 3. Klasse
Musik-CD 4. Klasse

Englisch
3. Klasse Band 1, Band 2
4. Klasse Band 1, Band 2

Kunst
1./2. Klasse, Band 1, Band 2
3./4. Klasse, Band 1, Band 2

Textiles Gestalten
3./4. Klasse